河南省教育厅哲学社会科学研究重大课题攻关项目（项目号：ZN02）
河南省社会学重点学科联合资助

On the Income Status and Consumer Behavior of
New Generation of Migrant Workers
——Based on the
Questionnaire from 18 Henan Municipalities

新生代农民工
收入状况与消费行为研究

基于河南省18个省辖市的问卷调查

高中建　王　萌　著

社会科学文献出版社
SOCIAL SCIENCES ACADEMIC PRESS (CHINA)

前言　问题的提出及研究设想

关于如何推进经济结构战略性调整这一问题，党的十八大报告明确提出了"推进农业转移人口市民化"的战略要求。随后中央经济工作会议指出："要把有序推进农业转移人口市民化作为重要任务抓实抓好。"李克强总理在主持召开经济社会发展和改革调研工作座谈会时再次强调："推动城镇化，把农民工逐步转为城市市民，需要推进户籍制度改革。"从党和国家一系列战略思想来看，农业转移人口市民化是下一阶段中国经济发展战略的重要组成部分，是中国实现工业化和现代化的必由之路和必然选择。面对数量庞大的农业转移人口，将其市民化必将是一个复杂的、应逐步进行的过程。在农业转移人口这一群体中，农民工特别是新生代农民工群体的市民化是一个亟待解决的问题。解决这一问题时，必须重视市民化的主体——农民工的真实想法。对于在城市务工的新生代农民工群体来说，使其决定留在城市的因素，至关重要的是其在务工地区的收入水平和消费水准，只有保障农民工的收入水平、消费水准不断提高，收入构成和消费结构不断完善，才能使市民化具有实质性意义。因为收入状况直接决定了新生代农民工在城市的生活和消费水平，而消费行为则是作为新生代农民工融入城市的重要途径而存在的，这些关系到农民工未来的城市归属问题。从这个角度上说，研究新生代农民工的收入状况与消费行为具有十分重要的现实意义。

一　研究背景

乡城人口流动是经济发展到一定阶段、国家在实现城市化和工业化进程中出现的普遍现象。中国从 20 世纪 70 年代后期开始进行改革开放，实行的是渐进性改革政策，即以农村改革为突破口，实施农村家庭联产承包责任制。这一政策极大地调动了农民的生产积极性，农业生产率得到大幅度提高，伴随农业生产率的提高，农业生产节约了劳动力，农村产生了大量的剩余劳动力。农村剩余劳动力的数量伴随着中国经济的发展、体制改革的深入，也在发生不断变化，但是，总体趋势是剩余劳动力数量不断增加。随着户籍制度的放宽，人口管理制度的改革，乡城劳动力转移步伐不断加快，人口转移的数量越来越大，随之产生的与流动人口相关的问题也越发突出。

与发达国家的人口迁移相比，中国的乡城劳动力转移具有一定的特殊性，在此过程中出现了一个具有中国特色的群体名称——农民工，他们在户籍上是农民，职业上是工人，在社会阶层上则介于农民和市民之间。农民工群体的存在，首先是因为中国在计划经济时期实施了严格的户籍制度，其次是由于中国所实行的渐进性改革政策，经济改革快于社会管理改革，最初农民进城只是出于经济利益的考虑，因为进城可以有更高的经济收入，在城市赚钱、回老家消费是大多数农民工的选择，因此，农民没有过多地考虑在城市的户籍问题，使得农民工这个过渡身份延续下来，并出现了越来越多的农民工。农民工群体的出现，使得中国城乡人口转移过程出现了断裂，农民工只是实现了从农民到工人的职业转换，而没有实现从村民到市民的地域转移或者是户籍转移。这一具有中国特色的城乡人口转移路径可以分成两个阶段。第一阶段是劳动性质的变化，即从在农村从事农业劳动转变为在城镇从事工业劳动，或者说是职业的变动，从农民变成工人。但是，由于其仍然具有农民身份，只是从事工人职业的劳动，所以谓之农民工。农民工在中国是伴随着农村改革而出现的，到现在已历经30余年，从农民工的年龄构成看，至少有两代人，现在甚至有第三代农民工的说法（刘传江等，2007：49）。第二阶段就是农民工市民化的过程，即农民工户籍身份的转变，社会保障和基本社会福利享有权的获得问题，农民工需要在工人职业的基础上，完成从城市农民工到市民身份的转变。人口和社会管理体制的变革使得第一阶段即由农民向农民工的转变，基本上已经不存在制度上的障碍，但在这一过程中，农民工在城市工作（收入水平）和生活状况（消费行为），或者说收入状况的实现和消费行为的选择，在很大程度上决定了第二阶段的进程。因此，我们的研究着眼于第一阶段中农民工的收入状况和消费行为的相互关系以及二者如何影响农民工的市民化进程，同时分析说明市民化的实现对提高新生代农民工收入水平、改善新生代农民工消费状况的作用。

所以，为了解释中国乡城人口转移所面临的理论困境以及目前的现实状况，我们需要把研究重点放在农民工在第一阶段的职业转换中所取得的收入能否支撑其在城市进行各项消费，并能够在城市定居下来。因此，我们认为，收入和消费问题是联结新生代农民工职业转换和身份转换的关键因素，是新生代农民工实现市民化的重要支撑力量。

从理论层面看，我们在明确界定新生代农民工概念的基础上，深入研究影响新生代农民工的收入与消费问题，并以此论证和丰富"农民工市民化"的理论具有必要性和现实意义。

从实践层面看，农民工问题的解决，不仅关系到这一庞大群体的生存发展问题，也关系到社会公平公正问题，更关系到中国下一阶段经济持续发展和社会和谐稳定问题。现实中，农民工群体的生存、生活中还存在较多问题，发展问题还没有受到重视，这一状况对城乡统筹协调发展战略目标的实现会产生消极影响。农民工特别是新生代农民工群体的平均收入水平低下的状况决定了他们生存状况的不理想和消费行为的不理性，农民工群体在城市被边缘化，阻碍了农民工的城市融入和市民化进程。因此，市民化是解决农民工问题的方向，但农民工的市民化是一个复杂的问题，需要针对农民工中不同群体的现实情况，在尊重其意愿的基础上有序进行。对于一部分工作稳定、收入较高的农民工来说，实现其市民化是改变农民工生存状态边缘化现状的客观要求，但对于工作稳定性差、收入较低的农民工来说，在现阶段还不具备市民化的基础条件，农村的土地保障仍是其生存的重要依靠。因此，要妥善解决这一问题，就要求协调经济发展与社会发展，就要在效率和公平的选择中更加注重社会公平。农民工问题的出现是中国经济发展进入新阶段的表征，对此，中央政府提出了城乡发展中的社会和谐理念。关注新生代农民工收入与消费问题，其最终目的就是关注新生代农民工市民化这一命题，这一命题的提出顺应了城乡一体化、城乡协调的发展目标，是实现中国下一阶段战略目标的重要措施，是加快城镇化进程的有效途径。如果数以亿计的农村外出劳动力长期处于城市边缘地位而不能市民化，不仅不利于农村剩余劳动力的有效转移，而且也不利于新农村建设和城市化目标的实现，并且这一问题还会成为和谐社会建设的隐患乃至障碍因素，为此，推进新生代农民工市民化是建设城乡和谐社会、落实"以人为本"执政理念过程中亟待解决的重大现实课题。

在中国加速城市化与实现现代化的发展过程中，关注农民工群体，在尊重农民工意愿的基础上有序地实现大多数农民工市民化是解决农民工问题的有效手段，而且农民工市民化也是调整经济结构的需要，具有客观必然性。新中国成立后我国推行的一系列制度和政策促进形成了城乡二元经济结构，这种经济结构并不符合现代社会经济协调、持续发展的要求。为顺应这一发展，必须打破城乡封闭的二元经济结构，促进劳动力的自由流动，使大量农村剩余劳动力人口从农村走向城市，这是经济结构调整的必然选择。世界各国的经验表明，农业劳动人口占比缩小是一个国家经济现代化发展的趋势和结果，而提高以农业人口为主的低收入群体的收入水平，使农村人口向非农产业转移、向城市转移则是实现经济结构转变、社会协调发展的重要途径。

农民工市民化是从根本上解决"三农"问题和全面建设小康社会的重大战略举措。党的十七大提出要统筹城乡发展，推进社会主义新农村建设。十八届三中全会公告中指出城乡二元结构是制约城乡一体化的主要障碍，必须健全体制机制，形成以工促农、以城带乡、工农互惠、城乡一体的新型工农城乡关系，并提出要推进农业转移人口市民化，逐步把符合条件的农业转移人口转为城镇居民。党和国家提出的关于城乡发展的战略与目标充分说明，农村剩余人口向城市转移是增加农民收入、实现"以工哺农"的主要途径。因此，必须要把城乡统筹发展放在国家发展的战略高度，高度重视和认真研究、解决"三农"问题，促进农村劳动力的合理流动，从而达到统筹城乡发展的目标。

新生代的农民工市民化是实现中央所提出的建立社会主义和谐社会目标的需要。中国当前的农民工是一个数量庞大却处于弱势地位的群体，农民工问题如果得不到很好的解决，农村和城市社会都会受到很大影响，和谐社会建设很难实现。从收入、消费入手分析新生代农民工市民化中存在的问题，是推进农民工市民化进程的基础，而农民工市民化反过来又是提高农民工收入与消费水平、解决农民工问题的关键。农民工收入的提高可以促进其消费水平的提高，可以带动农村收入水平的提高，从而可以起到有效拉动内需的作用，促进经济持续增长；农民工问题的解决，对促进城乡、区域的统筹和协调发展也具有重要意义。从构建社会主义和谐社会的角度来看，我们需要高度重视农民工市民化。

中国政府在国家发展战略规划中提出了统筹城乡发展，解决农业转移人口市民化问题；中原经济区建设规划纲要也提出了加快农村人口转移，实现以新型城镇化为引领、"三化"协调发展的方针；郑州市政府则明确提出，新型城镇化是建设中原经济区郑州都市区的本质问题、关键问题、核心问题。实施新型城镇化战略必须推进人口的城镇化，农村剩余人口向城镇转移是关键，农民工尤其是新生代农民工市民化是实现城乡统筹发展、推进城镇化的主要对象。在城镇工作生活的农民工的收入状况关系到农村转移人口的归属抉择，而消费行为则可以反映出农民工的城市融入程度，进而体现市民化的质量。因此，研究作为农民工主体的新生代农民工收入状况和消费行为问题对实现农业转移人口市民化具有重要作用。河南作为农业人口大省，处在中原经济区建设的中心，在区域经济发展的关键时刻，需要有更多的劳动力从农业中转移出来，充实经济建设的劳动力资源，农村劳动力能否合理转移，并有序实现市民化的问题显得尤为突出，这就是我们研究河南新生代农民工收入状况与消费行为问题的目的。

随着中国经济发展战略的调整和人口结构的变化，农村人口进城务工的数量持续增加。2013 年 5 月 27 日，国家统计局发布的《2012 年全国农民工监测调查报告》（国家统计局，2013）显示，中国农民工总数达到26261 万人，比上年增加 983 万人，农民工被拖欠工资状况继续得到改善，但总体收入水平仍较低。河南省的状况也与此一致。河南省人力资源和社会保障厅在 2013 年 4 月 18 日发布的资料显示，2013 年第一季度，河南省新增农村劳动力转移就业 70 万人，其中约 60 万人在省内就业。至此，全省转移就业总量已达 2640 万人，其中省内转移 1510 万人，同比增加5%（河南省人力资源和社会保障厅，2013）。

截至 2012 年年底，中国的城乡差距、区域差距还比较突出，城镇化发展的内在动力依然较强，特别是中央实施扩大内需战略，也把推动城镇化发展作为战略重点。受城镇化发展的内在动力和中央实施扩大内需战略的外在推力的共同作用，按照 2020 年城镇化率达 60% 估算，预计今后平均每年还将有 1000 万 ~1200 万左右的农村转移劳动力要进入城市，进一步扩充流动人口总量。随着农民工人数的增加，其对经济和社会发展的影响日益扩大，而这一庞大群体对提高收入水平的诉求，既是对社会公平的期待，也是促进中国经济发展方式转型、对实现可持续发展的要求。但在现实社会中，由于制度的缺失，新生代农民工在工作、生活以及城市融入过程中存在很多问题。如果这些问题得不到解决，就会造成新的城镇二元化现象。因此，农业转移人口的市民化不仅是解决中国城乡二元化体制的一个有效途径，也是中国经济在下一阶段增长的强劲动力。收入保障是实现农业转移人口市民化的经济基础，消费行为是农民工城市融入的途径，把这两个问题放在一起来研究，对解决新生代农民工的市民化问题具有重要的实践意义，而且还可以作为其他类型农业转移人口市民化的参考。

总之，要达到李克强总理所言的目标："把城镇化最大潜力和改革最大红利结合起来，形成叠加效应，中国经济就有长久持续的动力"（陈仁厚，2012），就必须在城镇化发展战略指导下，消除农业剩余人口向城镇转移过程中的体制性障碍，使城镇流动人口市民化的路径更为顺畅，使农业转移人口更易于融入城镇生活，实现真正意义上的人口城乡转移。

二　研究对象

本书研究的主要对象是新生代农民工群体。改革开放30多年来，中国的农民工群体也经历了代际更替，由于时代背景和成长环境的巨大差异，新生代农民工与老一代农民工在许多方面都有着显著不同。学者们普遍认为，自20世纪90年代中后期以来农民工群体发生了显著分化与分层，不再是一个特征和行为高度一致的同质性群体。改革开放以来，中国社会一直处于快速变化的过程中，伴随着经济社会转轨、教育制度的改革，80年代以后出生的年轻一代农民工，成长于经济社会制度不断变迁的环境中，他们接受的教育更多，文化的多元化使得新生代农民工眼光更为开阔，由于新生代农民工群体与老一代农民工具有不同的生活期望值，因此在思维模式、行为方式、社会认同以及未来打算等方面与老一代农民工有着较大差异。

随着时间的推移，新生代农民工已经逐渐成为农民工群体中的主体。一方面，新生代农民工有着比老一代更执着的"城市梦"，他们中的绝大多数只有很少甚至没有务农的经历和经验，大多数人不愿意在若干年后结束打工生涯再回乡务农；但另一方面，在城市的收入状况又使他们对于留在城市产生犹豫心理。从理论上说，新生代农民工有着较高的市民化倾向，同时较低的年龄结构和较高的平均受教育水平，降低了他们融入城市的心理障碍。但在现实中，新生代农民工在城市面临着生存和发展的困难，就业的不稳定、较低的平均收入水平、严重缺乏的城市社会保障和社会福利制度、城市融入与社会认同的障碍等问题已经对城乡人口转移产生了影响，同时也对城市现行的管理体制以及与社会保障和社会福利相关的制度安排提出了新的要求，城市管理制度的变革必须适应这一新变化。新生代农民工的现实需求是什么？城市的管理体制应该怎么适应城市人口结构的变化？我们用河南省新生代农民工的收入状况、消费行为调查的结果，从实证分析视角对该群体的市民化状况进行研究，期望可以得到更具操作性和借鉴意义的政策建议。

　　由于受到收入水平、消费行为的影响，新生代农民工在城市的工作、生活中还存在很多困难，现实生活中城市融入与市民化面临着许多障碍。与市民群体相比，他们的受教育程度相对较低，并且缺乏必要的专业技能，他们进入城市一般首先进入非正规劳动市场就业，正规劳动市场对他们来说门槛太高，他们找工作有较大难度，非正规劳动市场平均收入水平较低，收入稳定性较差，这一现实使得他们难以在城市真正立足，但又不愿甚至没有能力退回到农村务农，只能从事低收入的工作，成为城市的边缘群体，内心对于城市生活过高的期望与经济收入少、生活地位低的现实之间形成了巨大的落差。同时，新生代农民工更加喜欢城市的生活方式，意识和行为已接近城市人，但因为自身条件、管理体制和劳动力市场不完善等多方面因素依然不能脱离农民工群体。因此，能否破解新生代农民工在城市工作和生活的困境，将直接关系到城乡社会的稳定。随着新生代农民工进入城市的规模越来越大，这一问题也变得越来越严重（刘传江等，2007：21），这也正是研究新生代农民工课题的现实意义所在。而要解决新生代农民工在城市的工作和生活问题，收入是基础，消费是手段，在此基础上，如果改革相关管理制度，那么实现农民工市民化就是水到渠成的事情。

三　研究思路

　　农民工问题已经成为我国亟须解决的现实问题。河南省是人口大省，又是农业大省，农民工数量较多，对河南省的工业化和现代化发展来说，农民工问题解决得好坏是一个重要影响因素。在农民工群体中，现阶段的构成主体是新生代农民工，而居于新生代农民工问题研究中心地位的是收入问题，收入状况决定了农民工的消费行为以及由收入、消费延伸出来的城市融入问题，这些问题共同决定了新生代农民工未来的出路选择——是市民化还是返回农村。本书围绕着新生代农民工这一群体，结合河南省18个省辖市的问卷调查，对其收入状况、消费行为以及与市民化相关的问题展开研究。

全书有三条研究主线：一是由农民工代际分化引申出的新生代农民工特征分析；二是收入与消费因素在新生代农民工问题研究中的地位与作用；三是解决新生代农民工问题的最终途径——农民工市民化。之所以研究农民工问题，主要是基于中国进入21世纪以来所出现的"民工荒"问题，这一问题的出现导致人们对农民工这一群体给予极大的关注，中国经济持续增长的要求也把这一问题提升到迫切需要解决的高度。研究农民工的代际分化，主要是基于新生代农民工逐渐成为农民工的主体，在他们身上出现了不同于老一代农民工的新特征。21世纪的中国经济社会和人口发展状况决定了乡城劳动力流动转移的问题不再是能否实现职业非农化和异地就业，而是农业转移人口在空间上实现从农村到城市，在产业上实现从农业到工业、服务业的转移流动后，如何顺应这一主流趋势，根据农村流动人口的现实需要实现流动人口社会身份转变，解决与城市融合的现实问题。从这个层面上讲，解决农民工问题的最终出路在于农民工市民化。而要实现农民工市民化，收入因素是其经济基础，消费行为是其社会基础。因此，本书主要围绕新生代农民工的行为特征、收入与消费状况、市民化现状、影响市民化进程的障碍因素以及推进市民化进程的制度安排展开论述。

四 研究的切入点

从社会经济发展的规律看，任何一个国家从传统社会向现代社会转变的过程中，不仅经济结构、产业结构会调整，城乡结构也会发生转变，即农村人口向城市转移，农业人口向非农业人口转化。农村剩余人口向城市流动是各个国家在工业化、城市化、现代化转变过程中必然出现的现象。但是，由于中国二元结构体制的影响，该转变过程带有"中国化"的特征，出现了"中国特色"的农民工现象，并形成了农民工群体。农民工虽然工作、生活都在城市，身份却仍然是农民，成为中国社会的一个特殊群体。户籍身份、社会保障制度、社会福利制度的阻碍使农民工问题呈现多样性和复杂性，这也是对"农民工问题"进行深入研究的必要性所在。

增加收入、改善生活是农民工进城务工的主要目的。当前我国农民工群体平均收入水平不高，其中的影响因素是多方面的。收入水平直接决定消费水平，消费水平低下和消费结构不合理不仅影响农民工个人发展，也对我国提高内需的宏观经济政策起到了制约作用，从而影响了经济发展,最终会影响城乡一体化进程。因此,研究农民工的收入和消费现状,在收入与消费理论指导下,揭示制约农民工收入和消费的深层次因素,对我国的工业化、城市化和现代化具有重要的理论意义和现实意义。

目前,农民工已遍布各个行业和领域,主要集中在建筑业、制造业和服务业等行业,成为中国经济发展的重要力量。然而,大多数农民工的现状并不乐观,面临许多问题,农民工问题已经成为一个不容忽视的社会问题。由于我国二元结构体制的长期存在,城乡分割的户籍制度和依附在这一制度之上的社会保障和公共福利制度的不平等,使生活在城市中的农民工被排斥在真正的市民群体之外,又处于城市社会的底层,成为城乡之间的"边缘人"。同时,由于人力资本和社会资本的缺乏,农民工大多从事的是工作环境差、劳动强度高、收入水平低、城市居民不愿意从事的工作。受工资水平的制约,农民工的消费水平和生活质量较低,农民工消费市场得不到充分开发,不利于国家通过内需拉动经济增长。而物质生活状况将直接影响精神生活状态,农民工的需求得不到满足,遇到不公平待遇无法解决,加之身份地位以及就业和生活中的歧视,心理上会产生孤独感和自卑感,他们对城市难以产生社会认同,阻碍了我国的城市化进程。

国家统计局发布的《2012年全国农民工监测调查报告》(国家统计局,2013)显示,2012年全国农民工总量达到26261万人,比2011年增加983万人,增长3.9%,分年龄阶段看,16~20岁占4.9%,21~30岁占31.9%,31~40岁占22.5%,41~50岁占25.6%,50岁以上的农民工占15.1%,这说明随着时间的推移,1980年前出生的农民工逐渐回流,1980年后出生的新生代农民工成为农民工的主体。这不仅是数量结构的变化,还体现为新的群体特征的形成和群体内部的代际分化。于是,以1980年为界,我们将1980年前出生的农民工称为老一代农民工,1980年后出生的农民工称为新生代农民工。由于出生在社会转型时期,新生代农民工成长的社会背景和家庭环境发生很大变化,他们的行为方式、价值观念和意识形态与老一代农民工相比呈现明显差异。因此,我们对农民工的收入和消费的研究不能一概而论,应该将新生代农民工作为一个特殊群体,开展对"新生代农民工收入状况和消费行为"的研究。

受时间、地区、研究视角差异等因素的影响,即使是实证研究也难以得出统一的结论。本书缩小研究范围，对河南省 18 个省辖市的新生代农民工的收入状况和消费行为进行问卷调查和数据分析，力求研究的针对性和深入性。

五　研究贡献

本书以河南省 18 个省辖市新生代农民工为研究对象，采用抽样调查方法，对他们在城市的工作、生活状况进行了较为全面的描述，着重分析其收入状况、消费行为以及由此所产生的问题，针对性强是本研究的一个特点。

本书在经济学和社会学基本理论的指导下，在对河南省新生代农民工的收入状况、消费行为及心理特征进行深入探析的基础上，提出改善河南省新生代农民工收入状况的可行性措施，提出优化新生代农民工的消费途径。

目　录

第一章　导论

第一节　群体理论与农民工类化

一　群体理论视角

我国古代思想家荀子曾说："人生不能无群，群而无分则争，争则乱，乱则离，离则弱，弱则不能胜物。"这表明群体是人与动物区别开来的标志，也是增强人类力量的重要社会生活方式。当前农民工是一个重要的社会群体，从群体理论视角来分析农民工群体的形成、类型及群体行为、心理，对从整体上把握农民工群体具有重要意义。

社会学、社会心理学、管理学、组织行为学等多个学科都有涉及"群体"及其相关理论的研究，但是研究的侧重点不同，都带有自身的学科特点，因而对"群体"的定义各不相同。结合本书研究的需要，我们从社会学的角度对"群体"的概念进行界定。社会学认为社会生活是以群体形式进行的，人都是不同群体中的一员，群体是构成社会的要素，因此，社会学将"群体"称作"社会群体"。社会群体是社会赖以运行的基本结构要素之一，它的内涵有广义和狭义之分。"广义上的社会群体，泛指一切通过持续的社会互动或社会关系结合起来进行共同活动，并有着共同利益的人类集合体；狭义上的社会群体，特指由持续的直接的交往联系起来的具有共同利益的人群"（叶洋阳，2005）。无论是广义上的还是狭义上的社会群体，都具有以下可与其他人群区分开来的共同特征：一是有共同的利益；二是有一致的群体意识和规范；三是呈现独立倾向；四是形成结构规范；五是有持续的相互交往。根据群体理论的基本含义，我们对农民工群体的认知可以从以下四个方面进行。

（一）农民工群体外出就业目的和就业方式的普遍一致性

对于老一代农民工来说，他们外出务工的主要目的就是增加收入，新生代农民工与老一代农民工相比，除为了增加收入外，还有寻求长远发展的目的。农民工外出务工主要是依靠亲友或老乡介绍，采取自发外出的方式，其目的具有普遍一致性。程新征（2011）通过实证调查发现，通过亲友介绍工作的农民工占65%，这说明大多数农民工外出打工并不是通过正式组织实现的，也表明了农民工就业方式单一、就业渠道狭窄。这种情况容易导致大多数农民工在低端劳动力市场就业，职业层次低、工作条件差、劳动强度高、工资水平普遍较低且增长缓慢、保障不力，因此家庭负担较重的农民工，都会尽量降低在城市的消费水平。然而新生代农民工在城市的生活成本高，个人生活消费占月收入比重较大，致使每月收入结余较少。

（二）市民群体是农民工的主要参照群体

群体可以分为成员群体和参照群体，其中参照群体往往是群体成员向往的一类群体，群体成员对其所属群体感到不满，往往是受与参照群体对比的影响，参照群体常被该群体成员视为榜样。农民工群体基本上是处于城市社会下层的群体，如果他们把城市居民作为参照群体，不仅会把城镇居民的收入水平、社会地位、市民权利作为比较的标准，同时也会受到城市生活方式和思想观念的影响，用市民的价值观念作为自己的行为准则，期望自己成为市民中的一员，而且还会因自身与市民之间存在差异而感到不公平。在这一方面，新生代农民工的表现则更加明显，他们比老一代农民工更加认同城市的生活方式和观念意识，在消费观念上更加开放，在消费方式上更加前卫，因此，新生代农民工市民化的意愿更为强烈。

（三）农民工内部群体的非正式性

非正式群体往往以共同的利益、观点为基础，以感情为纽带，有较强的内聚力和较高的行为一致性。农民工的工作并不稳定，从事的职业经常发生变化，因此他们所处的群体大多属于非正式群体，一般是由同乡或亲友组成，具有一定的自发性和无组织性。我们研究的农民工群体中就存在许多非正式群体，由于主客观条件限制，农民工往往很难形成正式组织和领导机构，即使工会等正式群体也会因资金、政策等因素使其组织功能得不到充分发挥，农民工的利益难以得到维护，由此催生了以血缘、地缘、业缘为纽带的诸多小群体。因此，如果重视农民工中非正式群体的作用，并给予合理引导，那么非正式群体也可以发挥比正式群体更大、更有效的作用。

（四）新生代农民工群体意识的新特征

就当前的研究来看，农民工的群体意识主要包括四种：向城里人看齐的奋斗心理；丧失理想信念的混世心理；孤独落寞的压抑心理；仇视社会的愤恨心理。但新生代农民工的群体意识又呈现时代性、发展性、双重性和边缘性的新特征。

1. 时代性

新生代农民工出生在改革开放后，成长于社会经济转型时期，物质生活资料较老一代农民工成长时更加丰富，由于没有过大的生存压力，新生代农民工外出打工不只为挣钱，更多是为了出去看看外面的世界，从而达到开阔眼界的目的，并且在这一过程中逐步寻求生活方式的改变，追求自身的长远发展。因此，他们选择工作时不再把工资待遇作为唯一标准，对提高自身的素质和能力以及未来发展前途的关注明显高于老一代农民工，而且维护自身权益的意识更强，在劳动工资之外，更注重社会保障等方面的权益。随着当今科技的快速发展，如手机、电脑的使用和普及，进城务工的新生代农民工更加深入地接触到城市的生活方式，并以市民为参照群体，同时受城市现代文明的影响，价值观念发生改变，眼界更加开阔，思维方式更加活跃、开放，群体意识更具时代性。

2. 发展性

新生代农民工的突出特点就是年纪轻、不成熟、社会经验缺乏，思想观念和行为方式正处于不断变化发展时期，各方面都具有很大的不稳定性。统计发现，新生代农民工的事业大都处于起步阶段，有自己的理想和抱负，在城市务工的经历对他们的人生会产生很大影响，工作和生活状态具有较大的不确定性和发展性。

3. 双重性

首先，从身份上看，新生代农民工具有一般农民工的工人和农民双重身份的特征，但处于从农民向市民转变的过程中。其次，从维权意识看，他们较上一代农民工更注重权利平等，但当利益受到侵犯时，出于自身能力有限和条件的制约，对问题的解决并不彻底，如新生代农民工群体中"旅游式"打工现象的出现就是公正和能力相妥协的结果。最后，从工作观念看，他们注重工作环境和劳动报酬，这是工人性质的一面，但受二元结构的影响，他们的身份仍然是农民，在观念上还保留着一些农民特质。

4. 边缘性

身份的二重性等原因使得农民工并不能真正地融入城市。一方面，他们的出生环境较为优越，受教育水平较上一代农民工高，务农经历很少甚至没有，相对于真正意义上的农民来说，他们处于农村社会的边缘；另一方面，他们乡土观念薄弱，比老一代农民工融入城市的愿望更加强烈，但受二元体制和自身人力资本、社会资本因素的限制以及收入较低的影响，他们也很难融入城市社会，处于城市社会的边缘。老一代农民工务农经验丰富，外出务工的主要目的是挣钱，维持生存和改善生活，大多最后回到农村务农，与之相比，新生代农民工的边缘性非常突出。正是出于这样的原因，新生代农民工群体中开始出现社会认同"内卷化"的趋势。

二　农民工群体及其分类

（一）农民工的界定

农民工可以拆分为"农民"和"工"两个部分，"农民"是身份象征，农村户籍的标志，"工"是职业性质的体现，即"工人"，从事非农产业劳动。《现代汉语新词词典》中把农民工解释为从农民中招募的临时工、季节工。《人口科学大辞典》中对农民工的解释是常年或大部分时间在城镇地区或乡村社区的国营或集体等企事业单位从事第二、三非农产业活动，但户口在农村，原则上家中还有承包地，不吃国家供应的平价粮，不享受城镇居民的各种补贴和福利待遇的农村劳动力。20世纪80年代以前并没有"农民工"这一词语，1983年，中国社会科学院张雨林教授首次提出"农民工"的概念，1984年，"农民工"一词出现在中国社会科学院《社会学通讯》上，之后，随着农民工数量的激增和对中国经济影响的扩大，"农民工"一词出现的频率越来越高，在不同的社会学科研究中得到广泛使用，学术界也越来越多地关注农民工问题的研究。从总体上看，国内的初期研究成果主要体现在社会学领域，在研究中也只是将农民工看成是伴随乡镇企业发展出现的一个特殊劳动群体，即从事非农劳动的农民。1992 年以后，中国城市经济体制改革步伐加快，对劳动力需求急剧增加，首先在东南沿海地区引发了"民工潮"，其后由于经济、社会以及人口等各种因素的变化又出现了"民工荒"。农民工群体的变化对中国经济的影响已经非常显著，得到了中央政府的高度重视，也引起了学术界的普遍关注。

关于农民工问题的学术研究，最基本的是农民工的定义及其内涵。关于"农民工"的概念，学术界有多种观点和不同定义。陈素琼、张广胜从地域流动和土地关系角度，对农民工做出广义、狭义两种界定。广义的农民工包括两种类型的劳动力，一部分是在本地乡镇企业就业、"离土不离乡"的农村劳动力，一部分是进入城镇从事非农产业、"离土又离乡"的农村劳动力；狭义的农民工主要是指"离土又离乡"的这部分农村劳动力。何美金、郑英隆（2007）从工业化的角度，将农民工定义为"农业劳动者向工业劳动者转化的人群"，并指出，农民工不仅是经济范畴，也是历史范畴。李强（2004）从社会分层角度将农民工定义为"中国社会分层体系上的一个社会群体，从农村流入城市，被排斥在正式城市居民之外的非正式城市群体"。刘传江（2004）从身份、职业、收入等方面将农民工定义为"从农民中分化出来，并与土地保持经济联系的、以工资性收入为主要来源、从事非农产业的非城镇居民身份的从业人员"。艾君认为，在二元结构体制下，农民工是指那些"身在城市从事非农业工作的农业户口的工人"。许经勇和曾芬钰（2004）从社会转型的角度认为，农民工是经济发展转型时期的一个特殊范畴，其户籍身份是农民，并且拥有土地，但主要从事非农产业，以工资性收入为主要生活来源。更为具体的是，作为中国经济社会转型时期的特殊概念，农民工是指"户籍身份还是农民，有承包土地，但主要从事非农产业、以工资为主要收入来源的人员"（国务院研究室课题组，2006）。这一定义为较多学者接受，它从社会转型的视角，将农民工与中国的户籍制度、土地制度联系起来，体现出了农民工概念的内在本质特征以及农民工问题产生的根源。宋林飞（2005）将大量农民转变为工人看作改革开放以来中国社会结构转型的一个主要变化，他认为农民工已经构成一个新兴的工人阶层，在城市属于新市民，其特征是经济社会地位不断改善，但仍然没有摆脱城乡二元分割的管理体制，在城市无法和本地市民平等享受市民待遇。这一定义突出了农民工是新兴工人阶层的属性，也指出了农民工的社会融合问题，同时体现出了农民工群体的成长性和未来发展趋势。沈立人（2005）从"农、工"二重性的角度对农民工进行界定，认为无论是"农民＋工"或者"农＋民工"都不同程度地体现出两种身份、双重角色，突出了农民工的双重身份和兼业劳动性质。岳经纶（2006）认为，中国的农民工是与国家资本的成长对应的一个特殊范畴，通过引入国家资本成长范畴进行对应研究发现，国家对这一群体的政策是有缺失的，正是国家政策的滞后性导致农民工问题成为一个社会问题。改革开放初期，当农民工从农民阶层中分离出来之时，国家没有及时通过劳动政策和相关法律对农民工的地位进行确认，没有正式承认农民工作为中国工业化和市场化进程中新型劳动者的地位，相反，选择了对农村剩余劳动力的流动进行限制的政策措施，由此造成了此后一系列的农民工问题。进入 21 世纪，随着农民工队伍的壮大，农民工对中国经济的贡献不容忽视，特别是对制造业的作用越来越重要，但是他们的生存环境没有得到相应改善，随着越来越多与农民工相关问题的出现，政府才意识到农民工问题的重要性，开始调整与农民工的关系，并逐渐意识到农民工已成为中国产业工人的主体，从而开始关注农民工的权益问题。综上所述，这一大类研究者的共识是，农民工是我国经济社会发展转型时期的一个过渡性范畴或者说是历史范畴。

从中国工业化与农民工的一般关系考察，农民工应该是中国工业化过程中劳动力资源的一个特殊类型："第一，从劳动性质看，农民工主要从事非农产业的工作，但农民的身份特征不会因此而消除。第二，从劳动力的来源看，农民工主要来自当今中国农村中精英阶层，在企业中从事的却是城市人不愿意干的劳动强度大、劳动条件差、劳动环境恶劣的工种。第三，从劳动行为的利益动机看，农民工是作为收入最大化的追求者出现的，同时也是城乡劳动收入差异的发现者和实现行动者"（罗兆慈，2008）。新生代农民工更有可能成为打破中国城乡二元结构的推动者和受益者。

《中国农民工问题研究总报告》认为，"农民工是我国经济社会转型时期的特殊概念，主要是指户籍身份在农村，进城务工和在当地或异地从事非农产业的，依靠工资收入生活的劳动者。广义的农民工包括在县域内二、三产业就业人员和跨地区外出务工人员，狭义的农民工一般是指跨地区外出务工人员"。本书以《中国农民工问题研究总报告》对农民工的定义为基础，从身份、职业、生活来源、地域流动几方面将农民工定义为：
"户籍在农村，在城镇从事非农产业劳动并以工资性收入为主要生活来源
的过渡性群体。"这里的"过渡性"是与农民市民化相关联的一个概念。

　　总之，中国农民工群体的形成与特殊的体制背景以及相关的制度安排
密切相关，伴随农村劳动力向城市流动的是地域变迁、职业变动与身份变
换。大量障碍的存在使这三个过程不能同步完成，于是出现了具有农民身
份的工人阶层即农民工，他们只实现了地域的变迁而没有获得户籍的社会
转移，实现了职业转换而享受不到与职业匹配的公平待遇，身份发生了一
定的变动却享受不到同等的市民待遇（刘传江等，2009：44～47）。

　　"新生代农民工"这一概念由著名学者王春光在 2001 年首次提出，他
将 20 世纪 80 年代首次外出打工的进城务工人员称为第一代农民工，90 年
代首次外出打工的则归为新生代农民工，他给出了一个时间范畴。他认
为，新生代农民工比第一代农民工接受了更多的学校教育，较少从事农业
生产，对于外出打工的动机也从单纯的经济型转为经济、生活、发展并存
型。2010 年"中央一号"文件首次使用了"新生代农民工"的提法，从
此关于新生代农民工的研究成为热点。刘传江、徐建玲也从年龄方面对第
二代农民工和老一代农民工做出区分。关于"新生代农民工"的概念，学
术界也产生了多种划分方法和界定，这里不再赘述。本研究将新生代农民
工定义为："20 世纪 80 年代以后出生的，在城市从事非农业生产劳动的农
村户籍人口。"

　　新生代农民工一般年纪较轻，有文化，思维比较活跃，接受能力和学
习能力比较强，更容易接受城市的生活方式，具有年轻人挑战和冒险的精
神，带着强烈的青春气息；他们在农村出生、长大，户籍仍在农村，不可
避免地保留着农村的一些生活习惯和观念，但基本不熟悉农业生产；他们
生活于改革开放时代，受现代文化熏陶，为了谋求发展来到城市，想通过
自己的努力融入现代社会，期待在城市实现自己人生的转变。

　　（二）农民工产生的背景及变动趋势

1. 农民工产生的背景

　　一些研究者认为研究农民工现象要追溯到改革开放之前，但是我们认
为农民工的界定与户籍制度联系密切，并且我们所研究的农民工是作为一
个社会群体而存在的，只有数量较多的农民工出现以后，他们才真正成为

一个群体。因此，关于农民工的研究主要起始于改革开放以后，中国经济体制改革尤其是家庭联产承包责任制的实行，带来农业生产较短时期内的快速增长以及农业劳动生产率的显著提升，大批农民从农业生产中解放出来，农民开始获得生产和劳动的自主权，农村出现越来越多的剩余劳动力。随着农业现代化的发展，乡镇企业的崛起和壮大，为吸纳农民从事非农业生产劳动提供了最初的岗位。中国政府在改革开放以后所实施的特区政策，主要是对沿海特区城市进行政策倾斜，促使东南沿海地区经济快速发展，从而助推了城市建设对劳动力的极大需求，这一需求为吸引农村剩余劳动力特别是欠发达的内地农村劳动力向城市转移提供了广阔的发展空间。于是，在 20 世纪 80 年代末，我国出现了第一次"民工潮"。《国务院关于解决农民工问题的若干意见》认为，农民工是我国改革开放和工业化、城镇化进程中涌现的一支新型劳动大军。农民工的产生是经济发展的需要所致，是随着经济发展水平的提高，第一产业人口向第二、三产业转移的要求，是产业升级的必然结果；同时也是城镇化压力的显现，城镇化水平应该与经济发展水平相一致，但是受中国二元户籍制度影响，形成了城乡二元社会管理体制，这一体制对农业人口城镇化形成了极大的限制和约束，由此出现了在城市工作的农村户籍人口——农民工。

2. 农民工群体的变动趋势

改革开放至今，农民工群体的变动趋势与城市经济发展水平和国家关于农村劳动力城市就业政策的变化密切相关。1981 年 12 月，国务院《关于严格控制农村劳动力就业务工和农业人口转为非农业人口的通知》指出：要严格控制从农村招工，认真清理企事业单位使用的农村劳动力，加强户口和粮食管理。所以在 20 世纪 80 年代初期，农民工规模较小。当时普遍的观点认为，我国的城市化道路应该结合中国实际，大力发展乡镇企业，就地解决农村剩余劳动力问题。1984 年，"中央一号"文件《关于1984 年农村工作的通知》允许务工、经商、办服务业的农民自理口粮到集镇落户。随着政策的放宽以及乡镇企业的发展，1984～1988 年，农民工数量进入第一个快速增长时期，农民工队伍逐渐形成，但这一时期农民工的特点是"离土不离乡"。1985 年，中央进一步提出要扩大城乡经济交往，允许农民进城开店设坊，兴办服务业，提供各种劳务，城市要在生活和服务设施方面提供便利条件。到 1988 年，国家对农民进城就业的政策更加宽松，"离乡又离土"的农民工数量急剧上升，1989 年出现了第一次"民工潮"。1989年3月，国务院办公厅发出了《关于严格控制民工外出的紧急通知》，要求各级人民政府采取有效措施，严格控制当地民工外出；同年4月，民政部、公安部又发出了《关于进一步做好控制民工盲目外流的通知》，要求各地政府采取有效措施，严格控制当地民工盲目外流。于是，1989~1991年，农民工队伍发展进入缓和时期。但是，在这一阶段，城市快速发展，对劳动力大量需求，使得单纯依靠政策限制难以遏制农民工的流动趋势，因此，政府只能朝着正面、有序流动的方向引导。1992年，中共十四大提出，要建立社会主义市场经济，中国经济尤其是处于改革开放前沿的东南沿海城市经济进入快速发展时期，各项城市建设力度加大，其用工量必然急剧增加。因此，1992~2002年，农民工群体进入第二个快速发展时期，这一时期农民工的特点是"离土又离乡"。2001年年底，国家要求各地在2002年2月底前必须取消对农民工到城市就业的各项不合理收费，在这一政策推动下，2003年以后，农民工队伍发展进入了一个新阶段，不仅数量增加，而且新生代农民工开始进入城市劳动力市场。时至今日，新生代农民工已经成为农民工队伍中的主体，并在各个方面不断展现着"新生代"的特质。

（三）农民工的时代差异

1. 农民工的分类

从20世纪80年代中期农民工出现到现在，中国的经济社会发生了巨大变化，伴随着中国经济改革出现并不断成长起来的农民工群体也呈现异质性，这种差异表现在不同方面，最初是由经济收入水平的差异带来的社会地位的不同，在中国，由社会地位的差异所带来的社会分层越来越明显，原因是社会地位不同导致人们在取得社会资源的权利方面产生巨大差异，取得社会资源权利的差异是由一系列体制制度相互作用导致的，并处于自我维持和加强的状态中，从而出现社会分层的固化。由于学者们对农民工的定义不同，其对农民工的分类也不同，如陆学艺（2002）和杨思远将农民工分为"离土不离乡"的在乡农民工和"离土又离乡"的进城农民工（杨思远，2005），刘传江（2004）则把农民工分为进城农民工、乡镇企业农民工和失地农民工。

从经济实力角度划分，有学者将农民工分为三类：第一类是经过自己的打拼已经在城市站住脚，能够与普通市民一样分享城市文明的少数人；

第二类是位于城市社会和工作劳动社区的底层，以临时打工谋生为特征的农民工，这是农民工的主体部分；第三类是从城市返乡的农民工，他们中的一部分从事农业成为现代农民或者回乡创业，另一部分则暂时回乡，以后还会找机会进城市打工（白南生、何宇鹏，2003），前者成为农村中的稳定人群，后者则是潜在的农民工。

2. 农民工的分化

李培林（1996）较早从流动农民工的职业分层结构、就业的所有制分层结构、收入分层结构来考察农民工的内部分化问题。唐灿和冯小双（2000）则从横向以及纵向两方面对农民工进行内部划分："在横向上，他们在不同职业位置间的流动相当频繁，新的职业位置也在不断被创造……在纵向上，其内部已出现了在资本占有、经济收入、社会声望、价值取向等方面有很大差异的等级群体，原群体内部的同质性已被打破。"

总体来说，在这一研究方向上，现有的理论较多关注农民工的职业、资本以及收入分化等，大部分学者都同意将农民工划分为业主（个体工商者、私营企业主）、个体劳动者（有营业执照的个体劳动者和"散工"）和打工者（具体又可分为具有初高中以上学历的"白领"工人和无技能的"蓝领"工人）三大阶层。

3. 农民工的代际分化与新生代农民工

"代"的划分和更替是一个客观存在的过程，是通过年龄区分不同的人群。然而，"代际的自然属性仅仅具有形式上的意义，其深层次的划分标准应当是由于社会文化的不同而形成的具有不同价值观念、社会处境、思维方式等的人群"（刘传江等，2009：48）。

根据以上学者对"代"的属性界定，加上我们传统意义上对"代"的理解，"代"是按照年龄来划分不同人群的，研究者对农民工的代际划分主要也是依照年龄。如果按照人类学的界定，以10年为一代的话，改革开放30多年，应当存在三代农民工，邓大才（2008）就是按照这种方式把农民工划分为三代的，他是按照农村劳动力外出打工的时间差别，以10年为一个阶段来划分的。

而杨婷（2004）、吴红宇和谢国强（2006）也把农民工划分为三代，但是，他们侧重于按照出生时间、外出务工的性质等来划分，并且在划分过程中体现出了不同"代"农民工的特点和差异。他们认为，第一代农民工大多数是兼业型，由于文化程度较低，因此对所从事的工种、工作环境等都要求不高，只要务工收入能高于在家务农的收入，他们就可以接受。第二代农民工的受教育年限延长，对生活的追求也高于第一代农民工，他们外出更多的是为了子女可以在城市接受更好的教育，或者是为了提高家庭生活水平。第三代农民工则大多缺乏务农经验，受教育程度相比前两代都更高一些，对工作的期望值相对较高。但是，由于他们所受的初中等教育无法满足城镇用人单位的要求，比起老一代农民工他们又缺少吃苦精神，这些内外在条件决定了年轻一代农民工中的大多数即便进入城镇也只能进入二级劳动力市场，工作稳定性较差，工资水平较低，与他们预期的城市生活有较大差距。因此，这些学者侧重于人口学的研究视角，从人口学特征：年龄、受教育程度、家庭状况、社会经历等对农民工进行代际界定。

与邓大才的划分方法相近，关于农民工的代际划分还有一种更为简单的方法，也是以农村劳动力首次外出打工的时间为依据，简单地将改革开放前期初次外出的农民工作为第一代，而把 20 世纪 90 年代以后初次外出的作为第二代。简新华、黄锟（2008）认为，这种简易的区分方法还是有一定用处的。当然，仔细推敲，这样的划分方法还是存在一定问题的，因为，对农民工的代际划分主要是为了进行对比研究，对于年龄较大的农村劳动力来说，如果他们外出打工的时间较晚，那么按年龄和首次外出时间界定，他们就不是同一代农民工，这样就会对研究产生一定影响。

刘传江、徐建玲（2006）则从改革开放前后不同的时代背景进行划分，他们认为，改革开放以来所发生的快速变化，使农民工群体在不同时代背景下出生、在差异巨大的环境中成长，从而造就了不同的人格特征。从宏观上看，社会环境的影响和家庭成长环境的变化使得年纪较大的、出生和成长于计划经济时代的农民工群体在人格特征、家庭背景、外出动机、收入预期等方面都与改革开放以后出生的年纪小的农民工有较大差异，因此，这两个群体在思想观念和行为动机等方面都有着明显的差别。所以他们把这两个群体分别称为第一代农民工和第二代农民工，他们对农民工代际划分的关键因素在于农民工生活的社会经济背景以及由此所产生的两个群体在人口学和社会学特征方面的差异，可以将其看作经济社会学角度的划分。

本书是从经济社会学视角来研究农民工收入与消费问题的，因此，依据我们研究的需要，参照刘传江等人的上述界定，我们在自然年龄基础上，结合经济社会背景的变化，对农民工进行代际划分，即将出生于20世纪六七十年代、八九十年代进城务工的称为"第一代农民工"；将出生于20世纪80年代以后、90年代末开始进城务工的称为"新生代农民工"。20世纪80年代初，中国经济社会开始进入转型时期，其间出生的农民工，虽然还是农村户籍，但从农民工的特质和生活方式等方面看，其具有与第一代农民工不同的时代差异，这也是"新生代"的"新"的体现。具体可以从以下几个方面来说明。

第一，年龄。通过以上关于农民工代际划分方式的比较，我们可以明显地看出，不管哪一种研究，年龄都是代际划分的一个重要因素。王春光最早提出新生代农民工时，也是从年龄因素考虑的，他将20世纪80年代初次外出务工的农村流动人口算作第一代，而把90年代及以后外出务工经商的农村流动人口算作"新生代农民工"（王春光，2001）。

第二，性别。除了年龄结构特点外，新生代农民工的性别比例同第一代农民工相比出现差异，大量的研究表明第一代农民工中男性比例高于女性比例，而新生代农民工中女性的比例略高于第一代农民工中女性的比例。朱永安的调查也表明了这一点：新生代农民工中女性所占比例为48.5%，略高于第一代女性农民工所占44.1%的比例。叶健夫等（2003）根据2000年的全国第五次人口普查统计结果，广东省15~24岁年龄段的流动人口中，女性明显多于男性，女性占67.17%。程名望等人（2006）的研究表明，年龄较小的女性对城市生活的向往要强于男性，并且性别原因使她们可以通过婚姻途径从农村进入城镇。关于新生代农民工人口性别比的调查多基于沿海省份，其中的原因可能是：其一，流动人口性别构成特征与广东的产业结构有密切关系，广东省的产业中，适合年轻女性的劳动密集型行业比重相当大，对女性劳动力的需求量大；其二，女性的中、高等学校在校率较低，在年轻时外出打工机会较多（吴红宇、谢国强，2006）。但是，叶健夫等人的研究还表明，相较于老一代农民工，新生代农民工的性别比是有所提高的，即女性打工者数量减少。对此，可能的解释是南京和广东的产业结构及其变动趋势不同，因此对劳动力的需求结构也就不同。从经济社会学的视角看，这种状况一方面说明改革开放的不断深入首先对人们的思想观念产生了较大影响，农村女性越来越多地开始走出家门，走向社会，进一步走向城市，开始有了对生活的追求；另一方面也说明中国的经济结构、人口结构在不断发生变化，经济结构的变化使得第三产业在国民经济中所占比重不断增加，尤其是第三产业中服务业发展很快，这一行业劳动强度较小，更适合女性参与，而人口结构的变化则预示着城镇对劳动力的需求增加和农村男性劳动力供给量的相对不足。

第三，婚姻状况。"80 后"农民工已婚的比例较高，而"90 后"则大部分处于未婚阶段。许多研究表明，新生代农民工与家乡的农村青年相比，结婚较晚。然而年龄并不是大多数新生代农民工选择结婚与否的唯一因素，经济水平、职业期待、转型时期的新生代婚恋观和国家提倡晚婚晚育的政策等也是新生代农民工推迟结婚的重要影响因素。另外，结婚与否以及在务工城市选择结婚对象或是回老家选择结婚对象，对农民工婚后的生活工作会产生很大影响，增加了新生代农民工婚姻选择的不确定性。

第四，受教育程度。与第一代农民工相比，新生代农民工的平均受教育年限较长，文化水平、学历层次较高。在"80 后"农民工中，大多数受到过高中以上的教育，文化素质比上一代农民工有所提高。这与新生代农民工成长的环境和生活条件不无关系。新生代农民工大致可以划分为两类：一类是成长在农村，成年后外出打工；另一类是父母为第一代农民工，自幼跟随父母打工，生长在城市，这为他们接触新的信息和接受更多的教育提供了有利条件。

第五，外出动因。新生代农民工外出不只为谋求生存，而且为了谋求自身的发展。第一代农民工成长在物资匮乏的年代，生活条件艰苦，为了个人和全家的生存，他们选择外出打工。新生代农民工成长在物质生活资料逐渐丰富的改革开放以后，他们苦恼的不再是"怎么吃饭"的问题，而是"怎样能更好地发展"，因此，开阔眼界，追求自身发展的长远利益，提高生活质量，改变农民工的前途命运甚至转变自身的身份而成为"市民"，成为他们外出的主要动力。

第六，主体意识。新生代农民工有了强烈的主体意识后，平等和维权意识增强。第一代农民工背负着"农民"的包袱，心里有比城里人低一等的自卑感，进而导致他们的维权意识较弱，在权利受到侵犯时，多数选择忍气吞声的方式予以消解；而新生代农民工则更加注重平等，主动争取话语权，表达自身的权利诉求，在自身权利受到危害时，敢于采取行动予以反抗。这种意识的增强，与新生代农民工具有较高的受教育程度是分不开的。

第七，择业观和收入状况。与第一代农民工相比，新生代农民工的流动性大，他们对职业的期待程度高，当工作不能满足他们的要求时，他们更倾向于选择跳槽。而且新生代农民工对工作的忍耐力较差，大部分人不愿意从事脏、累、苦的工作，而是选择服务业等相对轻松的行业就业，同时在择业时，除了考量工资收入外，他们也越来越看重能力的提升和未来的发展。随着经济水平的提高和劳动力市场供求状况的变化，新生代农民工的起薪收入水平较第一代农民工有所提高，但是由于生活成本的上升以及消费行为差异，对较大一部分新生代农民工来说，为了维持在城市的基本生活，每月结余并不多。这与老一代农民工把大部分收入寄回老家有很大差异。

第八，消费观念与消费行为。新生代农民工与老一代农民工的消费观念与消费行为有较大差异，而与城镇居民更为接近。新生代农民工生长于物质较为充足的年代，由于年轻，对未来的打算并不长远，缺乏节约和忧患意识，加上受到城市消费环境的影响，其消费行为在某种程度上以城市同龄人为参照，消费观念较为超前，但由于收入水平限制以及社会保险的城乡差异，因此在城市参加社会保险的比例并不高。

第二节　农民工及新生代农民工的研究

一　国外研究现状

"农民工"是带有中国化色彩的词语，英语中是 immigrant peasant，即"农民移民"。和中国一样，西方国家也经历过城市化和人口迁移的时期，出现过"农民工"现象。

（一）关于农民工形成原因的研究

农村人口向城市转移是随着经济发展水平提高，发展中国家在城市化过程中出现的必然现象，即从二元社会转变为一元社会的普遍规律。关于发展中国家农村劳动力向城市转移的原因、表现和影响，西方发展经济学研究中的很多文献都进行了系统的分析。从严格的意义上讲，西方并没有对"农民工"进行专门研究，"农民工"是中国社会转型时期出现的特殊现象，国外不曾有过，但是"农民工"现象也是人口流动现象，因此，国外的人口流动和市民化理论对研究我国"农民工"问题具有一定的借鉴意义。

1. 关于人口流动规律的研究

作为人口流动的一个重要方面，农村人口流入城市受到人口流动一般规律的制约。因此，我们首先分析人口流动的理论，进而探讨这些理论对于研究我国农民流入城市问题的意义（李强，2012：345～350）。

近代国外对人口流动的研究，较早的有1880年英国学者雷文斯坦发表的一篇题为"人口迁移之规律"的论文，在文章中，他把人口流动、人口迁移与工业化、城市化联系在一起进行分析。在雷文斯坦的研究中被视为规律的一些论断，有些已经不适合当今社会环境，但有些对我们今天研究关于人口流动与工业化、城镇化仍然具有一定借鉴意义。他的论断主要有以下七点。

第一，在雷文斯坦的研究中，人口迁移主要是短距离的，迁移的方向是从农村到城市，也就是人口朝着能吸纳劳动力的工业、商业聚集地集中。

第二，流动人口的迁移过程表现为两步，一是由农村地区迁移到城镇的周围地带；二是由城镇周边迁居到城镇里面。其流动的模式类似一种"空穴"的运动，即聚集在城镇周围的人口涌入城镇后造成了"空穴"，于是一些更远地方的流动人口便填补了这些空穴，如此的流动一层一层向外扩张。

第三，雷文斯坦的研究结果表明，全国各地区的人口流动都具有相似的规律性，即城市对于农村人口的广泛吸收。

第四，每一次大的人口迁移也带来了作为补偿的反向流动。

第五，长距离流动基本上是向作为工商业中心的大城市流动。

第六，城市居民与农村居民相比，流动率要低很多。

第七，女性流动率要高于男性。

雷文斯坦提到了当时的人口流动主要是短距离的，与其同时代的其他一些学者也都赞同这一观点。即使到了20世纪中后期，仍然有一些研究证明人口流动主要是短距离的迁移。

关于人口迁移规律还有一个很重要的观点，即美国社会学家齐普夫在一篇论文中提出的"P1·P2/D假设"。该假设认为，人口迁移总是与流出地和流入地的人口数量成正比，而与流出地和流入地的距离成反比，用公式表示如下。

$$M = P1 \cdot P2/D$$

M：人口迁移；P1：流出地人口；P2：流入地人口；D：流出地与流入地之间的距离。

　　而此后关于人口迁移的研究中，有的也曾证明了齐普夫的假设，如博格与汤姆森，黑格斯坦德则对齐普夫的假设提出了批判，他认为齐普夫的假设过于简单化了，实际上影响人口流动的因素中，距离只是一方面，除此之外还有其他许多方面，包括很多社会因素，人口迁移本身也应该是一个复杂的问题。

　　齐普夫在研究对人口迁移的影响因素时强调距离的因素，而斯托弗认为对于流动人群来说机会因素更为重要，这一"机会"概念主要指的是工作机会或就业机会，并在 20 世纪 40 年代提出了"工作机会"的概念。他在《对于机会的干涉：关于人口流动与距离的理论》中认为，流动人口与流入地的工作机会或就业机会成正比，与对工作机会和就业机会的干涉成反比。而对于"机会"的衡量，斯托弗认为可以用一个城市的空房率作为可操作性的测量指标，以此衡量一个城市的机会有多少，结论是：空房率高则工作机会少，空房率低则工作机会多。到了 1960 年，斯托弗的研究又进一步深入。他认为一个城市的机会总是有限的，随着流动人口的增加，机会的可得性在减少，流动人口之间会争夺有限机会，并且这种竞争及其激烈程度也是影响流动人口的重要因素。

　　1958 年，罗斯在《迁移的距离与移民的社会经济地位》中研究了流动距离与社会经济地位的关系。他提出了这样的研究假设：受教育程度高的人比受教育程度低的人流动的距离更远，从机会的角度来分析，这是因为，学历高的人比学历低的人能追求更好的工作与机会，可以有更多的流动的选择。几年以后，罗斯的这一假设得到了斯塔布的验证，他在《达塔石移民的职业特征》一文中，用实证材料证明了职业地位较高的管理人员与其他职业地位较低的专业技术人员相比群体流动的距离更远。伯福德的研究则进一步深化了距离的概念，他提出在决定人口迁移的因素中，心理上的距离比地理上的距离更为重要。

　　尚德伍德在《家庭亲友关系对于不发达国家人口迁移的影响》一书中提出他的研究结论：同一地区先流出人口的流向对于后流出的人口的流向会有重大影响。这一研究结论适用于中国，中国农村人口流动中亲戚、朋友、同乡的流动去向和职业选择对后来者也会产生重大影响，后来者向城市流动时大多采取直接投奔老乡、亲戚等形式，这样，同一村庄或同一地区先流入某城市的群体就对于后流入的群体起到导向作用。

2. 关于人口流动的原因和动机的研究

关于人口流动的原因和动机方面的研究，较早出现并对以后的研究产生重大影响的理论是人口迁移的"推拉理论"。巴格内首先提出了这一理论，他在《人口学原理》一书中提出了这样的观点：人口迁移的"拉力"是指对于做出迁移决策的人口来说，其迁移的主要目的是改善生活条件，因此，流入地的那些使流动人口改善生活条件的有利因素就成为拉力，拉动人口流入；同时流出地那些不利的经济条件就成为推力，推动人口流出。人口迁移的发生就是流出地的推力和流入地的拉力共同作用的结果。在巴格内提出"推拉理论"之后，很多学者都对这一理论做了进一步研究，主要是验证"推拉理论"中的推力和拉力影响的重要性。缪尔达尔的研究结果表明推力的作用更重要，而索瓦尼、贝斯、特里瓦萨等则认为，在"推拉理论"中推力和拉力是相互作用的关系。此外，国际劳工局也曾在一些研究报告中提出并验证推力和拉力的重要作用。

实际上，流动人口受到推力和拉力影响的作用过程是很复杂的。李（E. S. Lee）在《移民人口学之理论》中对这个复杂的过程做了一个全面的分析。李认为推力和拉力的作用在流出地和流入地同时存在，共同对人口流动产生影响作用：一是流出地的影响因素，李认为，在流出地同时存在推力和拉力两种作用，拉力是指流出地正向的因素，推力是指流出地反向的因素；二是流入地的影响因素，它也同时存在推力和拉力两种作用，是由正向和反向的两种因素构成。在这两者之间的是中间障碍因素，李认为，这一中间因素包括距离的远近、物质的障碍、语言文化的差异以及移民本人对于所有上述这些中间障碍因素的价值判断。人口迁移是这些因素共同作用的结果。

关于人口迁移的原因，赫尔在《人口社会学》中做了如下总结，大致可以分成五个方面的原因。

第一，经济原因。库兹涅茨等在分析美国国内迁移时表明，国内的迁移是从平均收入较低的州进入较高的州。而且，研究国际迁移的学者们也证实了，当一个国家的经济周期性循环接近增长高峰时，向该国迁移的人口最多；反之，如果某地区经济增长处于低谷时期，则迁出的人数最多。

第二，政治原因。如某一宗教少数派、少数民族、知识分子等因政治避难而迁居。

第三，气候与地理原因。人们迁移可能只是因为流出地的恶劣气候与地理条件，而同时流入地则具有适合人口居住的气候与地理条件。

第四，婚姻会导致人们的迁居，为维持婚姻或家庭关系均会引起迁居。

第五，赫尔的研究还认为，改善住房条件是引起美国国内迁居的另一个最普遍的原因。

3. 关于人口流动差异因素的研究

上述人口流动原因的研究可以解释为什么一个地区的人口迁移，而另一个地区的人口不迁移。但是，它无法解释为什么在同一个地区，有些人迁移了，而另一些人没有迁移，这就是关于人口流动差异因素的研究。

关于人口流动差异因素的研究，即要解释为什么迁移是有选择的，不论是什么情况下的人口迁移，一般都只是一部分人选择迁移而另一部分人不迁移。在李关于推力和拉力的分析中，就已经涉及迁移选择理论的问题。李认为，在流入地和流出地对于人口迁移的正向和反向的影响因素中，人们的反应是不同的，迁移对他们的拉力不同，同时他们克服阻碍流动因素的能力也是不同的，由此便产生了迁移对流动人口不同程度的吸引力。李的研究表明，在人口迁移选择中发挥较为重要作用的因素有：一是劳动力的熟练程度，一般来说熟练的劳动力相对于非熟练的劳动力更易于流动；二是身体状况，一般来说身体健康的劳动力相对于不健康的更易于流动；三是受教育程度，一般来说受过教育的劳动力相对没有受过教育的更易于流动；四是精明程度，一般来说头脑精明的比不精明的更易于流动；等等。

在关于迁移差异的研究中，一些学者曾试图建立一种适用于一切国家地区和所有历史时期的广泛的迁移差异模式。但是，这种努力没有成功，因为即使是最为普遍的因素中也有很多例外。例如，在美国，流入气候温暖地区的多是老年人、退休者，但是，年轻人的流入也是有的。这样，在这种迁移差异模式和迁移选择理论的研究中，人们所能归纳出的一般原理就仅限于有选择和无选择的区分了。

李曾提出有选择和无选择的如下假设。

第一，那些对于流入地是正向因素的移民，是有选择的而不是无选择的，即会被选择上。

第二，那些在流出地是负向因素的人或群体是不会被选择的，即不会流出，如果整个群体都是负向因素，那么，整个群体都不会流出。

第三，就移民的总体来看，有选择的移民是双次选择的，即在流出的时候被选择了一次，流入的时候又会被选择一次。

第四，阻碍的因素越增加，流动就越会是有选择的。

第五，在生命周期的某些阶段，移民的某些特征会对流动的选择起重要作用，比如年龄，青壮年人被选择的概率高一些。

第六，流动人口的特征是介于流出地人口和流入地人口的特征之间的，例如，一般来说，移民的素质水平高于流出地人口，而低于流入地人口。

4. 关于人口流动结果的研究

关于人口流动结果的具体研究主要有以下观点。索瓦尼在 1969 年发表的《印度的人口问题》一书主要是比较分析发展中国家与发达国家人口流动的差异。他的研究结论认为，在发展中国家，由于人口流动率很低，而且选择流动的人口也大多数是短期流动，从较长的时间段看，他们最终将会回到流出地，所以，流动人口对这些发展中国家的影响很小。相反，在发达国家，人口流动要频繁得多，他的结论是，这种更为频繁的人口流动造成发达国家农村人口和劳动力的急剧减少。

哈撒韦在《来自农业的移民历史的记录及其意义》中研究了美国农村人口向城市流动的历史，并得出这一人口流动的影响结果：因为从农村向城市流动的人口中，有能力的人具有更强的迁移意愿和能力，所以迁移的大部分都是有能力的人，这种农村人口向城市的迁移不但不能改善农村的相对落后地位，反而不利于农村地区的发展，使这些地区变得更为落后。

关于移民向流出地的汇款问题，康内尔在 1976 年出版的《来自农村地区的移民：村庄研究之证据》一书中进行了研究。他的研究发现，移民汇款的情况受文化因素的影响很大，不同文化传统国家的移民汇款情况有很大差异。他用具体的调查数据来说明：在印度，从调查数据看，移民向流出地的农村汇款的比例很低，占农村地区总收入的 8%。而在中国台湾地区，移民向流出地的农村汇款比例很高，可以占到农村总收入的 39% ~76%。

关于移民结果中的过度城市化问题，甘古里在 1978 年出版的《人口与发展》一书中进行了研究。他认为印度的很多大城市存在过度城市化问题，即农村人口大量流入城市，使得城市出现了劳动力的供给大大超过了市场对劳动力需求的现象，这种城市劳动力市场供过于求的状况一样导致失业出现，即原来农村中的过剩劳动力就转变为大量的城市失业人口。这种现象还导致两个不良后果出现：一是这种转变是以人力资源的高消耗为代价的；二是城市无法吸纳的流动人口在城市处于艰难和不安定的状况之中。

人口流动的结果可以分为对流出地的影响和对流入地的影响两个方面。

对于流出地的影响往往是负面因素多一些。既然流出对于年龄和性别是有选择的，那么就造成了特定的年龄组人口减少，从而使得人口流出地区的人口结构出现失衡；既然根据李的研究，熟练劳动力、身体健康的劳动力、受过教育的劳动力、头脑精明的人口更易于流动，这说明移民的素质高于流出地人口的平均素质，那么，流出的结果就必然造成流出地高素质人口的减少。

对于流入地的影响则更为复杂。移民的素质被认为低于流入地人口的平均水平，因此，在流入地，城市中一些常见的问题会因人口大量流入而加重，比如交通拥挤问题、住房短缺而产生的贫民窟问题、教育设施不足问题、环境污染问题等。

5. 关于城乡人口迁移理论①

随着工业革命的到来，西方国家开始出现大规模农村劳动力向城市转移的现象，农业劳动力占社会总劳动力的比重急剧下降。古典经济学家威廉·配第在《政治算术》中指出："产业间收益差异明显，呈现出工业收益大于农业收益、商业收益大于工业收益，形成促使社会劳动者从农业流向工业和商业的迁移动机。"在此基础上，亚当·斯密从城乡商业联系和劳动分工的视角，研究劳动力转移现象，并认为劳动力城乡转移是市场扩展的自然结果。克拉克在二者的基础上提出了三次产业结构演进的规律，即在城市化发展过程中，农业劳动力转移的方向与产业收入一致，即由第一产业转向第二产业，然后由第二产业转向第三产业。

在城乡关系中，最为著名的、对以后的研究产生重要影响的就是刘易斯的"二元经济结构"理论。1954 年，刘易斯发表了《劳动无限供给条件下的经济发展》一文，在这篇文章中，刘易斯提出了经典的"二元经济结构"理论和"两部门结构发展模型"，他的主要观点是，发展中国家的

---

① 参考李强，2012：352～353。

国民经济结构发展存在不均衡，既存在传统的自给自足的农业经济部门同时也存在城市现代工业部门，这就是他所谓的"二元经济结构"，他认为这两个部门的经济结构之间存在着比较大的差异。传统农业部门的主要特征是人口严重过剩，导致劳动生产率极低，甚至趋近于零，因此，生产力仅能维持生存。这是因为，一方面，发展中国家的传统农业部门生产技术简单而且更新缓慢，耕地面积的扩展是极为有限的；但另一方面，人口不断增加，最后一定会出现经济收益呈现递减趋势的结果。其原因在于，农业经济部门是不以营利为目的的、自给自足的生产单位。农村新增加的人口只要达到一定年龄，就会从事农业劳动，与所有的集体成员共同参加劳动和产品分配。在这种情况下，相对于有限的土地资源，农业劳动力早晚会出现剩余，处于剩余状态的农业劳动力属于农村隐性失业者。在劳动力过剩而其他的农业生产要素又不增加的条件下，这些过剩劳动力并不增加产值。由于边际收益递减规律的作用，这些过剩劳动力的边际生产率接近"零"。刘易斯的"二元经济结构"理论认为，这些大量存在的边际劳动生产率为零值的农业劳动人口导致发展中国家农业部门长期得不到发展，整个国民经济长期处于低水平状态，而且从另一个角度看，还会导致工农关系的失衡和国民经济发展不协调。

作为与传统农业部门相对的现代工业部门，其工业生产的特点是生产过程中使用的生产资料一般都是可再生性的，因此，提高生产资料投入数量就可以迅速提高生产速度、扩大生产规模，可以使生产规模的扩张超过人口的增长。而且，由于农业部门存在大量的剩余劳动力，理论上，只要工业部门的工资水平略高于农业部门的生存工资水平，就能够从农业部门获得无限供给的农业剩余劳动力。那么，只要农业剩余劳动力无限供给的状况不改变，那么工业部门便可以压低农业剩余劳动力的工资水平，使其基本保持在生存工资的一条水平线上，这一过程将持续到农业部门剩余劳动力被吸收完毕。在这一过程中，廉价的农业劳动力使工业部门成本下降，从而可以获得更多的收益，并为再生产积累更多的资本，进而可以扩大生产规模，提高工业部门在国民经济中的比重，吸纳更多的农民到工业部门就业，形成一个良性的运行机制，最后促成工业劳动力数量的增加和农业劳动力数量的减少，从而促使农业部门劳动生产率提高，有利于两部门的协调发展。刘易斯认为，发展中国家农村劳动力转移的过程就是从二元经济向一元经济发展的过程。

刘易斯的模型偏重城市的作用和城市的发展，他认为，工业部门的发展可以吸收农业劳动力，而农业剩余劳动力向城市的流动可以带来农业劳动生产率的提高、农民收入的提高以及农业的进步。"二元经济结构"理论比较符合发展中国家的现实，但刘易斯模型的理论假设是认为剩余劳动力只在农村存在，城市不存在失业，因此，他得出结论：在农村的剩余劳动力被城市工业部门吸收完之前，工资率是不变的。但是，这一结论显然不符合实际。为了弥补这一缺陷，1961 年，美国耶鲁大学经济学教授费景汉和拉尼斯提出了"费-拉尼斯模型"，试图在刘易斯模型的基础上对其进行修正和补充。

"费-拉尼斯模型"主要补充了农业部门的作用，认为在刘易斯模型强调工业部门作用的基础上，还应该注意农业的进步问题，而且提出工农数量的转换必须经过三个阶段。第一阶段，是那些边际劳动生产率为零的农业人口向工业部门的转移。由于这部分农业人口的转移不会对农业总产出水平产生影响，所以，只要工业部门的发展有增加劳动力的需求，就会吸引这部分农业剩余人口向工业部门转移。在这一阶段，付给这部分农村流动人口的工资只要相当于他们在农业生产部门所得到的报酬就行了，相当于刘易斯所分析的劳动力转移过程。在这一阶段，劳动力要素绝对过剩使得工业部门的生产成本维持较低水平，因此，可以增加工业积累和保障工业部门的进一步扩张，并且，农业人口数量的减少使得其他农民的人均收入也有所增加。

第一阶段的剩余劳动力转移过程持续到边际产出为零的那一部分人转移完为止，之后，根据"费-拉尼斯模型"，农业劳动力的转移进入第二阶段。这一阶段转移的人口是农业剩余人口中那些虽然边际产出不为零，但并不能满足自己消费需求的那一部分人。也可以说，农业剩余人口包括两部分人，一部分是不增加农业总产出的人，即第一阶段转移的剩余劳动力，另一部分则是不增加农业总剩余的人，这是第二阶段转移的农村剩余劳动力。前一部分人转移到工业部门以后，农业剩余人口转移的第一阶段结束，此后，工农数量的转换就进入第二阶段，即剩余的另一部分人由于工业部门的吸引也开始流向工业部门。

第二阶段的人口工农转换过程，所面临的情况与第一阶段不同。因为这一阶段转移的农民是边际产出大于零的，他们的转出导致农业总产出水平下降，当农业总产出下降到一定水平，供求定理的作用必然引起农产品价格的上涨。农产品价格的上涨使得农村劳动边际生产率提高，而当农村的劳动边际生产率提高时，现代工业部门所需的、从农村转移出来的劳动力的供给不再具有完全的弹性，即劳动力的供给曲线不再是水平线，而是有限弹性的、向右上方倾斜的曲线，在这一劳动供给曲线作用下，随着农村劳动边际生产率的提高，农业部门对劳动力的需求也在增加，农业部门的工资率也在上升。农业部门工资的上升迫使工业部门只有提高工资才能吸引需要的劳动力，这就使得企业生产成本增加，利润降低，从而妨碍了工业部门的积累和扩张速度，影响其对剩余农民的进一步吸纳。因此，这一阶段必须依靠提高农业劳动生产率的办法，以削弱那些并不完全"剩余"的农民流出农业部门所造成的影响，否则，工农数量的转换就难以顺利实现。

随着农业劳动生产率的提高，工农数量的转换度过费景汉和拉尼斯所说的"粮食短缺点"，之后工业部门可以继续吸纳剩余农民，直到农业部门中不再有剩余农民为止，则工农数量的转换进入第三阶段。这时，社会劳动力资源在工农两部门间的分配将由竞争性的工资水平决定，不仅农业部门要向工业部门继续提供剩余劳动力，而且工业也要反过来支持农业的发展。这就意味着传统农业必然转化为商业化农业。由此，二元经济结构消失，社会经济进入稳定增长的阶段。

"费－拉尼斯模型"认为，农业剩余是城市工业吸收农村劳动力的前提，这一模型强调在工业和农业平衡增长的条件下来实现农村劳动力的转移，这对实现国家经济的平衡增长具有指导意义。不过这一模型与刘易斯模型一样，没有考虑到城市部门的失业状况，这一假设显然与现实相去甚远。

乔根森在一个纯粹的新古典主义框架内提出探讨工业部门的增长是如何依赖农业部门发展的"乔根森模型"。该理论认为农村剩余劳动力转移的前提条件是农业剩余。当农业剩余等于零时，不存在农村剩余劳动力转移。只有当农业剩余大于零时，才有可能形成农村剩余劳动力转移。在农业剩余存在的前提条件下，乔根森又提出了一个重要假设，即农业总产出与人口增长一致。在这种条件下，随着农业技术的不断发展，农业剩余的规模将不断扩大，更多的农村剩余劳动力将转移到工业部门。因此，农业剩余的规模决定着工业部门的发展和农村剩余劳动力转移的规模。

20世纪60年代末到70年代初，托达罗提出建立在发展中国家普遍存在失业这一事实基础上的"托达罗模型"。该理论模型的基本观点是，农业部门不一定存在剩余劳动力，而城市存在大量失业；城市工业部门的工资率不是固定不变的，而是不断上升的；强调工业部门扩张时，应注重农业部门的发展。但他认为农村劳动力如果在城市找不到工作，就会在城市做临时工甚至完全闲置与现实不符。"托达罗模型"的意义在于他认为有必要缩小城乡就业机会的不平衡，以免过度的人口迁移给城市发展带来更多的困难。任何影响城乡实际收入的政策都会影响劳动力迁移的过程，这个过程反过来又改变各个部门和地区的经济活动和收入分配甚至人口增长的方式。

20世纪80年代，斯达克以家庭迁移行为作为研究对象提出了新迁移经济理论，对家庭福利最大化的决策进行分析，强调转移者与其家庭共同承担转移成本和共享转移收益。这种以家庭为单位的分析方法，对家庭观念较强的中国人口迁移问题研究具有指导意义。

乔治·J. 鲍哈斯建立了一个理论框架，并进行了实证研究，得出的结论是平均技能较低的人才会移民美国；而哈森则推翻了鲍哈斯的逆向选择假设，他在对墨西哥向美国移民的研究中得出结论，移民到美国的墨西哥人比留在墨西哥的非移民者具有更高的技能水平，他们的平均收入高于墨西哥的平均水平。R. E. 卢卡斯对城乡移民的人力资本积累进行了理论研究，他认为，移民进入城市后的生存不只是依靠出卖劳动力，还可以获得技能和积累经验，这将成为未来获得更高收入的人力资本，同时，移民所在城市的技能水平与人力资本获得的报酬成正相关。

综上所述，西方国家的人口流动和迁移理论可以对改革开放以来中国农村人口大规模的流动现象做出一般的理论解释，但这些理论都是建立在西方国家的市场经济背景下，西方没有体制因素的制约，这与中国实际的"农民工"问题并不完全符合。

（二）关于农民工收入的影响因素研究

国外学者对农民工收入的研究较少，我们仅从西方历史上流行的几种工资理论来分析影响收入的因素。

1. 生存工资理论[1]

生存工资理论是在18世纪和19世纪早期比较流行的一种工资理论，

---

[1] 参考曾湘泉，2011：277。

即非技术人员的工资应该等于或者略高于能够维持生存的水平。英国经济学家李嘉图发展了这种观点，提出了生存理论（工资铁律）。依据他的观点，如果实际工资超过了维持生存的必要量，人口增长速度就会加快，从而超过食品和其他生活必需品的增长速度。人口的增长势必造成寻找工作的人员数量增加，劳动力供大于求的压力又会使工资重新降到仅能维持生存的水平。因此，他认为实际工资的改善只能是暂时的状况。他接受亚当·斯密关于工资取决于供求关系的观点，但确信劳动力供给不断增加的压力将会使工资停滞在维持生存的水平。

在李嘉图时代，这一理论在一定程度上可以由西欧的实践得到证实。今天，在人口密度很高的亚洲和非洲国家，在经济发展所带来的劳动生产率增长明显超过人口增长之前，这种理论也并不过时。但就20世纪发达国家的情况来看，科技的发展带来生产效率的提高，受教育水平的提升增强了劳动者的劳动技能，以及健康状况的不断改善和人力资本积累的扩充，大大提高了劳动生产率。同时，人口出生率也在下降，这使得劳动生产率的提高大大超过人口自然增长率。在这种情况下，绝大多数职工的工资水平明显提高。因此，事实上，在这些国家，工资水平超过维持生存的水平已成为可能，这一理论已不再适用。

2. 工资基金理论[①]

工资基金理论出现在19世纪中期，以英国经济学家斯图尔特·米尔为主要代表。这一理论认为，在任何国家，短期内用于工资的基金都有限度。这种基金是资本的一部分，资本其余的部分要用于固定资产折旧、扩大再生产投资和支付管理费用。工资基金在所有职工中被分配，但是职工的工资总和不能超过工资基金的数量。如果某些部门由于工会组织的活动或者经济状况的影响提高了该部门职工的工资，从而使他们在全部工资基金中占到较高的比例，其结果必然是其他部门职工的工资下降。这种理论还意味着，只有在资本增加或就业人数减少的条件下，职工的一般工资水平才有可能上升。

这种理论的问题是，用于支付工资的费用在特定的时间内有一个确定的比例这一点并不真实。劳动力数量一成不变也是一种设想，实际上工资基金所占比例和劳动力数量都在发生波动。统计资料也显示工资在国民收

---

① 参考曾湘泉，2011：278。

入中所占份额不断发生着微小的变化。各个国家都能创造实际工资水平显著提高的条件，这种提高并不是由于工资基金在国民收入中的比例提高了，而是资本增加大大快于人口增加，同时国家有效地利用资本提高了劳动生产率。

3. 边际生产力工资理论

边际生产力工资理论是 20 世纪初广泛流行的一种理论。这种理论的要点是，只要职工创造的劳动价值高于工资价值，雇主就会不断雇用新的职工，直到雇用的最后一名职工的劳动价值与工资价值相等为止。在这种情况下，如果再雇用职工，工人创造的劳动价值将不能补偿雇主必须支付的工资。

这种理论认为，为了增加产量，需要雇用更多职工，但是达到新雇用职工所带来产量的增加低于以前的职工这一点时，如果再雇用新职工，雇主将无力支付新职工的工资，除非降低工资水平。这个原理，即所谓边际生产力递减的规律，是一个技术规律，在工厂和其他生产企业也同样适用。

这种理论的前提是处在一个自由竞争的环境，人们对需求和供给的相互作用无法限制，劳动力可以自由流动。在这种完善的竞争条件下，所有劳动者都能够就业，在失业人员寻找工作的压力下，工资水平将不断下降，直到所有劳动者都能够就业为止。但是在实际经济生活中，劳动力市场并非如此，无论是雇主还是雇员，他们的竞争条件都不完善，充分竞争是一种理想状态。此外，在生产企业中各种复杂因素的影响使得计算由劳动力增加所创造的产值非常困难，就是说难以计算所谓的员工边际劳动生产率。

4. 谈判工资理论[①]

谈判工资理论在工会组织发达的国家或者一个国家工会组织发达的阶段是比较流行的，这个理论认为，工资率存在着一个上限和一个下限，实际工资率在上限和下限之间变动。雇主对员工的需求程度以及职工需要通过就业以挣得工资来满足生活需要的迫切程度，都会对工资率产生影响。因此，实际工资率的确定将取决于劳资谈判双方力量的对比。在双方讨价还价的场合下，雇主所能支付的最高工资可以被大致地估算出来，它取决

---

① 参考曾湘泉，2011：278。

于企业的经济实力、竞争能力和劳动费用增长过高使企业从事经营活动所要承担的风险。雇主所支付的最低工资也可以被估算出来，它取决于职工对于降低生活标准的承受能力，取决于工会的力量以及可以用作罢工工资的基金数量。这些基金可以在职工举行罢工时作为职工的生活费用开支。

5. 购买力理论①

购买力工资理论认为，企业发达的条件是市场存在大量需求，以使企业能以适当的价格出售产品，从而获得足够的利润。职工和他们的家庭成员也是企业产品的消费者。如果职工工资和购买力高，则需求强烈，市场规模的高水平就可以持续；反之，如果工资和购买力低，生产规模将相应地萎缩，失业就会出现。

与上述其他工资理论一样，这种理论在有些情况下也会失去作用。增加工资能带来生产的增长是理想状态，否则，提高的购买力将会带来物价上涨，除非购买力的提高部分被用于储蓄。购买力理论对需求不足的失业可以做出一定的解释。但是，如果失业是由于资本缺乏，就像在工业落后的发展中国家，这种理论则不适用。在那些本国经济主要依赖国际贸易的国家，采用这种理论也要特别小心，因为，增加工资会强化对进口商品的需求，同时也抬高了出口商品的价格。如果不能通过提高劳动生产率补偿这种影响，增加工资就会降低这些国家在国际市场的竞争力。在那些已经面临巨大国际收支逆差的国家，工资水平迅速提高可能会导致严重的后果。

6. 需求和供给工资理论

需求和供给的工资理论最早起源于亚当·斯密。他指出，如果供求关系决定工资水平，那么，一些部门和地区将会以高薪吸引所需要的劳动力，这些人会离开那些由于劳动供给大于需求因而工资水平较低的部门和地区。这将完善劳动力的合理配置，对国家的经济增长和发展有利。在竞争环境下，供求关系通过工资水平产生调节作用，由此会促进劳动力的流动。

从实践上看，不论是在自由竞争国家还是在转型国家，劳动力的需求和供给在工资水平的决定中都起着重要的作用。因此，必须考虑劳动的供求变动。不过，供求并不是工资水平的唯一决定因素，工资的确定也受到

---

① 参考曾湘泉，2011：279。

其他因素的影响和制约。

在一些发达国家，工会和雇主组织所进行的活动会对竞争中的工资水平产生影响。此外，供求效应也受到政府有关工资条款的限制，如关于最低工资的确定、仲裁裁决以及在集体协商条约中对那些不属于任何组织的雇主和职工所做的有关规定。

正如上面所分析的工资理论，在某些确定性条件下，上述理论和政策能够发挥作用，可以解释工资问题的许多方面。然而没有任何一种工资理论能在所有条件下都适用。同工同酬原则为建立公平的工资制度奠定了基础。尽管建立在这个基础上的实际工资率经常受到供求规律的影响而发生变化，但这种变化毕竟是暂时的，工资政策会引导工资水平回到以同工同酬为基础的水准上。制定工资政策时必须把确定工资的一般水平和劳动生产率紧密联系起来。劳动生产率本身就是资本、管理、劳动力以及其他因素综合作用的结果，特别受到自然资源和人口密度的影响。

7. 经济租金工资理论[①]

经济租金理论最初是由李嘉图提出来的，他用这一理论来解释质量或者位置不同的地块的价格，但是该理论的应用实际上要普遍得多。在理论上，经济租金被定义为对生产要素（劳动力、资本和土地）的任何超过其据以供给的最低价格的支付，即它是指要素所得的支付与其"供给"价格之差。

经济租金理论能够解释一定技术等级的劳动力市场价值的确定。这种等级的技能供给是相对固定的，因为它们不能被生产出来，不能为所有的人而只能为少数人学习获得。职业运动员、影星以及时装模特等均属于此类。他们与李嘉图式的土地有两个共同的特征：他们的供给是不变的；而且他们在供给价格之上的服务供给是无弹性的。从经济学的角度来看，这些人和纽约昂贵的第五大街的沿街地段并没有多大差别。有限的供给和巨大的需求结合在一起，使每个人都能够得到可观的收入。从经济学家的角度分析，他们的收入属于经济租金，而实际上，经济中出现的巨额劳动收入，都可以被归入经济租金之列。

8. 人力资本工资理论

人力资本工资理论是经济租金在工资理论中出现的第二种相关方式。

---

① 参考曾湘泉，2011：280。

人力资本理论告诉我们，在长期均衡的情况下，工资和个人拥有的人力资本存量成正比，所以，拥有等量人力资本的人应该获得同等的收入，而不管其技能的具体性质如何。但是在大部分时间里，劳动力市场并不处于长期均衡之中，这时个人技能的具体性质就相当重要。计算机软件人员的需求骤然上升，软件人员的工资将增加到高于有同等技能但未接受软件人员训练的员工的工资水平。

我们应该如何解释有幸受训成为软件人员的那部分人的较高收入呢？方法之一是把他们的收入看作两个不同的部分，其中一部分代表正常的人力资本收益，另一部分则归因于他们所掌握的那种技术的暂时稀缺。后一部分支付类似于经济租金，它是由需求所决定的。不过，这种情况往往只是暂时的，只能维持到另一批软件人员训练完为止，因而经济学家称之为"准租金"。

人力资本收益的这些差别也可能因为另外两种有关因素而存在：第一，如果劳动力在地区间不能流动，同样的技能可能在一个地区比在另一个地区更有价值；第二，更令人关注的情况是，获得必要技能或进入一种职业的人数受到了限制。最常见的形式是在现有职位上的成员，他们拥有培训、许可或录用新员工的垄断权力。他们表面上的目的是要确保职业标准或维持秩序，但实际上，他们也经常考虑通过限制劳动力供给的手段来保证现有员工的收入。这样的话，在这一职位上的人便会在较长的时间内获得准租金。在我国的劳动力市场上，一些大型的国有垄断企业不仅在产品市场上垄断，更重要的是，通过职位垄断，获得了较高的经济租金。

在影响工人工资决定的理论方面，还有马丁·魏茨曼的工资分享理论。他认为必须把工资制度变为分享制度，就是工人的工资由企业的业绩决定或者由时间决定和利润分配决定。改革开放以来，中国劳动力市场的主要参与主体是农民工和私营企业主，在这个市场上，决定工资的理论基础基本上是生存工资制度，即工人的工资勉强维持生计，这一工资制度一方面保障了私营企业主获得高额利润，使他们快速完成了资本的积累，但另一方面则损害了工人的利益。未来社会若要获得长足发展的动力，必须将生存工资制度转变为分享工资制度。

舒尔茨和贝克尔的人力资本理论与农民工收入或者说与工人工资决定的研究密切相关。舒尔茨建立了人力资本理论的宏观基础，贝克尔建立了人力资本理论的微观基础。人力资本是一种非物质资本，它是体现在劳动者身上的、能为其带来永久收入的能力。舒尔茨在 1960 年美国经济学年会上发表了题为"论人力资本投资"的演说，系统、深刻地论述了人力资本理论，开创了人力资本研究的新领域。舒尔茨的人力资本理论有以下五个主要观点。第一，人力资本存在于人的身上，在一定时期内，人力资本主要表现为劳动者本身所拥有的知识、技能、劳动熟练程度和健康状况及其所表现出来的劳动能力，一个国家的人力资本可以通过增加劳动者的数量、提高质量以及延长劳动时间来度量。第二，人力资本是投资形成的，投资渠道包括以下几种，正规教育、健康水平的提高、在职培训、寻找工作和劳动力迁移五个方面。第三，人力资本投资是经济增长的主要源泉，人力资本高的国家人均产出也高。舒尔茨说，人力投资的增长无疑已经明显地提高了投入在经济起飞过程中的工作质量，这些质量上的改进也已成为经济增长的一个重要源泉。第四，人力资本投资是效益最佳的投资。人力投资的目的是获得收益。舒尔茨对 1929~1957 年美国教育投资与经济增长的关系做了定量研究，得出以下结论：各级教育投资的平均收益率为17%；教育投资增长的收益占劳动收入增长的比重为70%；教育投资增长的收益占国民收入增长的比重为33%。也就是说，人力资本投资是回报率最高的投资。第五，人力资本投资的消费部分实质上是耐用性的，甚至比物质的耐用性消费品更经久耐用（曾湘泉，2011：161）。

人力资本具有以下特征：第一，人力资本是一种无形资本；第二，人力资本具有时效性；第三，人力资本具有收益递减性；第四，人力资本具有累积性；第五，人力资本具有无限的潜在创造性。舒尔茨的研究成果为人力资本理论的进一步发展提供了基础框架。但是舒尔茨的研究具有一定的局限性，他认为人的能力是决定人类命运的最重要因素，通过教育提高人的能力就能克服人类发展的各种客观障碍。在人力资本的各个要素中，他只分析了教育要素，因此并不全面。

贝克尔则从微观层面对人力资本进行分析，从人力资本投资角度出发，把人力资本投资作为研究对象，对人力资本投资与个人收入分配的关系进行了分析，并在此基础上研究了在职培训作为人力资本要素的价值。贝克尔对人力资本的量化研究扩大了人力资本理论的研究范围，推动了人力资本理论的应用。然而舒尔茨和贝克尔的研究都只看到了人力资本的外生性，忽视了内在性，人力资本投资对于不同个体所体现出的人力资本水平是有差异的。

（三）关于农民工消费问题的研究

工业革命使资本主义得到迅速发展，西方社会对消费行为开始关注。美国社会学家凡勃伦最先关注有闲阶级和炫耀性消费现象，他认为，通过消费可以显示消费者的经济状况、身份和社会地位等。他的《有闲阶级论》提到"超出生存的基本需要的消费阶层就是有闲阶级，而超出基本生活之外的消费就叫炫耀性消费，这种炫耀性消费就是典型的'符号消费'和'象征消费'"。

布迪厄发展了凡勃伦的消费理论，他认为消费过程就是显示个人社会地位的过程，同时也是带来地位象征进而自我实现的过程。消费文化强调的是消费的符号意义、文化建构和心理感受过程，消费是不同阶层的生活风格和品位在消费领域的体现。

波德里亚[①]在其著作《消费社会》中对消费进行了全方位的剖析，他认为在消费社会中，消费不仅成为自我实现的全过程，也对生产进行了必要的替代，消费成为一种社会劳动，指导着消费社会。

西方国家的移民和消费等理论虽然能解释一般发展中国家剩余劳动力转移和城镇化现象，但我国"农民工"问题是发生在经济社会转型时期，并受到城乡二元体制的影响，具有鲜明的中国特色。随着中国经济的持续发展，在工业化和城镇化进程中的"农民工"现象引起了国外学者的研究兴趣。日本学者南亮和牧野文夫在《流动的大河：中国的农村劳动力流动》中展示了对中国流动人口现象的调查和研究结果，总结了中国农村剩余劳动力流动的特征和规律。宝剑久俊以河北省为例分析了中国农村劳动力外出就业的动因、去向、规模等问题，其主要结论与观点发表在《中国农村非农就业选择及其劳动供给分析——河北省获鹿县大河乡的实证研究》中。国外学者对于农民工问题虽然进行了一些理论或实证研究，但侧重点在于描述现象，对农民工问题的具体分析并不多。

国外关于农民工问题的研究除了理论领域外，还有相关的制度研究，如经济制度、社会保障制度等。与中国不同的是，国外的城镇化过程中并没有户籍制度的制约，因此在研究过程中需要结合我国国情。同样，新生代农民工也是我国在一个特定的历史阶段出现的现象，国外由于没有户籍

---

① Jean Baudrillard，有学者译为鲍德里亚，本书统一使用波德里亚。

制度的限制，很少出现第二代移民。因此，对新生代农民工的研究，除了移民的城市适应性以外，国外基本上没有可以借鉴的理论。

二　国内研究现状

（一）农民工收入研究

国内关于农民工收入的研究主要集中在收入影响因素及如何改善农民工的收入现状上。

关于影响农民工收入因素的研究，有的认为受教育程度和接受培训程度是影响农民工收入的重要因素。杨思远指出农民工文化技能水平偏低，必然从事收入水平低下的工作（杨思远，2005），黄乾的《两种就业类型农民工工资收入差距的比较研究》（黄乾，2009）、邢春冰的《农民工与城镇职工的收入差距》（邢春冰，2008）、戴建春的《影响农民工收入增长的主观因素探思》（戴建春，2009）等都对影响农民工收入的因素进行了分析。有的研究者认为，城乡二元经济结构是导致城乡收入差距的直接因素。代表性研究有赵振华（2009）的《当前中国农民工收入分析》，指出了"同工不同酬"、就业歧视和收入歧视等不公正的现象。还有的研究者指出市场经济规律对收入的影响作用，年龄因素带来的农民工工资水平的差异等。

进入 21 世纪以后，一些学者开始关注农民工群体的分化。2001 年，中国社会科学院王春光教授首次提出了"新生代农民工"的概念，学术界对新生代农民工从不同角度展开研究。宏观方面，研究新生代农民工问题的起因、现状、发展趋势和社会经济影响；中微观方面，研究新生代农民工的收入水平、消费结构、社会保障、进城与就业的关系、自身及子女的教育问题等。有的学者关注新生代农民工的外出动因及影响因素，有的学者关注新生代农民工的生存权和身份认同问题，还有的学者对农民工的代际差异进行比较分析。近些年，关于新生代农民工市民化的研究成为热点，涉及新生代农民工的教育、就业、社会保障、公民权利等方面，但是关于这一群体的研究还没有形成系统的理论基础和严谨的研究方法，学者大多采取实证调查研究。

对于新生代农民工的收入，一般的研究认为，农民工是低收入群体，并且处于城市社会的底层，除了工资收入以外，城镇居民所能享受到的基本公共服务与他们无关。不同的调查数据均证实了农民工的收入长期以来极低的事实。根据全国农村固定观察点对全国 31 个省（直辖市）314 个村近 24000 个家庭户的跟踪调查，2003 年农民工的月平均工资为 781 元，2004 年为 802 元，2005 年为 855 元，2006 年为 953 元。国务院发展研究中心的一份报告显示，1992～2004 年，珠江三角洲外来农民工月平均工资仅增长了 68 元。段成荣、孙磊（2011）等利用 2005 年全国 1% 人口抽样调查数据，对流动劳动力的收入状况进行分析，认为流动劳动力的收入水平仍然不高。

关于如何改善农民工的收入现状，钟春华、李东风（2008）认为，政府、社会、农民工群体自身都应参与其中。如政府采取调控措施，消除二元经济制度的障碍，制定有效促进城镇化的政策以及加强干预，合理分配，维护农民工的合法权益等。赵振华（2009）则认为，改善农民工收入现状应激发企业自律和农民工自身维权意识（赵振华，2009）。

（二）农民工消费研究

关于农民工消费，主要观点集中在两方面。一种观点认为农民工的消费倾向低，出来务工就是为了挣钱寄回老家，改善农村老家的生活状况。李强（2001）在对中国农民工的汇款研究中发现，与其他国家相比，中国外出农民工汇款的比例是最高的。另一种观点认为，新生代农民工的消费理念与其父辈差异较大，他们外出务工的观念已经发生了较大变化，他们通过提升自己的消费结构来适应城市的生活方式。唐有财（2009）则认为，新生代农民工一方面有强烈的消费欲望；另一方面，他们又希望克制自己的消费以储蓄更多的钱（唐有财，2009）。钱雪飞对南京市 578 名农民工的调查研究显示，"农民工消费在收入中所占的比例较高，消费水平和质量虽然很低，但自我满意程度较高"（钱雪飞，2010），在此基础上，他分析了农民工消费模式的影响因素，并提出了改善消费现状的建议措施。也有的学者研究了农民工的消费行为和社会认同的关系，将农民工的消费方式和身份认同联系起来，并在宏观的社会城市化背景下研究消费认同理论。严翅君认为，随着经济发展和消费水平的提高，农民工的消费行为从保守转向开放（严翅君，2007）。

有些学者进行了农民工消费结构的研究，李海峰对农民工在城市的消费结构和在农村的消费结构进行了对比研究，结果认为，在城市，农民工的消费以食品费和房租为主，在农村，以食品费和子女教育费以及人情费为主。陶树果对上海新生代农民工家庭消费的结构二元性进行了研究，针对二元性的原因和表现，分析了二元消费结构带来的社会影响。李晓峰、王晓方采用经济计量学的方法，详细分析了北京九城区农民工消费结构的基本需求、边际消费倾向、需求收入弹性三个方面。于丽敏通过实证数据分析出农民工消费结构的二元性，指出收入的不确定性、社会保障体系的不健全和户籍限制是二元性的影响因素，并提出了提高农民工消费水平的建议和对策。

关于农民工消费观念的研究主要有以下方面，张兆伟通过对某高校新生代农民工消费观念的实证调查研究，论证了符号消费与社会认同之间的关系。肖伟通过对长沙市农民工消费观的调查发现，"80 后"农民工比"80 前"农民工的消费观更开放和现代，不仅指出自我因素、市民化程度、消费环境、参照因素对农民工消费观的影响，还指出了农民工消费观转变对社会的影响。

关于农民工收入、消费与市民化的关系，史清华等（2007）、钟甫宁等（2007）、史耀波等（2007）研究了农民工务工收入和消费结构及其分布特征问题，认为务工收入是影响农民工城镇就业的根本因素，消费支出对农民工城镇就业也有显著影响。蔡昉（2011）认为，农村劳动力向城市转移，增加了农民家庭的收入，有利于形成新的消费者群体。但是，由于制度层面的限制，农民工尚未成为有足够能力的消费者群体（蔡昉，2011）。

对于农民工消费，除了对新生代农民工的消费状况与行为进行解读以外，还对深层次的消费意义，即消费的社会学意义进行研究。目前，国内学术界对新生代农民工消费意义的研究，主要集中在符号消费和身份认同的理论上。首先，对作为西方符号消费代表人物的波德里亚的理论进行分析解读。彭华民（1996）在《消费社会学》一书中对符号消费理论的主要内容进行了详细的剖析，总结了该理论的意义与局限性。他认为，同一个社会阶层的人具有同质性，他们在消费行为上也具有一致性。孔明安（2002）在《从物的消费到符号消费——鲍德里亚的消费文化理论研究》中指出，根据符号本身的价值，符号消费在当今物质丰富的消费社会里，必然会成为一种新兴的消费文化发展趋势。"符号消费绝不仅仅是为了简单的吃饱穿暖而已，它其实是消费者的一种'自我实现'，或是为了体现'自我价值'的消费，也包括'炫耀'因素在内。"王宁（2001）在《消费社会学》中从微观角度至宏观角度，阐述了消费与需要、认同、生活方式、情感、文化等方面的关系。他在仔细描述认同这一概念的基础上，将个人认同与消费活动、社会认同与消费群体等内容进行了探讨。他指出："个体的消费行动既是个人塑造个体认同的原材料，同时又是受个体认同的指导、支配和影响的。消费活动是一种特殊而又重要的认同行动。"其次，从符号消费理论的视角对某个研究领域或研究方向进行深入解读。张宇等学者将符号消费理论带入体育学，探讨了存在于体育消费中的符号消费导致的社会分层，并分析了这种分层对体育消费的影响。孙琦琰则从符号传播视角入手，分析了大学生时尚消费的表现以及自我建构载体的正能量和价值异化的负能量，提出要引导大学生形成科学合理的消费观。何小青从广告传媒角度出发，提倡规范广告伦理，正确解读符号消费，培育和建构健康、适度、自主、和谐的消费伦理，使广告活动与伦理道德文化精神相吻合，实现功利性与伦理性的逻辑统一。

根据对相关资料的查阅，可将王春光等国内学者关于新生代农民工身份认同与消费问题的研究情况总结如下。

第一，就研究方法而言，主要采取实证主义的量化研究，通过大量调查数据来分析新生代农民工消费问题状况，把握该群体的消费特点，并研究他们的认同状况。

第二，就研究内容而言，已有的研究注重新生代农民工的物质商品消费领域，对休闲娱乐等精神层次消费的研究较少，对身份认同的研究不足。

第三，从研究的学科来看，消费者行为学、社会学是新生代农民工问题研究的主要学科，而经济社会学则可以从更为客观的视角对该群体现实生活领域的收入与消费问题进行研究。

通过对已有研究的梳理，我们基本对国内外的相关研究现状有了相应的了解。消费社会的发展使社会消费的符号性越来越明显，符号消费在社会中扮演着越发重要的作用。需要注意的是，国内外学者主要从社会分层方面对符号消费和身份认同进行研究，多将研究对象界定为中上层阶级，对于下层的消费者研究较少，对处在社会转型期的新生代农民工这个特殊群体的研究更是缺乏。因此，本书将在分析新生代农民工收入状况的基础上，分析新生代农民工符号消费的身份认同表现，并分析符号消费如何构建新生代农民工的身份认同，期望揭示新生代农民工符号消费中所展示的身份认同属性的多样性，进一步了解新生代农民工的文化价值取向及其精神世界，从而为我们的教育找到目标，实现与生活世界的对接。

（三）农民工市民化研究

国内对农民工市民化的研究颇多，研究主要集中在农民工市民化含义的解释、农民工市民化障碍分析、农民工市民化途径和农民工市民化政策性等方面。

李强从社会分层的角度进行研究，分析了农民工群体的生活方式、社会特征及社会地位，并认为户籍制度是农民工在城市社会分层中处于不利地位的首要制度因素。蔡昉从农民外出劳动力回流的角度研究了当前农民工迁移的动因，并通过相对经济地位变化与迁移决策理论模型对贫困农村地区的迁移决策进行分析。韩长赋运用社会学的社会支持理论，以农民工社会支持体系为视角，提出构建农民工社会支持系统。乐君杰和苏振华从农民工的政府管理服务模式角度出发，对政府有关农民工的管理和服务问题进行了有益探索。卢国显从农民工与市民社会的距离的角度分析了非正式制度、社会经济地位、空间隔离、文化水平等对农民工市民化的影响。

总体上讲，国内学者对农民工市民化的研究涉及不同角度和多个层面，具有一定的科学价值。但是，大多数研究都是对农民工市民化的定性解释和政策建议，较为抽象且缺乏可操作性，对农民工市民化的总体把握欠缺，研究不够深入。本研究认为，将农民工的收入、消费研究与农民工市民化相结合具有更大的研究价值。

（四）关于新生代农民工收入与消费研究的进一步思考

总体上看，国内研究者对新生代农民工的研究主要关注了四个方面：个人特征、行为选择、社会影响和政策建议。在这四个方面中，关于个人特征的分析比较详尽，关于行为选择所造成的社会影响的研究也较为系统，从研究中可以发现，新生代农民工的收入、消费与其所处的地区、城市规模有很大相关性。因此，本研究对新生代农民工的收入和消费的分析建立在实证调查基础上，在对河南省新生代农民工收入水平和影响因素进行描述和分析的同时，展开对农民工消费行为与意义的探究，力求把新生代农民工的收入、消费同市民化结合起来，探究解决农民工问题的根本路径。

三　研究诉求与研究设想

（一）研究诉求

虽然目前关于农民工的研究很多，但现有的研究都是把整个农民工群体作为研究对象，过于宽泛，缺乏针对性。本研究着力于把研究对象放在河南省的 18 个省辖市，涉及九大类不同行业的新生代农民工。

同时通过对国内外农民工研究现状的梳理发现，关于农民工收入与消费的研究层次较低，大都停留在对数据分析结果和现状的描述上，并且由于调查的地域性、行业性等因素的限制，不能得出统一的结论，也就难以形成有说服力的理论性认知。本研究的研究内容为新生代农民工的收入状况与消费行为，笔者拟通过大范围的问卷调查和科学的数据，分析得出新生代农民工收入与消费特征，并结合西方收入分配理论和消费理论，进一步揭示收入与消费现状背后的原因、过程、意义以及影响，探索改善新生代农民工收入与消费状况的具体措施，并提出解决农民工问题的根本途径是农民工市民化的论断，这也是本研究的出发点和落脚点。因此，本研究认为，研究新生代农民工的收入与消费问题必须与市民化结合起来。

新生代农民工是中国城镇化进程中产生的一个庞大群体，也是城市新移民中的一个弱势群体。关于新生代农民工群体的研究，可以从社会环境、家庭环境、个人特征、进城情况、工作情况、收入状况、消费行为、与家乡或农业的联系、城市的适应性等不同方面去进行，也可以从其与老一代农民工的比较中进行。本书从这些不同方面或者群体代际特点的变化中，探讨新生代农民工这一群体的行为特征及其对现实经济社会的作用与影响。

在生活习惯、文化习俗、工作目标追求等方面，老一代农民工更接近于农民，在向城市转移的过程中，他们仅仅是工作与空间上的转移，文化和心理的变化较小；新生代农民工更接近于市民，对城市的认同度较高，但与城市劳动力相比，由于受教育水平较低，缺乏必要的专业技能，更重要的是没有城市户籍，进入正规就业市场的渠道不畅，因此，进城前他们心中对城市生活具有的过高期望与所在非正规市场就业带来的较低收入、较差的工作环境的现实形成巨大落差，导致他们在较长一段时间内无法真正融入城市生活，也不愿甚至没有能力（主要是由于缺乏务农经验）完全退回农村，去过农村人的生活，这种状况使新生代农民工不断地在城市和农村之间摆动。虽然新生代农民工在身份上还没有得到彻底改变，但他们在生活习惯、文化习俗、对城市生活的向往和追求以及工作自我价值的体现等方面更接近于市民，这一现状决定了他们是市民化成本相对较低的群体。随着时间的推移，老一代农民工由于年龄增大而日后返乡，新生代农民工逐渐成长起来并将成为农民工的主体。从留城意愿来讲，新生代农民工比老一代农民工更愿意成为市民，从留城能力来看，新生代农民工受教育程度普遍高于老一代农民工，进城以后也比较重视参加技能培训，有获得一技之长的强烈愿望。在社会资本方面，新生代农民工也擅长发挥自身的优势，善于利用现代化的传媒工具与别人交流和沟通，注重对社会资本的积累，因此，他们的留城能力比老一代要强得多。由于新生代农民工既具有较强的留城意愿，又具备一定的留城能力，因此，他们的市民化意愿呈现比老一代农民工更强的特点，他们是最容易被市民化的群体（刘传江、程建林、董延芳，2007：20）。

新生代农民工能否顺利市民化直接关系着城乡社会的稳定与否。把握新生代农民工在个人特征、行为选择方面的特点以及他们在农民工市民化问题上真实的心理诉求，可以有针对性地完善农民工市民化的政策及相关的制度安排。新生代农民工的社会环境、家庭状况、个人特征、市民化意愿与市民化能力等方面的特点，特别是其在务工城市的工作和生活状况决定了他们的行为选择和行为决策，如迁移决策、劳动供给行为决策以及社保需求决策等，进而影响到农民工群体的市民化进程。而在新生代农民工的行为选择、行为决策中处于决定性因素的是农民工收入和消费。要提高新生代农民工市民化政策的有效性和针对性，就必须关注已经成为农民工主体的新生代农民工的收入状况、消费行为以及与此相关的各种政策诉求，新生代农民工的行为选择与社会归属问题已经成为"一个非常重要与非常敏感的社会问题"（王春光，2003）。在新生代农民工的行为选择和社会归属问题的研究中，农民工收入以及和收入紧密相关的消费问题始终是农民工问题研究中的关键。新生代农民工的收入状况将在很大程度上决定他们在城市的消费和生活情况，消费状况则在很大程度上体现出农民工城市融入的情况，而他们在城市生活的状况以及城市融入的情况直接决定他们以后的归属问题，这也正是本课题研究新生代农民工收入状况与消费行为问题的原因所在。

（二）研究设想

农民工问题是一个时代感很强的研究内容，笔者在其他学者的研究基础上，通过实证调查，利用社会学、经济学、人口学、经济社会学等学科的基础知识，将理论与实证相结合，以期对河南省当前农民工问题的解决提供有价值的参考。未来会结合中国经济社会形势的变化，根据中国城乡统筹发展的状况，根据中国城乡人口状况的变化，根据农民工问题解决的程度，针对农民工群体中出现的新的、亟待解决的问题做进一步的深入研究。

第三节 基本框架与维度考量

一 收入与消费的关系

收入与消费的关系是西方经济学研究中最重要的一对变量关系，经济学中主要有凯恩斯的绝对收入消费理论、杜森贝里的相对收入消费理论、弗里德曼的永久收入消费理论、莫迪利安尼的生命周期消费理论和霍尔的理性预期消费理论。这些理论主要考察了收入与消费之间相互影响、相互作用的关系，而居于关系主要方面的是收入因素如何影响消费因素。在不同阶段，由于研究者所考虑的影响因素不同，所涉及的时间段长短不同，因此，得出了有差异的收入与消费关系的研究结论。

我们的研究首先是建立在这些基本研究结论的基础上，因此，在研究框架中，论述收入与消费的关系是一个很重要的内容。

1. 收入对消费的影响

绝对收入影响消费的观点主要是由凯恩斯提出的。凯恩斯从人类心理的角度出发进行研究，认为当人们的收入增加时，通常情况下他们倾向于增加消费，但增加消费的程度并不会和收入增加的程度一致。除消费之外，凯恩斯还列出了影响边际消费的主观因素和客观因素。

相对收入影响消费的观点主要是由杜森贝里提出的，他是从分析和设定消费者行为入手，得出了相对收入影响消费的研究结论，他主要利用消费者之间的示范效应和消费具有"棘轮效应"来说明，消费者的消费水平不仅受当前收入水平的影响，还受其过去收入和消费水平尤其是过去收入和消费的最高水平影响。

而永久收入和生命周期消费理论都强调行动者在较长时期甚至是在整个生命周期内收入对消费的影响。

2. 消费对收入的影响

研究消费对收入的影响，主要是从社会学视角进行的。

二 新生代农民工收入与消费的现实嵌入

收入与消费问题是针对新生代农民工研究的重要课题，将其嵌入现实社会对我国经济和社会发展具有重要的时代意义。

1. 拉动市场内需，促进经济增长

《2012 年全国农民工监测调查报告》显示，我国农民工总量为 26261 万人，《中国流动人口发展报告 2012》数据显示，新生代农民工已占劳动年龄流动人口的近一半。这些数据表明，新生代农民工已经成为一个庞大的群体，作为消费主体，他们已经成为中国经济增长的重要支撑因素。然而在逐步融入城市消费市场的过程中，新生代农民工的消费行为、消费结构和消费观念与上一代农民工出现明显分化。因此，提高新生代农民工的收入水平，引导其消费行为，优化消费结构，转变消费观念，对挖掘新生代农民工群体存在的巨大消费潜力，促进市场经济发展具有重要作用。

2. 加快我国工业化和城市化进程

农民工是中国城市现代化建设和工业生产的劳动力大军，然而农民工收入水平偏低，城市生活成本较高，削弱了农民工进城务工的积极性，不利于农民工对城市形成社会认同。因此，调查研究农民工收入现状，分析低收入的制约因素，建立合理的收入分配体系，提高农民工的社会地位，对推进工业化和城市化进程具有重要作用。

过去的观点普遍认为，农民工在城市是不倾向于消费的，他们进城务工的目的是存钱并汇款回家。但是与老一代农民工不同，新生代农民工倾向于在城市中积极消费，且消费行为是他们融入城市的重要方式。消费社会学认为，消费是实现社会认同的重要手段。他们将收入的一部分乃至全部用于消费，不只是用于满足生存需要，而且将相当一部分用于发展型和享受型消费。消费观念和消费结构的转型，对新生代农民工的市民化具有促进作用。

3. 降低犯罪率，维护社会稳定

农民工犯罪问题已经成为一个引起人们关注的社会问题，尤其是新生代农民工，犯罪率较高。究其原因，与农民工的经济状况和社会地位密切相关。现实表明，收入水平低下、生活缺乏社会保障的农民工容易走上犯罪道路，加剧社会的不稳定。可以说，由于城乡二元经济体制和城乡价值观的冲突，农民工群体在经济和政治上都处于弱势地位，与城市居民相比，收入差距较大，社会地位不平等使农民工心理上的不公平感增强，难以真正融入城市，进而威胁城市社会的稳定与和谐。因此，变革不合理的分配制度，增加农民工收入，提高农民工社会地位，能为中国城乡统筹发展、社会和谐与经济改革提供稳定的社会环境。

三　新生代农民工收入与消费的维度指向

1. 新生代农民工收入的水平和结构

收入是农民工进城务工的直接目标，也是我国经济社会发展水平的重要体现。收入水平不仅能够反映农民工的经济状况，还是农民工社会阶层生存现状的真实写照。农民工的收入结构即收入构成，既包括进城务工的收入，还包括农业收入，收入结构呈现二重性、短期性和不确定性的特点。全面把握新生代农民工的收入水平和结构，对分析影响新生代农民工收入的深层因素，探究提高收入水平的途径和方法，具有重要意义。

2. 新生代农民工消费的水平、结构、观念

消费是社会参与的体现，是农民工融入城市生活的重要方式。依据凡勃伦的"炫耀性消费"理论，消费水平代表农民工的社会地位，不仅能反映出农民工的生活质量，还能体现农民工的消费观念。消费结构是指在消费过程中，不同类型消费的比例及其相互配合、替代、制约的关系。依据满足不同类型的消费需求可以将消费结构划分为生存资料消费、发展资料消费和享受资料消费，消费结构同时也是消费水平和社会经济制度的体现。消费观念，又称为"消费意识"，是支配和调节人们消费行为的总体认知、价值判断和评价态度。消费观念是一种主观意识形态，同时又受客观实际的制约。研究农民工的消费观，不仅能够了解他们的社会认同倾向，还能把握农民工市民化的水平。

3. 新生代农民工收入与消费的关系指向

收入与消费密切相关，对新生代农民工的收入与消费进行研究要从整体上进行把握，不能将二者割裂开。收入是消费的源泉，农民工消费水平的最重要决定因素是收入水平，收入水平的低下极大影响了消费的增长和消费结构的升级，农民工的消费需求远远低于他们的商品生产量。因此，提高收入是增加农民工消费、拉动市场内需的有效措施，也是促进农民工市民化的切实之举。与此同时，追求更高的消费水平，达到物质丰富和精神满足的状态，也是新生代农民工努力工作、提高收入水平的现实动力。新生代农民工要求公平的社会保障、公共服务等集体消费权益，同样有助于实现更高层面消费的要求，而实现农民工的有序流动和市民化是提高收入水平、优化消费结构的最终诉求。

所谓"有序流动"是指按照一定的程序或秩序自主地、理性地流动，"农民工流动"不仅指从农村到城市的地域流动，还包括从农业到工业和第三产业的职业流动以及从低收入阶层到高收入阶层的流动。在现实中，我国农民工的流动往往是自发的、盲目的、无序的，这对于农民工的利益和国家经济发展都产生了消极影响。随着经济的发展，新生代农民工流动的规模和范围不断扩大，对社会的影响日益突出。因此，引导新生代农民工有序合理流动，对提高新生代农民工的收入和实现集体消费的公平性至关重要。

第二章 收入理论及新生代农民工
收入的相关学术认知

第一节 收入理论研究评述

一 西方收入分配理论的研究述评

从学科领域错综庞杂的经济学研究来讲，经济学家最关心的问题集中于一点就是：在帕累托效率意义上的社会每一个经济个体福利水平的增进。这也是人类发展的目的所在。作为社会福利函数的一个重要变量的收入分配形式，一旦被改善，必然引起社会福利水平的提高（黄祖辉，2011：14）。因此，从经济学起始到现在，收入分配领域的理论研究一直是西方经济学家关注的焦点。我们对古典经济学的收入分配理论、新古典经济学的收入分配理论及现代西方的收入分配理论三个收入分配理论进行探讨。

（一）古典经济学的收入分配理论

作为劳动价值论的先驱——威廉·配第（William Petty，1623～1687）首次提出了将劳动和价值两者相结合，并坚持价值是由土地和劳动共同创造的，在此基础上，以工资理论为前提、地租理论为中心进行收入分配理论的研究。配第把地租定义为扣除生产资料的价值和劳动力的价值之后的农产品价值的余额。从这个意义上来讲，关于剩余价值的论述亦可称之为地租理论。

在英国古典经济学理论体系中，亚当·斯密（Adam Smith，1723～1790）在《国民财富的性质和原因研究》一书中提出了著名的"斯密教条"，并由此提出"劳动工资论"分配理论："一国土地和劳动的全部年产物，或者说，年产物的全部价格自然分解为土地地租、劳动工资和资本利润三部分。这三部分构成三个阶级人民的收入"（王海港，2007：1）。他规定了社会的三种基本收入方式，即拥有劳动或以劳动换取工资的工人阶级，通过资本的拥有权及劳动的购买权而获取利润的资本阶级，通过租赁土地而获取地租的地主阶级。这三种收入成为其他收入的衍生源头。这些因素成为斯密分配理论的基础和内容。

作为英国古典学派的奠基人，大卫·李嘉图（David Ricardo，1772~1823）把收入分配作为经济学的重要问题，并创建了第一个解释收入分配的规范（《马克思恩格斯选集》第25卷，1972：939）。马克思把英国古典经济学领域的李嘉图称为"完成者"。其经济理论的中心即分配理论，在这一理论中，工资是由劳动创造的价值的一种体现，指劳动力的价格和价值，是雇用工人的劳动收入。古典经济学派认为，工资收入水平是由生产劳动力的劳动时间（或劳动价值）决定的。利润在产品剩余的扣除中产生，也是资本所有权的经济要求的体现。同时，古典经济学认为，在不同阶级间，总产品的分配存在着此消彼长的对抗性（胡棋智，2011：15）。

总的来说，功能收入分配理论发展的另一个视角可被定为从劳动价值论的角度探讨收入分配问题。李嘉图在这一收入分配研究中把人这一因素放在极为重要的位置。这也成为研究现代收入分配的人力资本决定论的一个重要的理论基础。作为收入分配理论的主要代表人物，李嘉图统一的逻辑框架和一定的理论解释力得到了多数研究者的赞扬，其劳动价值论的理论假说被马克思关于功能收入分配理论的构建借鉴。

（二）新古典经济学的收入分配理论

在19世纪边际革命的影响下，所有的经济学问题都被纳入边际上的考虑，古典经济学理论逐渐向新古典经济学转变。所谓的新古典边际生产力分配学说也就是指与边际收入和边际成本等价的市场定价原则在要素市场中的应用，从这个意义上来讲，新古典经济学也被称为价格学说。在古典理论引入了边际效用后，其价值判断的因果顺序完全被颠倒。在这一时期的研究者看来，土地拥有者及资产阶级的资产拥有者的财产主要源于特权、所有者和要素剥削。而新古典经济学把分配份额向稀有资源的分配以及投入与产出间关系的变化转变（布拉弗，1995）。

新古典分配理论所定义的边际生产力分配可解释为：在假设技术条件稳定的前提下，所有因素的报酬都表现为其边际生产功劳。若进一步假设产品市场和要素市场都处于完全竞争状态，那么要素的价格（Pa）即该要素的边际产出（MPP）与产品价格（Px）的乘积（如公式1）。此时，要素便成为产品的衍生急需，在其他因素价格给定的条件下，边际产出贡献成为要素的需求曲线（黄祖辉，2007：14）。

$$Px \times MPP = Pa \qquad\qquad (1)$$

在新古典经济学收入分配理论的发展过程中，有几位贡献比较突出的学者。如萨伊（Say Jean-Baptiste，1767～1832），他坚持商品价值是由"三要素"（劳动、资本、土地）所提供的"生产性服务"共同创造的，且这三要素的所有者可根据其提供的服务来获取相应的收入。他在对生产的三要素论分析的基础上，创立了分配理论。他认为，这三者是价值创造中不可或缺的因素，这就是萨伊的"三位一体"分配公式。萨伊通过效用价值理论，衍生出了"斯密教条"，建立了"三位一体"的要素分配理论。然而，他并未认识到劳动是一切财富收入的唯一源泉，"三位一体"的要素分配理论使得资本家对劳动者的剥削也被埋没了。在马克思看来，萨伊的"这个公式也是符合统治阶级利益的，因为它宣布统治阶级的收入源泉具有自然的必然性和永恒的合理性，并把这个观点推崇为教条"（伊伯成，2007：79）。

这一时期，收入分配研究的代表人物有阿尔弗雷德·马歇尔、约翰·贝茨·克拉克等，其中马歇尔（Alfred Marshall）的分配理论在《经济学原理》中得到详细阐述，他坚持生产要素四点论的观点，即土地、劳动、资本和企业组织。在分配中，四要素各自得到相对应的收入，即地租、工资、利息和利润。约翰·贝茨·克拉克的研究则对"边际分析"的体现最突出。克拉克认为，在资本数量不变的条件下，随着单位工人增加，个人得到的资本量就会减少，这就意味着工人要选择资本含量较低、质量较差的配备，从而会导致生产效率下降。也就是说，单位劳动与产量、产值成反比。总体来讲，克拉克系统地论述了边际生产力的分配理论，表明劳动和资本的边际生产力对工资和利息有重要影响。后来的新古典学者重新构造其价值与分配理论，试图解决古典经济学派在价值决定与收入分配决定两方面的非对称性（也就是基于劳动价值理论的价值决定的一元论与承认剩余产品与工资收入具有同样合理性的多元分配论之间的矛盾），从而实现在一个统一的边际分析框架基础上的价值理论与分配理论的统一。克拉克提出了著名的欧拉定理，他认为总产品是劳动与资本共同协作的结果，根据边际产出必须等于要素投入的收入份额的条件，均衡时正好有各种收入份额与投入之积的和等于总产出。

新古典经济学这一分配殆尽定理对西方市场经济收入分配格局的存在提供了一定的理论依据，但这一分配理论只有在一种理想的完全竞争的均衡条件下，并且在长期的条件下才能解释各类职能收入分配的变动特点及趋势。若处于一种影响因素相对复杂、时间较短的现实经济环境下，收入分配殆尽定理所描述的均衡的职能收入分配状态可能并不存在。

（三）福利经济学的收入分配理论

资产阶级"福利经济学"产生于 19 世纪末。它对经济福利的阐释以假定收入分配为前提。帕累托在此基础上分析最优条件下的经济福利，并对长期的帕累托最优进行研究，创立了交换与生产以及两者结合的最优条件。旧福利经济学者庇古（Arthur Cecil Pigou，1877~1959）的福利经济学分配思想是以基数效用论为基础（马强，2011）。庇古以国民收入数量和国民收入在社会成员中的分配作为检验社会福利的标志。经济福利的增加受两个因素影响：一是个人实际收入的增加；二是将富人的货币收益给予穷人，两者的结果都会使满足提升。这两种情况中，在一种情况没有发生不利改变的情况下，如果另一种情况朝着有利的方向变化，则福利增加（潘洁，2010）。

以卡尔多和萨缪尔森等为代表的新福利经济学家提倡序数效用论。其主张的观点是边际生产率定价下的生产要素收入分配论，辅之以适度的政府再分配调控。萨缪尔森作为新古典综合派的重要代表人物，所持的观点为：要素的价格是由其边际生产率决定的，与其边际产品相等。在市场经济中，生产要素的所有者获得相应的工资、利润、租金和利息等形式的收入，同时发挥政府收入再分配的经济职能（潘洁，2010）。

（四）现代西方收入分配理论

西蒙·库兹涅茨的倒"U"形曲线是现代西方经济学中关于收入分配理论研究的典型。他在对多个国家经济增长与收入差距的实证资料进行分析时发现，收入分配呈"先恶化，后改进"的长期变动轨迹，且刚起步的发展中国家比已步入发展后期的发达国家的收入不平等程度更大。具体表现在：经济发展起始阶段，国民人均收入由较低水平逐步上升到较高水平的经济发展成熟状况时，收入分配状况呈现从恶化到逐步改善，最终表现为较公平的状态，以倒"U"形状态呈现（康康，2010）。库兹涅茨的观点表明人均财富积累与社会分配存在着规律；同时，财富积聚与社会分配机制之间存在关联。其假说的实质和主要贡献也在于此（马强，2011）。

20 世纪 60 年代，美国出现了一种新的收入分配理论即人力资本理论，它是由经济学家西奥多·舒尔茨提出的。人力资本即"非物质资本"，表现为劳动者所拥有的技术素养和健康状态。它可以为其所有者带来工资等收益，是一种特定的资本。舒尔茨认为，我们可以通过教育及劳动力流动等方面的努力来促进人力资本增值。

（五）对西方收入分配理论的简评

西方分配理论是社会经济发展的产物，其中有很多观点对当前发展社会主义市场经济有指导意义。如李嘉图坚持工资、利润和地租是劳动创造价值的一部分，并以劳动价值论为基础对三者进行了分析，他继承了斯密的劳动价值论。李嘉图的这一理论对当前中国企业内部诸如企业主的收入与职工工资差距极大、利润挤占了工资的分配差距等问题给予很好的解释。

从马歇尔相关研究来讲，边际生产力决定了企业家能力的需求价格。这里的边际生产力指企业家对资源的有效配置所带来的利益，企业家能力的供给价格受企业家教育、培训费用的影响。这一理论对社会主义市场经济进程中，企业经理的报酬高于一般职工工资的现象给予了很好的阐释。

在福利经济学家庇古等人看来，货币收入对穷人和富人的边际效用不同。要增加社会总福利，应使富人的货币收入向穷人转移。现阶段，在再收入分配过程中，国家的税收政策就是依据这一理论将收入转移，缩短不同收入阶层的收入差距，以维护社会公平。

把人力资本作为一种财富创造的方式是人力资本理论的主要观念。这一理论保证了物质资本的保值增值，享有企业报酬索取权。依据这一理论观点，在经济发展过程中，国有企业和民营企业可通过实施工资增长与效益增长的联结机制，来实现工资与效益的同步增长，从而调动员工积极性，提高其工资收入。同时，它对缓解社会分配矛盾，促进经济增长也有重要意义（潘洁，2010）。

二 中国收入分配理论的发展

收入分配作为经济体的一个主要方面，渗透于政治、社会、文化等各方面。作为经济学的重要领域，学者对其研究不断深入扩展。在我国经济转轨过程中，随着经济的发展及国家政策的不断调整，收入分配也在不同时期呈现不同特点。

（一） 对改革前中国收入分配特点的基本判断

新中国成立后，巩固新政权和建设社会主义物质基础成为当时的主要任务，此时中国借鉴了苏联的社会建设及经济发展模式经验。这一时期的收入分配理论既坚持了按劳分配原则，又有着平均主义、吃"大锅饭"的倾向。事实上，计划经济时期实施的分配原则与按劳分配原则是相矛盾的，它在很大程度上限制了按劳分配原则的贯彻执行。首先，在传统的计划经济思想指导下，企业的所有者都是国家，不论产量、产值和效益如何，统统吃国家的"大锅饭"（李实，2000：2~7）；在企业与职工的关系方面，工作质量与多少都是同等的。在农村经济中，人民公社的制度安排也同样存在着严重的平均主义倾向。这种分配方式最终降低了企业和广大劳动者的积极性、主动性和创造性，使经济失去了效率与活力。其次，在旧的计划经济思想指导下，政府统一安排、全体劳动者广泛就业政策的实施，造成了人力资源的浪费，限制了劳动力的自由流动，劳动者失去了择业自由，企业丧失了根据劳动者的实际贡献确定工资的自由度，不能实现劳动力资源的优化配置。因此，它在实际中并不能充分地贯彻按劳分配原则。

综合来看，改革前中国的收入分配特点主要表现在以下四方面。

第一，城市内部的收入分配状况体现为低收入条件下的高度平均主义。这一点在诸多研究文献中都有所反映。

第二，在农村内部，收入分配出现了高度平均主义与收入差距同时并存的现象。虽然对改革前中国农村内部的收入差距的真实状态有着不同的估计结果，但研究者对农村内部地区差异的认识基本上是一致的。社会主义全民所有制和劳动群众集体所有制成为我国改革开放前的主要经济制度。中国农村中的生产大队内部的收入分配多以均等分配为主，所以分配的结果往往是较为平均的。而在不同地区之间，所占有的生产资料差异造成的收入分配差距较大。

第三，在城乡严重分割的背景下，我国呈现严重的城乡收入差距。根据国家统计局公布的数据，在不考虑城镇居民实物性补贴这一情况下，1978 年城镇居民的人均货币收入是农村居民的人均纯收入的 2.4 倍，当我们把城镇居民的实物性补贴考虑进去时，城乡收入差距会更大。

第四，在计划经济体制时期，出现了均等主义下的不平等现象。1956年至 1978 年，工资基本被长期冻结，后来又实施了工资普调政策。此外，传统分配体制存在着另一个特点：不公平的转移支付和福利补贴制度。居民在货币收入之外获得的各种实物性补贴直接影响到居民实际收入的分配均等程度。与大多数市场经济国家不同的是，改革前的中国福利补贴的分配具有很强的不平等性，主要表现为在以农村居民为主的整个国民群体中，农村居民并不能获取与城镇居民相同的实物性补贴。

（二）改革开放以来我国的收入分配理论

改革开放初期，我国整个经济社会处于贫困落后状态，因此大力发展生产力成为主要任务。随着分配理论不断深入与创新，收入分配格局也不断调整，我国在收入分配理论改革的前期，提出了"让一部分人先富起来"的理论（李连友，2007）。

改革开放以前，按劳分配理论在实施过程中没有得到真正落实。"一大二公"的平均主义造成了国民经济的巨大损失。针对这种情况，1978年5月，《人民日报》发表题为"贯彻执行按劳分配的社会主义原则"的特约评论员文章，着重阐明按劳分配的性质和作用，指出按劳分配不仅不会产生资本主义，而且是最终消灭一切形式的资本主义和资产阶级的重要条件；按劳分配不是"生产力发展的障碍"，而是促进社会主义阶段生产力发展的重要力量。而后，坚持按劳分配的指导思路不断得到发展。1978年12月，党的十一届三中全会通过的《中共中央关于加快农业发展若干问题的决定（草案）》和《农村人民公社工作条例（试行草案）》强调在农村要贯彻按劳分配原则，克服平均主义。从此，党和国家在分配领域重新强调按劳分配原则，为分配理论的研究与发展奠定了良好的基石。但是，在20 世纪 80 年代初期，政府将重点放在了提高效率上，难以兼顾公平，造成了不同层次人群收入差距较大。

随着经济体制改革的不断深入，国家在处理效率与公平的认识上发生了根本性改变，出现了多种所有制经济共同发展的局面。20世纪80年代中后期至90年代初，收入分配制度在理论界得到深入的讨论和研究。党的十三大报告明确指出："社会主义初级阶段的分配方式不可能是单一的。我们必须坚持的原则是，以按劳分配为主体，其他分配方式为补充。除了按劳分配这种主要方式和个体劳动所得以外，企业发行债券筹集资金，就会出现凭债权取得利息；随着股份经济的产生，就会出现股份分红；企业经营者的收入中，包含部分风险补偿；私营企业雇用一定数量劳动力，会给企业主带来部分非劳动收入。以上这些收入，只要是合法的，就应当允许。"（中共中央文献研究室，1991：32）"我们的分配政策，既要有利于善于经营的企业和诚实劳动的个人先富起来，合理拉开收入差距，又要防止贫富悬殊，坚持共同富裕的方向，在促进效率提高的前提下体现社会公平。"政府针对当时的平均分配等问题，提出诚实劳动、合法经营，让一部分人先富起来的激励思想（孙浩进，2009）。同时，我国在发展过程中也注意到了两极分化的问题。十三大报告中提及的收入分配政策体现了以合理的收入差距促进效率，又在效率的提高中实现公平，体现了社会主义的优越性。这一提法符合20世纪80年代中国的国情。

党的十四大的召开及邓小平南方谈话的发表，拉开了社会主义市场经济体制逐步建立的序幕。收入分配理论也在这一背景下得到了蓬勃发展。进入20世纪90年代以后，我国不同层次的人群收入差距逐步扩大，各种社会问题不断出现。效率与公平的关系成为国家政策关注的热点。1992年党的十四大倡导"兼顾效率与公平"的收入分配制度，并且要"防止两极分化，逐步实现共同富裕"。

1993年，党的十四届三中全会通过了《中共中央关于建立社会主义市场经济体制若干问题的决定》。《决定》指出"建立以按劳分配为主体、效率优先、兼顾公平的分配制度，鼓励一部分地区和一部分人先富起来，走共同富裕的道路。"（《中共中央关于建立社会主义市场经济体制若干问题的决定》，1993：10）"个人收入分配要坚持以按劳分配为主体、多种分配方式并存的制度，体现效率优先、兼顾公平的原则。劳动者的个人劳动报酬要引入竞争机制，打破平均主义，实行多劳多得，合理拉开差距。"（中共中央文献研究室，1996：534～535）"国家依法保护法人和居民的一切合法收入和财产，鼓励城乡居民储蓄和投资，允许属于个人的资本等生产要素参与收益分配。"这些收入分配的理论和政策冲破了传统收入分配理论的藩篱，并得到了改革创新，是我国收入分配理论发展史上的一个里程碑。

随着我国多种所有制经济的不断发展，资本等非劳动生产要素所占的收入比例逐步扩大，国家不断健全这一分配结构理论。党的十五大报告中提出："坚持按劳分配为主体、多种分配方式并存的制度。把按劳分配和按生产要素分配结合起来，坚持效率优先、兼顾公平，有利于优化资源配置，促进经济发展，保持社会稳定。依法保护合法收入，允许和鼓励一部分人通过诚实劳动和合法经营先富起来，允许和鼓励资本、技术等生产要素参与收益分配。"（李蓉，2011）

党的十六大以后，我国收入分配理论和政策进一步完善。体制市场化改革影响着收入分配体制理论的改革。党的十六大报告指出："确立劳动、资本、技术和管理等生产要素按贡献参与分配的原则，完善按劳分配为主体、多种分配方式并存的分配制度。坚持效率优先、兼顾公平，既要提倡奉献精神，又要落实分配政策，既要反对平均主义，又要防止收入悬殊。初次分配注重效率，发挥市场的作用，鼓励一部分人通过诚实劳动、合法经营先富起来。再分配注重公平，加强政府对收入分配的调节职能，调节差距过大的收入。"（《党的十六大报告学习辅导百问》编写组，2002：24~25）十六大报告对收入分配理论和政策进行了阐释。首先，报告中将"把按劳分配和按生产要素分配结合起来"的提法修订为"确立劳动、资本、技术和管理等生产要素按贡献参与分配的原则"，扩充了生产要素的主要内容（劳动、资本、技术和管理等），使其处于平等的地位，并将是否以按劳分配为主体归类为分配方式问题，而不是生产要素中的地位问题。其次，十六大报告阐释了分配标准的问题，即各生产要素按其贡献份额的多少来获取相应的收入。

从现实来看，以生产要素作为分配依据，同时发挥市场在分配中的作用，经济发展不可避免地引起了收入差距的扩大，随后防范措施也被提及。十六大还明确提出"以共同富裕为目标，扩大中等收入者比重，提高低收入者收入水平"（《党的十六大报告学习辅导百问》编写组，2002：24~25），为收入分配政策的调整奠定了理论基础。十六大打破了计划经济时期的平均主义分配模式，提高了广大生产者的积极性，促进了社会主义市场经济的建立。但随着改革的深入，人们的收入差距进一步扩大，收入分配差距、机会不均等、权力不对称等现象日益突出，公平与效率的矛盾显现，各种局限性问题成为全社会关注的焦点。

中国共产党在十六届五中全会上论述有关和谐社会建设的问题时，提出"更加注重社会公平，使全体人民共享改革发展成果"（《学习中共十六届五中全会精神导读》编写组，2005：4~18）。此时，我国收入分配政策步入调整期。会议进一步明确"注重社会公平，特别要关注就业机会和分配过程的公平，加大调节收入分配的力度，强化对分配结果的监督"。"注重社会公平"分配思想的提出，预示着我国的收入分配制度开始由"一部分人先富"转向"共同富裕"（李炳炎，2006：14）。这一文件的提出，是历史性转变。

2006年6月，国务院在《公务员工资制度改革方案》中要求实行统一的职务与级别相结合的工资制度。事业单位要确立与自身特点相吻合、反映岗位绩效和分级分类管理的等级制度。同年，全国范围内取消了农业税，并给予粮食补贴等，这都是我国收入分配制度改革的体现。2007年，党的十七大报告指出"初次分配和再分配都要处理好效率和公平的关系，再分配更加注重公平""提高居民收入在国民收入中的比重；提高劳动报酬在初次分配中的比重；提高低收入者收入，建立企业职工工资增长机制和支付保障机制；调节过高收入，取缔非法收入"。"合理的收入分配制度是社会公平的重要体现。"这一报告进一步强调了我国现阶段的基本分配制度，更新了人们的利益观念，调动了劳动者生产的积极性，人们的收入快速增长，生活水平得到了明显提高。

改革开放以来，伴随着经济体制的改革，收入分配改革逐步展开。从党的十四届三中全会的"效率优先、兼顾公平"，到十六届五中全会的"更加注重社会公平"分配指导思想的提出，中国收入分配制度的改革始终围绕"公平与效率"的原则展开，只是在不同阶段针对现实情况有所侧重。改革开放前期强调单一的按劳分配原则，随着各个生产要素在生产中所占比重及作用的变化，单一的按劳分配原则不能满足现实需求，因此，收入分配制度向强调以按劳分配为主体、合理利用其他分配方式转变，最后承认按生产要素分配理论。这个转变是一个复杂的过程，是我国经济体制改革的不断深化在收入分配领域的体现，是理论联系实际原则的具体应用，也是根据实际情况变化不断对理论探索、不断深入研究的结果。这些充分体现了我们党敏锐地把握中国国情，不断适应新情况的特点。特别需要指出的是，坚持以人为本、和谐发展等相关理念也都得到充分展现。

　　伴随着上述收入分配理论的发展，中国经济逐渐由计划经济向社会主义市场经济转轨，这也是中国经济实现工业化和现代化的过程。在这一过程中，不可避免地出现城乡人口流动，中国的城乡人口流动又有其自身特点，最重要的一个特点就是流动人口数量巨大。大量农村流动人口的出现迫使原有的人口管理政策与制度约束不断放松，农村劳动力向城市转移成为可能，并迅速发展壮大，进而成为中国工业化和现代化的重要推动力量。第二个特点是中国人口流动具有特殊性，这个特殊性首先源于中国特有的户籍管理制度、城乡二元化的社会保障和福利制度、发育不完善的市场体系等诸多方面的障碍，这些障碍使得绝大多数在城市务工的农村流动人口仍然属于"农民"，没有转化为城市市民，他们的家属则滞留在农村，成为农村留守人口，这加剧了农村劳动力跨地区转移的困难，使得人口流动更具不稳定性。

　　当然，在这一时期，随着收入分配制度改革的深化，关于中国收入分配的理论研究也在不断发展，经济发展水平的提高使得中国各阶层的收入水平处于不断上升的趋势，同样，农民工群体的收入状况也在不断改善，收入水平逐渐提升。但与此同时，与农民工相关的各种社会问题不断显性化，其中农民工收入水平过低、工作环境差、在城市社会受到不公正对待等问题成为政府、社会以及农民工群体密切关注的重点。在收入分配理论注重公平这一阶段，人们越来越关注身份的歧视对农民工就业和收入所产生的重大影响。学者们的主要研究结论有：就业决定了农民工收入，周其仁（2007）认为，农民工的个体素质高低决定了他们把握就业机会的能力大小，但更重要的是，政府相关政策和管理体制的导向性决定了农民的就业空间。李培林、李炜（2010）研究认为，中国现阶段处于资本稀缺、劳动力过剩的现实条件下，需要政府在处理劳动关系方面有所作为，要制定相关政策，健全法律手段，以保护处于弱势地位的农民工，限制资本所有者利用优势地位对劳动力进行剥夺。赵树凯（2011）的研究结论是，城市里的农民工占据的工作岗位大多与城镇劳动力没有过多竞争性，这些岗位的设置主要是为了填补城市岗位的空缺，即农民工在城市所从事的大部分是城市劳动力不愿意干的工作，与城市劳动力就业之间是互补关系，替代关系不明显。综合学者们的研究结果发现，城市社会对农民工的排斥、用人单位对农民工的不公正待遇、差别化的管理体制等因素引发了社会矛盾和冲突，而引起这些不公正待遇的因素归根结底都与农民工的收入分配状况相关（孙浩进，2009）。诸如户籍差别导致农民工在城市的务工行业受到限制问题、城市二元劳动市场导致农民工与城市职工收入差别问题、农民工子女无法在城市享受到公平的义务教育问题、社会排斥所造成的农民工个人心理问题等等。在中央强调更加注重公平的思想指导下，要正确处理农民工问题中所涉及的效率与公平关系，就要在现有条件下，增强宏观政策调控力度，把握更加公平的方向，培育和完善公平竞争的劳动力市场，加快城乡一体化进程的步伐；增加对农民工子女教育的投入，加大对农民工职业培训的投入力度，提升农民工的人力资本，为提高其收入奠定坚实基础；政府采取更有利于公平的政策措施，更有效地调节、缩小收入分配差距，并以立法手段维护农民工的合法权益。

第二节　新生代农民工收入的学术认知

从收入分配理论发展进程来看，在城乡二元经济结构尚未完全突破以及城乡分割的户籍管理制度的背景下，我们把产业工人、参与经济发展及城市化过程的农民称为农民工。就身份来讲，农民工即带有农民身份的产业工人。新生代农民工收入水平低于其他阶层已是一个长期存在的现象，处理好这一问题对落实按劳分配制度、完善我国的收入分配制度有重大意义。同时，新生代农民工收入较低及问题层出不穷的现状导致其在现实中不能受到公正对待，他们的劳动积极性被挫伤，这将影响我国的社会稳定及经济发展。因此，妥善解决农民工收入问题对深化农民工收入理论，丰富和完善社会公正理论、城乡统筹发展理论等都具有一定的理论价值。

一　新生代农民工收入的基本状况

随着经济的发展，我国城市化进程逐步加快，大量农民工涌进城市寻求更多的就业机会。据中国流动人口发展报告显示："新生代农民工的数量在2010年达到1.18亿。在2005年对全国1%人口的抽样调查中，1980年后出生的新生代流动人口占全国总流动人口的40.6%，2010年第六次全国人口普查显示新生代流动人口比例已过半。"2013年国家人口计生委的调查数据显示：有工作的受访对象在2013年4月的实际工资平均收入为3287.8元，与上年同时期相比增长了4.9%。分地区看，东部、中部、西部地区受访者工资分别为3528.7元、2915.6元、3071.8元（国家卫计委：

《中国流动人口发展报告》，2013），其收入具体表现为以下六个特点。

1. 新生代农民工收入及工资率整体偏低

首先，农民工收入要远低于城镇职工。随着中国经济水平的提升及城市化进程的加快，我国农民工的整体收入水平有所增加，但相对收入仍然很低，与城镇企业职工的工资收入相比，还存在很大差距。在全国总工会针对新生代农民工群体进行专项收入调查时发现，他们的平均收入是1747.87元，仅是城镇企业职工平均月收入3046.61元的57.4%（中华人民共和国国家统计局统计年鉴，2011）。

其次，新生代农民工工作时间普遍较长。新乡市人口计生委相关数据显示：新生代农民工每周的平均工作天数为6.6天，其中每周连续工作6天及以上的占90.8%；每天平均工作时间为9.41小时，其中每天连续工作8小时及以上的占90.9%。高强度工作成为新生代农民工职业的基本特征，亦成为社会的普遍现象，其他发展权益难以得到很好的保障。

最后，从整体上来看，新生代农民工在收入下层的比例较高。新生代农民工收入不高，家庭生活水平较低。在本次调查中，就业新生代农民工月工资收入（包括奖金）比例较大的为1000~2000元，占总数的45.3%；且约有28.2%的就业新生代农民工月工资收入不超过1500元，明显低于2010年全国平均水平（2554元）；新生代农民工月工资收入超过3000元的仅占16.7%，与当地城市市民收入存在较大差距。对于长期生活在城市的新生代农民工来说，这些收入根本不能满足其生活保障。同时某些地区还存在工资拖欠、农民工居无定所等问题。

2. 农民工收入与城镇职工相比增长缓慢

从2003年到2010年，城镇职工月平均工资从1170元增加到3096元，增长了164.62%。而对于农民工而言，其工资从781元增加到1670元，增长了113.83%。此外，农民工平均工资在2007年才达到城镇职工2003年的月收入水平（王璐，2012），这一事实进一步说明农民工收入与城镇职工收入的差距之大。

3. 新生代农民工的收入水平具有行业性差异

根据新乡市人口计生委的统计数据中发现，在"80后"新生代流动人员中有40%的流动人口集中于商品零售业、餐饮业以及其他服务业，单位性质多属于个体工商户或私营企业（占88.6%），仅有3.5%的流动人口从事专业技术、公务员或其他工作。根据2015年国家统计局所发布的

2014 年分行业城镇就业人员平均工资数据，金融业、计算机相关行业、科研行业等属于高收入行业，金融业最高，达到年均收入 108273 元（《中国统计年鉴》，2015），农民工在这些行业就业的比例极低，而农民工务工较多的行业中交通运输仓储邮政业和建筑业收入较高，服务业、住宿餐饮业和公共设施管理业等行业收入则相对较低，农民工较为集中的住宿餐饮业年均收入 37264 元，远远低于金融业年均工资，收入水平具有明显的行业差异，并且农民工就业的行业大多数属于低收入行业。

4. 新生代农民工月收入受文化程度的影响较大

笔者在研究过程中发现，文化程度对农民工收入有着重要影响，即文化程度越高，其工资收入也越多。虽然在建筑业与住宿餐饮业领域农民工文化程度的高低与收入并没有直接关系，但是新生代农民工的技能熟练程度和岗前培训（餐饮业）状况对工资收入起了一定作用，拥有职业技能证书（建筑业）使其在工作中具有一定优势且体现在较高的收入上。无论是在总体回归模型中还是在分行业回归模型中，技能培训及专业技能证书与收入或多或少成正相关，其影响程度的高低也受行业性质的影响呈现不同态势。如有些学者认为，租赁和商务服务业对短期培训有较严格的要求，而专业技能证书的作用较小，建筑业的回归模型亦是如此。

5. 新生代农民工收入与地区、环境间关系密切

现有的研究表明，新生代农民工的收入与所处地区有较大关系。在大中城市务工的新生代农民工的收入水平比在小城镇的要高，而且大中城市相对来说有更多的就业机会和较好的收入环境，这是务工人员更愿意选择大中城市的主要原因。

收入环境主要涉及工资的保障问题（王璐，2012）。自农民工出现以来，农民工工资拖欠问题就一直存在。早期的农民工都是自发流动，住宿和寻找工作都是靠亲戚朋友或者老乡解决，虽然农民工人数庞大，但是都以个体形式存在，加上农民工所从事的大都是技术水平低、可替代性很强的工作，没有保障自身权利的资本。农民工工资拖欠问题甚至受到中央领导层的重视，2003 年国务院办公厅发布了《关于切实解决建设领域拖欠工程款问题的通知》，该通知要求各地政府在三年时间内基本解决农民工工资拖欠问题，并提出了治理该问题的各种措施。2003 年底，熊德明向总理求助帮忙讨薪的事件，引起了更多人的关注。

随着人们对农民工问题的关注度上升，政府从政策上、法规上加大了对农民工权益的保护，相关管理制度也在不断加强，到了新生代农民工阶段，工资拖欠问题得到了比较大程度的解决，但并未被完全解决。在一些个体私营企业中，比如建筑业企业、中小型制造业企业、批发零售和餐饮企业等等，还存在一定程度的拖欠农民工工资现象，而在一些大型企业、事业单位，或者集体企业、外资企业等，拖欠农民工工资的现象得到了比较大的改善。

6. 新生代农民工对收入的期望与现实间存在较大差距

新生代农民工受自身生长环境的影响，对收入的期望值一般都较高，他们对工资增长的愿望极其强烈。这种状况导致了预期收入与现实收入之间存在较大差距。从整体上来说，在新生代农民工这一群体中，由于种种原因和压力，男性在收入期望方面要高于女性。同时，年龄及文化程度与收入期望也成正相关（刘俊彦，2011：21）。文化水平高的新生代农民工当然希望获得相应高的劳动报酬。从家庭等各方面因素看，已婚者要比未婚者有更高的收入期望，这些都源于婚后生活成本提高、消费需求加大等。民营企业和外资企业的新生代农民工比国有企业新生代农民工的收入理想值略低。从收入的维度上来看，新生代农民工的现实收入越高，其收入期望亦越高。

二　关于农民工收入的学术探讨

改革开放以来，关于农民工的研究曾经长期处于"问题研究"的层面。21 世纪初，东南沿海出现"民工荒"之后，农民工问题再次被重视起来，其研究视角也发生了重大转折，从往常的普遍关注、问题解决及道德关怀，逐步向社会管理、追求权利及制度建设方向转变。

在学术界，部分学者从农民工生存权及身份认同的角度展开研究（王春光，2001；于扬，2005；陈占江、李长健，2006；钱正武，2006），也有的学者从代际差异的角度对农民工问题做了比较分析。综合多方面研究发现，不同代际农民工在初次务工年龄、婚姻状况、流动原因及文化程度等方面存在差异（王东、秦伟，2002）。同时，有些研究者把研究重点放在新生代农民工的外出动因及其影响因素上（张叶云，2005；王春光，2001）。这些都为探索解决新生代农民工问题的路径提供了新的视角和思路。

然而，关于新生代农民工这个特殊群体的研究理论基础和公认的研究方法并未形成。过去的研究多重视农民工及一系列社会问题的现状、影响等。虽然近几年的研究拓展到户籍制度、二元体制等微观领域，但从研究的深度来看，仍然是外在的分析和认知，涉及农民工收入的深层次研究十分有限，即使是国外学者对这方面的研究也很少。世界各国的现代化一般都会遵循三大产业结构递进转变规律，如从农业社会到工业社会，农民进城务工并向城市迁移，逐步转化成城市市民。研究发现，历史上，在各国经济发展过程中，尤其是在工业化过程中，都会发生人口的工农转化，即大量的农村劳动力流入城市，从农民转变为产业工人，因为西方国家不存在户籍障碍，进入城市务工的农民就会转变为当地居民，而中国的户籍制度限制使得农村转移人口发生了职业身份与户籍身份的背离，即产生了"农民工"群体。

自农民工群体出现以来，关于农民工收入的研究分析十分丰富，近些年来则主要集中于对由农民工收入水平低以及收入差距大引发的社会问题上。具体集中在以下三个方面。

第一，关于农民工收入的影响因素分析研究。赵振华（2009）的研究揭示了与城乡二元体制相对应的种种不公正现象对农民工收入的影响（赵振华，2009），李建华（2008）、白暴力（2007）等人认为劳动力市场供过于求的状况导致劳动力价格的下降，劳动力之间的工作竞争决定了农民工的低收入境况。《农民工低工资收入问题探析》（李建华，2008）、《农民工工资收入偏低分析》（白暴力，2007）等相关研究都对农民工劳动力市场进行了分析，由于这一阶段的中国低端劳动力市场存在供给大于需求的状况，对于农民工来说，找到工作已经不容易，讨价权、择业权更是无从谈起，收入水平低下是必然的结果。在对已有文献的分析中发现，体制的方向性选择和政府政策、农民的就业空间有密切联系，农民工素质影响了他们抓住就业机会的能力（周其仁，2007）。赵树凯（2011）提出，城市里的农民工多以填补城市岗位空缺的方式来进城务工，农民工以互补关系存在于城市就业环境中，而非替代关系。

第二，关于提高农民工收入的对策建构研究。相关学者认为，要想改善农民工的收入现状，提高其收入水平，需要政府、社会、农民工三方的共同努力。冯虹对提高农民工收入的途径进行了具体分析。赵振华（2009）则指出，要改善农民工收入分配现状，需要企业的约束、激励与农民工自身力量的联合。

　　第三，关于农民工收入所引发的社会问题研究。冯虹、叶迎（2008）在《从农民工收入现状看我国城市社会和谐》中阐释了诸如农民工子女的教育问题、户籍问题、农民工个人的心理问题以及由此带来的众多社会矛盾、不稳定因素与农民工收入的因果联系（冯虹、叶迎，2008）。于丽敏、王国顺（2009）认为务工人员有较高的储蓄意向，但边际消费意向较低；同时农民工还经常遭受诸如就业歧视（身份歧视、性别歧视）等等非正常社会待遇（于丽敏、王国顺，2009）。李培林、田丰（2011）在研究中表明，要理顺劳动关系，在资本稀缺、劳动力过剩的条件下，就要利用法律手段保护处于弱势地位的农民工不被资本所有者压迫，弘扬社会正气（李培林、田丰，2011）。

　　同时，新生代农民工也受到极大的关注，焦点多集中于与上一代农民工的差异比较及其独有的群体特点等的相关研究。此外，还有很多研究集中于新生代农民工的融入及市民化领域。虽然孙立、全时以人力资源为视角对新生代农民工的收入问题进行了调查研究，但总体来说并不多见（钱雪飞，2010；张娜、雷怀英，2013；孙立，2011），仅有的研究也只是对影响因素的简要阐释。

　　笔者认为，随着改革开放的不断深入，农民工的收入问题将会越来越受到关注。根据西方的现代化规律和当今中国社会发展的要求，我们预测未来新生代农民工收入的变化将表现在以下三个方面。

　　第一，随着新生代农民工群体素质的不断提高，其收入将进入一个比较快的增长区间。近年来，经济社会的发展对高素质劳动力的需求越来越强烈，但很多时候仍供不应求。新生代农民工素质的不断提高，增加了其在工资收入谈判中的力量，为其收入水平的提高增加了砝码。另外，更多的新生代农民工希望拥有一技之长，可以进行更为长久的职业规划。为此，一是需要政府制定相关制度及政策来为农民工素质的提高创造条件，满足其职业规划和进一步发展的需求。二是完善最低工资合理增长机制并保证严格执行，最低工资制度往往是用人单位支付农民工工资的依据，合理增长的最低工资可以迫使用人单位提高农民工的收入。目前，根据有关国家政策的指导，社会主义新农村的建设已经成为各级政府的一个重要目标。下一步各级政府将对农村注入大量资金，为农民提供更多的补助，多方面增加农民收入。较高的农村收入对城市用人单位产生了"倒逼效应"。若用人单位的工资低于新生代农民工在农村的收入，更多农民工会选择

"返回农业",从而出现用工短缺现象。目前在我国很多地区已经出现的"民工荒"现象就是这些因素综合作用的结果。三是社会主义和谐社会的构建成为我们这个时代的主题,落实到新生代农民工的一个重要方面就是福利待遇。只有提高农民工的经济收入,为其发展提供更多的物质和精神生活条件,才能满足新生代农民工更好发展的需求。

第二,未来新生代农民工的收入仍将呈现分化趋势。在人类社会发展过程中,收入差异现象普遍存在。在进城务工过程中,农民工群体内部也产生了较大分化,一部分农民工利用在城市务工过程中积累的资金和经验进行创业,成为企业主,从而实现了社会身份的阶层转换。另一部分新生代农民工在工作中不断学习,利用掌握的技术或管理经验,不断提升自身素质,其劳动报酬不断提高的同时,职业地位也在提升,甚至成为企业的管理层。还有一部分新生代农民工定居于所在城市,逐步转化成当地市民。与此同时,一些文化技术素质不高的新生代农民工因未能适应或满足市场经济的需要,收入水平仍不理想。从整个社会的收入阶层水平来看,新生代农民工与现有的一些高收入阶层相比,其收入水平仍然存在很大差距,将会在一定时期内维持较低水平。这是因为农民工提高自身素质需要较长时间的努力,社会、管理等方面对农民工歧视现象的改变也需要时间,完善相关制度和政策,推进新生代农民工的城市化,更需要一个长期的过程。

第三,新生代农民工收入水平的提高固然重要,但是,也必须注重对其精神方面需求的满足,在其基本生存条件得到保障以后,应该引导新生代农民工有更高的发展目标,提升各方面的素质和能力,以便更好地适应城市生活。

第三章　消费理论及新生代农民工的消费研究

第一节　传统经济学的消费理论

一　确定性条件下的消费理论

传统经济学的消费理论属于确定性条件下的消费理论。确定性条件下的消费理论又包括绝对收入消费理论和相对收入消费理论，绝对收入消费理论是凯恩斯的消费理论，相对收入消费理论是建立在绝对收入消费理论基础上的拓展理论。确定性消费理论认为，影响消费的主要因素是收入水平，当然除了收入对消费产生重要影响以外，还存在着其他影响因素，比如利率、价格、国民收入分配状况、社会保障等因素都会影响到消费。

（一）收入与消费的关系[①]

1. 凯恩斯的消费理论

现代西方经济学关于收入与消费关系系统深入的研究始于凯恩斯。现代宏观经济学就是建立在凯恩斯的消费理论基础上的。这一研究从现实生活中引申而来，对于生活在现代社会中的人来说，影响他们消费的因素有很多，每个人都可以根据自身体会说出一系列影响因素，而大部分人最有感受的可能就是受收入水平和商品价格水平的影响，每个人都可以直观地感受到其对自己消费的影响。除此之外还有一些隐性因素，比如家庭财产状况对个人消费会产生重大影响，收入分配状况可以解释整个社会平均的消费倾向差异，消费者偏好可以解释相近收入水平的消费者收入差异，风

---

① 参考高鸿业，2011：384。

俗习惯可以说明不同国家、不同地区居民消费的差异等，另外一些是间接影响因素，比如利率水平的变化对不同收入群体的消费会产生不同影响，消费信贷状况能够说明消费者所期望的、生命周期内的平滑消费能否实现，消费者的不同年龄构成对一个国家或地区的平均边际消费倾向有较大影响，社会保障制度对边际消费倾向有重要影响等。在这些复杂的影响因素中，凯恩斯认为收入是最重要的，是作为对消费有决定性意义的因素存在的。因此，在凯恩斯提出的消费函数中，他把收入从众多影响消费的因素中抽出来，单独分析收入对消费的影响。

在收入与消费关系的研究中，凯恩斯提出一条基本心理规律，即边际消费倾向递减规律，这一理论认为，随着人们收入的增加，其消费也会增加，但是，消费增加的幅度赶不上收入增加的幅度，即随着收入增加，消费是以递减的速率增加的。因此，消费函数 $c = c(y)$ 可以用曲线表示为

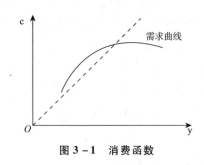

图 3 - 1　消费函数

在表示消费函数的曲线图 3 - 1 中，横轴表示收入 y，纵轴表示消费 c，$c = c(y)$ 表示消费函数，从消费函数的形状可以看出，随着 y 的增加，曲线的斜率逐渐减小，消费曲线的斜率就是边际消费倾向，因此，这条曲线的形状就表示了边际消费倾向递减规律。如果我们把收入与消费之间的关系简化为线性关系，则消费函数就可以表示为：

$$c = \alpha + \beta y$$

其中，α 代表不可缺少的消费，即自发消费部分，它表示收入为 0 时也必须消费的部分，是维持人的基本生存需求的部分；β 为边际消费倾向；βy 表示由收入引起的消费，即引致消费，它表示收入中被用于消费的比例。

2. 相对收入消费理论[①]

相对收入消费理论是与凯恩斯的绝对收入消费理论相对应的，理论由美国经济学家杜森贝利提出。这一理论的主要观点是消费是相对决定的，消费者自己过去的消费习惯、消费者周围人群的消费水准等因素会影响其消费水平的决定，按照杜森贝利的观点，过去的消费习惯、周围人群的消费水准在一定时期内是基本固定的，因此实际上，消费与收入之比例从较长时间来看基本维持固定数值，所以，他认为长期消费函数是从原点出发的一条直线，但短期消费函数则为有正截距的曲线。他认为，从时间数列能够得出这一结论，同时从横断面观察的结果也是如此。

杜森贝利认为，如果从时间数列来看，依照人们现实生活中的习惯或者感受，让人们增加消费容易，而让人减少消费却相对较难，即中国的古语："由俭入奢易，由奢入俭难。"这一现象很容易理解：对于一个一直过着相当高水准生活的人来说，即使由于某种原因收入降低了，其也很难马上随着收入的下降而相应地降低消费水平，实际上他会在一段时间内继续维持基本相当于先前水平的生活。也就是说，人们的消费很容易随着收入的增加而增加，却不容易在短期内随着收入的降低而减少。因此，就短期观察来看，可发现这样的规律：在经济波动过程中，收入增加时低收入者的消费会沿着消费曲线上升，从而赶上高收入者的消费，但收入减少时，消费水平偏离了原来的消费曲线，消费比消费曲线所决定的消费水平要低很多。因此，基于这一理论所得出的短期消费函数与长期消费函数就是不同的。

对于这一理论，可以用图 3 - 2 说明。

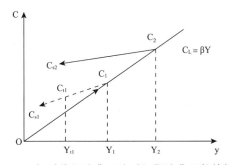

图 3 - 2 相对收入消费理论对短期消费函数的解释

---

① 参考高鸿业，2011：389。

从图 3-2 可以看出，在收入水平 y 不断提高的较长时期内，由于消费为收入的固定比例，所以长期消费函数为从原点出发的一条直线，用 $C_L = \beta Y$ 表示。但在经济波动的短期过程中，假设这样的经济波动引起收入下降，这时候的短期消费函数则表现为不同的形态。例如原先收入为 Y_1 时，消费为 C_1。当收入由 Y_1 减少时，消费不是沿着表示长期消费的曲线 C_L 的路径下降，而是沿着 C_{s1} 的路径变动，$C_{t1}/Y_{t1} > C_1/Y_1$ 数量关系的存在，使得这一变动过程中的平均消费倾向变大。反之，当收入由 Y_{t1} 向 Y_1 增加时，消费的变动则沿着 C_{s1} 的路径进行，直到到达原先的最高水平 C_1。当经济由 Y_1 稳定增长时，消费又走 $C_L = \beta Y$ 的路径，使消费与收入成固定比例，故消费函数为 C_L。但是，如果当收入水平在 Y_2 水平点发生衰退时，短期消费函数为 C_{s2}。然后随着经济波动发生如上所述的变动结果，在此描述的由经济波动所引起的消费变动的不同路径即表现为短期消费函数与长期消费函数的区别。杜森贝利认为，两种消费函数的形态分别为：长期消费函数为 $C = \beta Y$，短期消费函数为 $C = C_0 + CY$。长期消费函数是从原点出发的一条直线，而短期消费函数有正的截距，并且，杜森贝利认为短期消费函数曲线上的正截距，是由经济周期各阶段的不同消费行为产生的。杜森贝利相对收入消费理论的核心是要解释消费者容易随收入的提高而增加消费，但不易随收入的降低而减少消费，这样就产生有正截距的短期消费函数。消费行为的这种特点被形象地称为"棘轮效应"，即消费上升快而下降慢。综上所述，杜森贝利认为短期消费函数正截距的产生，源于过去的消费习惯影响消费者当期的消费决策，即消费者当期的消费除了由当期收入决定以外，还受过去的消费支出水平影响。

以上分析结论是从对时间序列的观察中得出的，它能够说明短期消费函数与长期消费函数的形态、差别及其关联，并说明了长期和短期消费函数之间产生差距的主要原因，即消费者的消费行为是要受过去消费习惯影响的，这一结论也符合人们的现实感受。杜森贝利所谓的相对消费还有另一个影响因素，即消费者周围人们的消费水平，这一影响可以被归结为"示范效应"。可以这样解释"示范效应"：如果一个人和他周围人的收入都同比例增加了，则这种收入增加不会改变消费在其收入中所占的比例，即平均消费倾向不变；但是，如果是他周围人的收入引起消费增加，而同时他的收入并没有增加，这时候他会考虑到自己在社会上或者是阶层中的相对地位，认为降低消费会影响他的社会地位，因此他会提高自己的消费水平，从而导致平均消费倾向变大。这种消费心理的影响表现为短期消费函数随一个社会或地区平均收入水平的提高而发生整体向上移动的变化。

3. 生命周期消费理论①

生命周期消费理论也是对凯恩斯的绝对收入消费理论的发展，它由美国经济学家弗兰科·莫迪利安尼提出。生命周期消费理论与凯恩斯的绝对收入消费理论的主要差异是，凯恩斯消费理论的假设前提是消费者在一定时期内的消费是由他们在该时期所获得的可支配收入决定的，而弗兰科·莫迪利安尼的生命周期消费理论则认为消费者作为经济行为人会更加理性，他们会在更长时间范围内按照收入计划安排他们的生活消费支出，其目的是使自己整个生命周期内的消费都达到最佳配置。具体来说，就是人们在生命周期中的不同阶段会采取不同的消费方式，比如在青年阶段，虽然收入水平偏低，但这时他们能够预期自己未来的收入水平会提高，因此，可以采取消费超过收入的经济行为。随着生命周期进入壮年和中年阶段，收入增加较快，这时他们所采取的经济行为是消费低于收入，这样，他们既可以偿还青年时期消费欠下的债务，又可以进行储蓄以备老年阶段使用。最后进入年老退休阶段时，收入下降，其所采取的经济行为是消费超过收入，消费部分由中年阶段的储蓄来支持。下面用一个简单的例子和数据分析具体解释上述理论。

假定条件：某人从 20 岁开始工作获得收入，到 60 岁退休，预期在 80 岁时去世，这样，工作的期限为 40 年，用 WL 来表示。靠自己收入的生活年数为 60 年，用 NL 表示，20 岁之前是父母抚养他的阶段，这里我们不考虑。如果他每年的工作收入为 24000 美元，用 YL 表示，则他可以得到的终身收入为 YL·NL = 24000 × 40 = 960000（美元）。

根据弗兰科·莫迪利安尼的生命周期消费理论，其假设人们总希望自己可以非常平稳安定地过完自己的一生，从而他们应该采取的计划是把 960000 美元的收入均匀地消费在整个生命周期内，因而他们每年的消费将是确定的。

$$C = 960000/60 = 16000 = WL \cdot YL/NL = (40/60) \times 24000$$
$$= (2/3) \times 24000$$

---

① 参考高鸿业，2011：390。

在这个假定的、简化的例子中，经济行为人在工作期限内将每年工作收入的 2/3 用于消费，即每年消费 C =（2/3）×24000，这一消费数额 C =（40/60）×24000，也是他工作的时间（40）占其独立生活年数（60）的比例，其余 1/3 被用于储蓄，每年储蓄额 S = 8000 =（1/3）×24000 =（24000 - 16000）美元，退休时共积累的储蓄额是 8000 × 40 = 320000 美元，其中 8000 × 20 = 160000 美元被用于弥补青年时期的超额消费，剩余的 8000 × 20 = 160000 美元从退休到预期 80 岁寿命结束正好用完。

上述例子中做了最大限度的简化，含有一系列严格的、不切实际的假定。整个分析过程中没有考虑不确定性因素，所分析的影响因素都是确定性的：收入在工作期间保持不变，个人在开始独立生活之前没有积蓄，工作期间每年的储蓄没有利息的增值，自己将工作的收入消费完，不留遗产给后代，等等。当然，即使抛开这些假定，根据生命周期消费理论，加进现实因素进行分析，上述基本结论依然可以成立，我们用下列公式表示：

$$C = aWR + cYL$$

上述公式中的符号所代表的含义为：C 为每年的消费额，WR 为实际财富，这是考虑到个人工作收入以外的因素对消费的影响，a 为每年消费掉的财富的比例，即财富的边际消费倾向，aWR 是指每年由财富所带来的消费额；YL 为工作收入，c 为每年消费掉的工作收入的比例，即工作收入的边际消费倾向，cYL 为每年由工作收入所带来的消费额。

根据生命周期消费理论，也可以分析一个国家或地区的人口年龄结构变化对消费的影响：如果一个社会中年轻人和老年人的比例增加，则消费占收入的比重会提高，即消费倾向提高；如果一个社会里中年人比例增加，则消费占收入的比重会下降，即消费倾向降低。因此，一个社会中的总储蓄和总消费的关系与该社会中人口的年龄分布相关，当有更多人处于消费超过收入状态时，储蓄就会减少；当一个社会的社会保障制度相对健全，可以让更多人享受养老金待遇从而对未来的老年生活有更好的预期时，储蓄也会减少；而当一个国家或地区的财税制度使得社会上有更多人需要留遗产给后代时，社会总储蓄率就会提高；等等。

4. 永久收入消费理论[①]

永久收入消费理论是由美国经济学家米尔顿·弗里德曼提出的，该理

---

① 参考高鸿业，2011：391。

论也是建立在凯恩斯的现期收入消费理论基础上的，米尔顿·弗里德曼对其进行了发展。永久收入消费理论的主要观点与凯恩斯消费理论的差异在于，它认为消费者的消费支出是由消费者的永久收入所决定的，而不主要由他的现期收入决定，这里的永久收入是指消费者可以预计到的长期收入。永久收入在这里只能是一个预期值，是根据所观察到的消费者若干年收入数值的加权平均数计算得到，权数的设定依据是，距现在的时间越近，权数越大；反之，距现在的时间越远，权数则越小。举个简单的例子来说明，假定某人的永久收入为下列形式的一个加权平均值：

$$Y_P = \theta Y + (1 - \theta) Y_{-1}$$

上述公式中符号的含义说明：Y_P 为研究者所要知道的永久收入；θ 为设定的权数；Y 为当前收入，Y_{-1} 为前期收入。如果设定 $\theta = 0.6$，$Y = 12000$ 美元，$Y_{-1} = 10000$ 美元，则：

$$Y_P = 0.6 \times 12000 + 0.4 \times 10000 = 11200（美元）$$

米尔顿·弗里德曼的永久收入消费理论认为，消费者的消费额取决于永久收入 Y_P。例如，假定 $C = cY_P = c [\theta Y + (1 - \theta) Y_{-1}] = 0.9 [\theta Y + (1 - \theta) Y_{-1}]$，则当前收入的边际消费倾向仅为 $c\theta$，这一数值低于长期边际消费倾向 c。按照上述例子中的假设，$c\theta = 0.9 \times 0.6 = 0.54$，远低于 0.9 的长期边际消费倾向。造成短期边际消费倾向低于长期边际消费倾向的原因为，当收入增加时，由于人们不能确信收入的增加是否能够长期存在，因而不会马上充分调整其消费。当然，当收入减少时，人们也不能断定收入的减少是否就一直会如此，因此，消费也不会立刻发生相应的下降，短期边际消费倾向仍较低。只有收入变动最终被证明是永久的，人们才会在被最终证明是较高或较低的永久收入水平上充分调整其消费。

按照米尔顿·弗里德曼的永久收入消费理论，一个有前途的大学生能够预计到其未来的长久收入水平会较高，因此可能会在暂时的、较低的现期收入以外多消费，也就是说他可以选择借债消费，这一消费支出建立在他未来较高的永久收入基础上。又比如，在经济衰退期间，虽然人们当期收入减少了，但按照永久收入消费理论，消费者是按其永久收入决定消费支出的，故衰退期的消费倾向要强于这时期应该有的长期的平均消费倾向。与此相反，当经济繁荣时，尽管人们的当期收入水平提高了，但由于没有永久收入提高的预期，消费者仍然按照原来预期的永久收入决定消费，因此，这时期的消费倾向会弱于应该有的长期平均消费倾向。根据这种永久收入消费理论，如果政府想通过增减税收的办法改变人们的现期收入水平从而达到影响总需求的目的，那么这样的政策是无效的，因为通过减税而增加的收入被认为是短期收入，并不会立即被用来增加消费，除非政府可以永久减税。

上面所介绍的弗兰科·莫迪利安尼的生命周期消费理论和米尔顿·弗里德曼的永久收入理论看起来很相似，但仔细分析起来，这两个理论之间是既有联系又有区别的。首先看两者的区别：弗兰科·莫迪利安尼的生命周期消费理论是从储蓄动机方面进行着重分析的，从而"财富"在这个理论模型中就作为影响消费的重要变量而存在；而米尔顿·弗里德曼的永久收入理论则更偏重于对个人未来收入的预期问题，并以此决定自己的消费。其次看两者的联系：这两种理论尽管在强调重点上存在差别，但它们的基本思想是一致的，即单个消费者是前向预期决策者，这一基本思想使得这两种理论在如下几点上都是相同的。

第一，消费是以一生或永久的收入作为消费决策的依据，而不仅仅同现期收入相关。

第二，因为消费是以一生或永久的收入作为消费决策依据的，所以一次性的或者暂时性的收入变化对消费支出影响很小，也就是说，暂时性收入变动的边际消费倾向很弱，反之，永久性收入变动的边际消费倾向则很强。

第三，如果减税或增税只是临时性的，这种暂时性的收入变动对消费不会产生很大影响，所以，当政府想用税收政策影响消费时，只有制定能带来永久性收入变动的税收政策才会产生明显的影响消费的效果。

（二）其他因素影响下的消费理论①

上面所介绍的消费理论的相同之处在于，二者都主要强调收入对消费的影响。但根据我们的基本生活体验，影响消费的因素绝不只有收入一个因素。尤其是在短期内，有时可能出现边际消费倾向为负数的现象，表现为消费不随收入的增加而增加反而随收入的增加而减少，或者消费随收入的减少而增加；也可能出现边际消费倾向大于 1 的情况，表现为消费增加

---

① 参考高鸿业，2011：392。

额大于收入增加额。

对这些现象的解释，只能认为是在日常生活中，影响消费行为的因素有很多，除了收入以外，还有其他消费理论，被用来分析影响消费的其他因素以及对消费的影响效应。

1. 利率影响下的消费理论

关于利率对消费的影响，传统的看法认为提高利率可增加储蓄，但现代西方经济学理论则认为，利率变动对储蓄的影响可以分解为两种效应：替代效应和收入效应。提高利率是否会产生增加储蓄、抑制当前消费的作用，要根据替代效应和收入效应的大小来决定。

下面具体分析利率变动对储蓄的替代效应和收入效应。利率提高对人们的一个影响是可以增加利息收益，所以，减少目前消费，可以使未来得到更多收益，从而鼓励人们增加储蓄，这样可以在未来增加更多消费。这种利率提高使储蓄增加的效应就被称为利率变动对储蓄的替代效应。既然利率提高使人们未来的利息收入增加，那么他们就认为自己变得较为富有了，即相当于收入增加了，收入增加会使人们增加目前消费，这又会导致储蓄减少。这种利率增加而使储蓄减少的效应就是利率对储蓄的收入效应。那么，最后的结果是什么？即利率变动究竟怎样影响消费者的储蓄呢？这就需要通过分析利率影响消费者储蓄的总效应，即替代效应和收入效应的总和而决定。

就低收入者而言，利率提高的效应中，替代效应会大于收入效应，因此，总的效应是利率提高会增加储蓄。就高收入者而言，利率提高的效应中，收入效应的作用会大于替代效应，因此，总的效应是利率提高会减少储蓄。就社会总体而言，利率的提高对储蓄究竟会产生增加还是减少的效应，则由低收入者增加的储蓄数额和高收入者减少的储蓄数额的总和大小来决定。

从另一方面考虑，储蓄的另一个目的是应对不时之需，或者是将来养老，或者有其他一些特定用途。不管出于什么目的，如果我们假设储蓄是为了将来每年都能得到固定金额，那么利率提高的影响就是可以减少目前所需储蓄的本金，因此，在这种情况下，利率提高会减少储蓄。

可见，利率的提高对储蓄的影响会产生正负相反的两种效应，就全社会而言，究竟是哪一种效应更有效果，从而影响总的结果，对此难以事先做出判断。所以，要得出利率提高对消费的影响效应，也需要根据实际情况具体分析。

2. 价格影响下的消费理论

价格水平是影响消费的另一重要因素，即价格水平的变动会对人们的消费产生影响。这种影响主要是价格水平通过改变人们的实际收入而影响消费。如果名义货币收入不变，那么物价上升就相当于人们实际收入水平下降，在这种情况下，消费者要想保持原有的生活消费水平，则必须增加消费；反之，物价下跌就相当于人们实际收入水平上升，也以消费者保持原有的生活消费水平为标准，则平均消费就会低于原有的水平。

从理论上讲，如果物价水平与名义货币收入同比例提高，则实际收入并没有发生变化，不应该影响到消费，但在这种情况下，消费者往往会产生"货币幻觉"。也就是说，消费者往往更容易注意到货币收入的增加而不能够同时感受到物价水平的上升，他们会误以为自己的实际收入提高了，从而平均消费也会上升，这种消费的增加被称为"货币幻觉"。

3. 国民收入分配状况影响下的消费理论

凯恩斯经济学的消费理论论证了边际消费倾向递减规律的存在，大量的实证研究结果也验证了这一规律，即低收入家庭的消费倾向较强，而高收入家庭的消费倾向较弱，因此，国民收入分配状况越平均，全国性的平均消费倾向就会越强，反之，收入分配差距越大，全国性的平均消费倾向就会较弱，而边际消费倾向是影响消费需求的关键因素，边际消费倾向越强，则在同等收入水平条件下的消费量就越大；反之，边际消费倾向越弱，则在同等收入水平条件下的消费量就越小。因此，按照这一消费理论，从一个国家或地区的层面上来看，国民收入分配的平均程度越高，则消费需求越大，反之，国民收入分配越不平均，消费需求越小。

4. 社会保障制度影响下的消费态势

社会保障制度是现代社会的稳定器，其主要作用就是减轻经济中的不确定性，给予人们更稳定的预期，从而保证经济社会的稳定。通常来说，稳定的预期可以强化居民的消费倾向。因此，社会保障制度越是趋于完善，居民对未来的预期越是明确，越是敢于消费，随着人们对未来预期不确定性的增强，其储蓄意愿就要增强，以此来应对经济中的不确定性冲击，从而对消费水平产生较大影响。

二 不确定性条件下的消费理论

不确定性条件下的消费理论中，影响较大的是欧文·费雪的跨期消费决策理论和罗伯特·霍尔的消费随机游走假说。西方经济学的收入－消费理论对消费者行为的研究是从消费者内在因素和外部环境因素两个方面进行的，而这两个因素又是相互作用的。消费者内在因素对消费行为起决定作用，外部环境因素通过内在因素影响消费者行为选择。因此，外界环境因素如何通过内在因素影响消费者行为选择，是西方经济学收入－消费理论研究的重点。由于外部环境变化会引起消费者的内在心理变动，而内在的心理变动则决定其消费行为的选择，所以外部环境对消费者行为的影响是这一领域的研究重点。在凯恩斯绝对收入消费理论的基础上发展起来的消费理论主要是预期消费理论，包括莫迪利安尼的生命周期理论、弗里德曼的永久收入理论。这一发展了的理论架构对消费者的预期收入和消费行为的关系进行了深入阐述，该理论认为"预期"是伴随着经济运行过程本身而产生的一种心理活动，同时，它又是影响经济运行的重要因素。这时的消费者由凯恩斯假定的那个以现期绝对收入决定消费的消费者，演变为一个根据对未来收入的预期进行决策的更为精明的消费者，即成为一个理性预期的消费者。这个假定的消费者追求一生效用的最大化，如果在更长的时间范围内计划他们的生活消费开支，就需要跨期进行其消费决策，在这种假定下，消费者的现期消费决策就取决于预期收入或者说是永久收入而不是现期收入，消费者要实现的是在整个生命周期内消费的最佳配置，消费不只同现期收入相关。同时这也说明，一次性或者暂时收入变化引起的消费支出的变化很小，可能接近于 0，但来自永久性收入变动引起的消费支出则很大，甚至接近于 1。

按照理性预期消费理论，当一个消费者或一个家庭做出消费决策时，会统筹考虑现期和未来的状况，即要综合考虑当前和将来的收入和消费情况。假定一个人或者一个家庭的总收入是确定的，那么，现期消费较少，则未来可能的消费就较多，反之则较少。因此，作为一个理性经济人的消费者在进行消费决策时，需要根据未来可能的预期收入，来安排其未来能够达到的消费水平。当消费者在现期和未来不同时期的消费支出之间进行选择时，他所面临的约束条件就是由一生总收入构成的"跨期预算约束"（高鸿业，2011：582）。这种情况下，消费者必须提前预测他们在未来能够获得的收入以及他们希望消费的商品和服务。1930 年，美国经济学家欧文·费雪提出跨期消费决策模型，该模型划分了不同时期，说明消费者面临的约束条件及偏好，分析了理性的消费者如何在现期消费和未来消费之间做出选择。

　　为了简化分析，费雪假定消费者一生可以分为两个时期，第一个时期是青年时期，第二个时期是老年时期。在第一个时期，消费者取得收入 y_1 并消费 c_1，该消费者在第二个时期取得收入 y_2 并消费 c_2。假设没有通货膨胀，并且该消费者既可以借钱，也可以储蓄，那么其在任何一个时期的消费都可能多于或少于当前的收入。

　　下面我们来分析消费者两个时期的收入是如何约束这两个时期的消费的（高鸿业，2011：583）。首先，在第一个时期，该消费者的储蓄 s 等于收入减消费，即：$s = y_1 - c_1$。假定第二个时期消费者要将一生积累的财富都消费掉，那么第二期的消费等于该期收入加上第一期的储蓄，以及第一期储蓄赚到的利息，即：$c_2 = y_2 + s(1 + r)$（r 为实际利息）。如果消费者在第一个时期是借贷而不是储蓄，那么上述两个方程仍然有效，因为 s 既可以被理解为储蓄，也可以被理解为借贷，即"负储蓄"。不过前者意味着第一期的消费小于收入，s 大于零，而后者意味着第一期的消费大于收入，s 小于零，为了简单起见，假设储蓄和借贷的利率都是相同的，可得方程：

$$c_2 = y_2 + (1 + r)(y_1 - c_1)$$

　　经整理，可得 $c_1 + c_2 / (1 + r) = y_1 + y_2 / (1 + r)$。

　　这一方程把两个时期的消费和两个时期的收入联系在一起，这是表示消费者跨期消费预算约束的标准方法。对于这一方程式可以这样来理解：如果利率为零，预算约束表明当前消费和未来消费之和必须等于当前收入与未来收入之和；在利率大于零的正常情况下，未来消费和未来收入用 $(1 + r)$ 这个因子进行贴现，贴现后的数值被称为现值，贴现产生于储蓄所获得的利息。也就是说，消费者将现期收入存入银行，可以得到一定比例的利息，所以未来收入的价值低于现期收入的价值。同样，未来消费由赚到利息的储蓄支付，所以未来消费的成本低于现期消费的成本。因子 $1/(1 + r)$ 是用第一期消费衡量第二期消费的价格；是消费者为得到 1 单位第二期消费所必须放弃的第一期消费的数量。因此可以将其理解为：消费者在任何一个时期的消费水平不仅取决于他们在这个时期的收入，而且取决于他们将来的收入，或者更确切地说，取决于他们一生的预期收入（考虑到将来收入的不确定性）。

由于消费者必须要面对未来收入的不确定性，所以预防性储蓄是消费者的一种理性选择行为，消费者可以通过对跨时期消费进行调整的方式进行这种理性选择行为。也就是说，消费者要面临未来收入中所存在的不确定性，而收入中的这种不确定性会对消费者造成不利影响，为了有效地化解这种不利影响，消费者要进行预防性储蓄。这种经济中的不确定性存在于收入或消费中，收入的不确定性可以被归结为失业风险、价格或利率等因素变动所导致的收入的相对下降等，消费的不确定性则主要来源于医疗健康支出和子女教育支出的增加等。

收入的不确定性预示着未来可能存在的风险，这种风险的存在使得消费者必须降低当前消费水平，进行预防性储蓄以实现跨期消费的均衡。因为未来收入的不稳定性使得消费者要面临一定的收入风险，并且收入中的不稳定性因素越大，消费者所要面临的收入风险也就越大，在消费者所获得的收入中，不稳定性收入所占的比例越大，总体收入结构的不稳定性就越强，消费者所面临的收入风险就越大，因此消费者必然选择减少消费、增加储蓄来应付未来的不确定性。

第二节 消费分层理论及其演变

在我们的日常生活中存在着各种各样的不平等现象，人与人之间也存在着政治的、经济的、社会的、文化的差异。比如说，有的人富有，有的人贫穷；有的人无权，有的人有权；有的人辍学在家，有的人在高等学府深造；有的人遭受歧视，有的人受人尊敬；等等。这些差异在社会学中被称为社会分层。通俗来说，社会学中的"层"指一些社会阶级，"分层"是把所有的社会成员分类为不同的阶级，这些社会阶级通常是按照等级排列的。如果一个阶级与其他阶级相较拥有更多的收入、财富、权力和更高的社会地位等，那么他们的社会等级就高。消费分层是按照社会阶级的购买能力来确定该阶级属于哪个阶层。消费分层理论的发展经历了以下不同阶段（李春玲、吕鹏，2008：3）。

一 韦伯的阶层地位消费假说

德国社会学家、社会哲学家、历史学家马克斯·韦伯首次将消费和阶层地位联系起来并提出了阶层地位消费假说。《阶级、身份和政党》《新教徒论与资本主义精神》《社会和经济组织理论》是他的代表作（赵萍，2011：158）。他认为消费是地位群体的区分标志。生活方式是与消费方式相联系的，不同的生活方式有不同的消费模式和消费偏好。因此，地位分层是多种影响因素综合作用的结果，地位群体的主要区别是消费和生活方式。不同的消费方式形成了不同地位层次的群体，不同的生活方式和消费模式选择决定了不同的阶级地位。

（一）社会分层和社会阶级

在《阶级、身份和政党》中，韦伯提出了法律、经济和社会三种分层秩序。法律秩序主要指政党的权力分层；经济秩序针对的是阶级区分的经济分层；社会秩序是说声望的区分或身份的区分。经济秩序、法律秩序及社会秩序并不完全等同，经济秩序决定着权力和社会秩序。韦伯的社会分层是一种多元的社会分层模式。在第二次世界大战后的几十年间，美国社会分层的研究者基本上采用的是韦伯的多元社会分层模式。

阶级是指共同处于某种具有特殊影响的生活机会状况的人，机会状况是通过拥有商品和收入机会方面的经济利益来表现的。简单来说，阶级就是一群处于共同阶级状态的人（李春玲、吕鹏，2008：36）。基于这一定义，韦伯划分出有特权的特定特权阶级和无特权阶级。有特权的特定特权阶级指的是占有财产的阶级和具有技能资格和经营商贸的阶级，占有财产的阶级指的是拥有不同种类财产的人，比如拥有土地财产的人；具有技能资格和经营商贸的阶级指的是拥有市场上所提供的商品、服务和技术的人，如工农业企业家、银行家、商人等。无特权的阶级指的是没有财产特权的阶级，如不自由的人、下等人和贫民；没有商业特权的阶级，如技术工人、半技术工人和无技术工人。在有特权和无特权的阶级中间还存在着中间阶级，比如农民、手工业者、公共和私营部门的官员、自由职业者以及具有文凭证书和技能的工人。比上述更广大的阶级是社会阶级，社会阶级是各种阶级状态的总和，资本主义社会在韦伯看来可以分为四个阶级，即工人阶级、小资产阶级、无财产的知识分子和专业人员，通过财产和教育而获得特权的阶级。

从上述可以看出，韦伯认为社会分层秩序是多元的，阶级的划分也存在多元的特点。这种多元化的划分使他无法明确地区分一个阶级与另一个阶级，所以他无法勾勒出一个明确的、系统的阶级模式，但是韦伯提出了是否具有专业技能是划分阶级的新标准，这对社会分层及阶级的划分具有重要的意义。一个人是否具有专业技能是决定他在社会分层体系中的位置的重要因素。

（二）消费是阶级的归属

等级划分在任何国家都是存在的，在韦伯看来，等级与阶级是不存在必然联系的，只是强行要求一种特殊的生活方式，即"等级与阶级不同，一般则是共同体，哪怕往往是无定型的共同体"。在一个共同体中，社会从经济、声望、权力三个维度进行划分，与经济相联系产生的是阶层，与声望和生活相联系产生的是地位群体，与权力相联系产生的是政治领域的政党。人类生活的社会中真实存在的是社会群体。阶级是根据货物的生产和获得的关系来划分的。等级是根据货物消费的原则来划分的，是生活方式的特殊表现形式。生活方式和消费方式是相关的，不同的生活方式有不同的消费模式和消费偏好。因此，地位分层是多种因素综合作用的结果，但地位群体的主要区别是消费和生活方式。阶级不是一个实体，消费方式使潜在的阶级差别显性化，形成了地位不同、生活方式不同的地位群体，消费在一定程度上决定了个人的阶层归属。对上层社会的人来说，特定的消费方式是上层社会保持和区别身份的手段（赵萍，2011：159）。

二　凡勃伦的"炫耀性消费"思想

美国经济学家、制度经济学鼻祖托斯丹·邦德·凡勃伦在消费和社会地位之间建立了联系，提出了炫耀性消费理论（凡勃伦，1964）。在《有闲阶级论》中，他认为社会是一个不断进化的复合体，经过了野蛮时代、未开化时代、手工时代和机器时代的洗礼，各个时代形成了不同的社会制度及与制度相关的阶层，不同的阶层对消费有着不同的追求。随着资本主义的发展，工人从土地中解脱出来，仅凭劳动获得报酬，金钱制度随之产生。金钱制度与工业制度是两种相互冲突的制度，制度的相斥使社会分为有闲阶级和劳动阶级。有闲阶级阻碍了社会的发展，炫耀性消费作为有闲阶级的消费行为是和金钱制度相关的行动类型，这种消费发展了金钱竞争、金钱歧视、金钱消费和金钱荣誉原则，阻碍了工业制度的发展（彭华民，1996：174）。可以看出，炫耀性消费不仅是对资本主义条件下为获得直接物质享受和心理满足的有闲阶级的奢侈消费行为的尖锐讽刺，而且还颠覆了正统经济学的理性消费理论（赵萍，2011：139）。

（一）炫耀性消费

炫耀性消费的目的是实现消费者的地位。炫耀性消费是指消费中的浪费性、奢侈性和铺张性，炫耀性消费研究最初的研究对象是富裕的上层阶级，炫耀性消费中的"炫耀"体现在对物品的消费超出了其实用性和生存的必需性，炫耀性消费的目的是向他人炫耀和展示自己的金钱财力，以此彰显自己的社会地位以及由这种地位所带来的荣耀、声望和名誉。社会上富裕的阶层想通过购买公认的奢侈品或者利用超出一般人所能承受的消费来突出自己的地位，而这些富有者的这种炫耀性消费欲望，就促使奢侈品生产企业的产生，奢侈品的出现反过来又为富裕者创造了满足他们炫耀性消费心理的条件。进行炫耀性消费的人认为这样的消费行为可以提升他们的权力，可以使他们的金钱发挥出更大的力量，从而使这些消费者被特定的社会阶层所认同，即炫耀性消费可以表明一个人在社会中相对较高的位置，从而为他博得其需要的荣耀，获得更大程度的满足感。在现实中，外在的、显眼的消费，装门面的消费，摆阔的消费也可以被称为炫耀性消费（赵萍，2011：139）。

凡勃伦认为，有闲阶级和劳动阶级的消费性质是不一样的。有闲阶级为了过有闲生活而进行消费，他们的消费特点就是炫耀性消费。有闲阶级希望通过炫耀性消费来给他人留下深刻的印象，我们知道，物品有物质满足和精神满足两种作用。有闲阶级要使他们在日常生活中遇到的那些漠不关心的观察者对他们留下印象，唯一的办法就是不断显示他们的支付能力。有闲阶级总是力争提高消费水准，使消费超过物质生活所必需的程度。劳动阶级的消费是为了维持自己的生活和便于继续劳动所进行的消费。劳动阶级把有闲阶级的生活方式作为自己消费行为的典范，他们认为炫耀性消费不仅仅获得直接的物质满足，而且获得心理上的一种满足。"有闲阶级和劳动阶级心理上的差异决定了他们的消费是满足生理的直接消费还是满足虚荣的炫耀消费"（金晓彤、李政，2003）。炫耀性消费可以起到更多的社会作用，包括彰显消费者的权力和身份，增强消费者自身的金钱力量，提升消费者的社会阶层，表明消费者在社会中的地位，等等。进行炫耀性消费的消费者认为，他们所进行的消费的意义超出了物品本身的作用。

政府干预可以减少炫耀性消费。凡勃伦认为，个人的行为不仅被他和同一团体中其他人的惯常关系妨碍和引导，这些关系同样也是制度的特点，会随着不同的制度背景而变化。需求、目的和目标、方法和手段、丰裕程度和个人行为倾向，都是具有高度复杂性和整体不稳定特征的制度变量的函数。消费者对商品的当前感受，更多地取决于其他人的消费方式、习惯，以及炫耀的需要，而不取决于理性的计算。政府对自由竞争的干预，比如对奢侈品征税，可抑制炫耀性消费。

（二）炫耀性消费的标准

炫耀性消费有一定的标准，某人消费达到了某一标准便证明他有了要显示的财富量和身份地位的标准。这个标准不是人为规定的，是在社会进化过程中自然形成的。人们的消费不会永远停留在某个消费标准上，经济因素和社会因素对消费标准都会产生影响。金钱不断增加并且有足够的时间，消费标准就会提高，反之，购买力下降。对消费者来说，降低消费标准是有一定难度的。有闲阶级的消费标准是最高层次的，他们拥有社会上最多的财富和至高无上的权力，炫耀性消费显示了他们令人钦慕的身份地位。随着阶层的降低，炫耀性消费的标准也逐渐降低，但是每一个阶层都会羡慕并争取达到比他高一层次的炫耀性消费标准。

炫耀性消费的标准是不可逆的。首先，炫耀性消费的标准是消费者阶级归属的标志。凡勃伦认为，人们的消费标准大部分取决于他们所隶属的社会和阶层的生活水准。对一个阶级来讲，他们的消费标准总是力所能及的。所以判断一个人的阶级归属可以通过他们的消费标准来确定。其次，炫耀性消费标准的形成条件是社会竞争。炫耀性消费的支出成为人们在社会中进行竞争的手段。降低炫耀性消费的标准是困难的，姑且不论物质享受上的损失，精神上的损失是主要的，人们不愿将自己在竞争中的失败展现在他人尤其是竞争对手面前。最后，炫耀性消费的标准可以满足更高一层的社会需要。消费首先满足的是生理需要，这是人们最低层次的需要，是最低层次的消费需求。高层次的社会需要是通过炫耀性消费来满足的，炫耀性消费的标准在一定程度上展现了人类社会需要的满足。人类社会不断地发展，社会需要也不断地发展，消费从以满足生理需要为主发展到满足生理需要的比重越来越小。总之，炫耀性消费的标准是不可逆的，它的逐渐提高表现了人类用自己创造的财富来满足不断提高的社会需要（彭华民，1996：174～177）。

与此同时，德国哲学家、社会学家格奥尔格·西美尔提出了"时尚消费"论，认为时尚的分化作用导致消费的阶级差异。尽管消费本身可以消解阶层差异，但是人们仍然需要对社会群体的地位差别加以区分，这就导致人们对风格和时尚的渴望，并通过不断更新所消费的商品来体现其独特的风格和时尚。现实中的时尚本身具有等级性，且时尚本身也具有区分社会等级的功能。对于一个在社会中占主导地位的阶层来说，为了保持自身的阶层优越性，他们必须时刻引领社会的时尚潮流，因此，社会必须频繁地推出新时尚以满足这一阶层的需要。存在时尚的地方无一例外地被用于展现社会的区别。因此，从起源上讲，时尚是阶级分层的产物。时尚由较高社会阶层制造。较高社会阶层引领时尚，从而全面获得上层地位和社会优势，较高社会阶层的时尚"把他们自己与较低阶层区分开来，而且又成为较低阶层模仿的对象。一旦地位较低的阶层试图跟从较高阶层的时尚并模仿他们时，后者就会扔掉旧时尚，创造一种新时尚"（杨天宇，2006）。其实，每种时尚都是一种社会阶层的时尚，时尚的区分功能使时尚表达和实现追逐时尚者的愿望，这个愿望成为人们消费的强烈欲望。作为一种消费符号的时尚，其超出了简单意义上的物质满足需要，使物品成为一种符号。

美国社会学家、教育家大卫·理斯曼提出，他人导向型消费的目的是获得认同。在理斯曼的假设中，资本主义社会由生产时代向消费时代的过渡，造成了以消费和人际关系为特征的新的社会结构的出现，从而使社会性格由内在导向型转为他人导向型。温饱已经不是最重要的需求，人们开始期望在社会交流中建立情感联系。因此，为了获得自我认同和社会认同，个体必须通过自己的消费品位和消费能力在群体中获得安全保障。

三　波德里亚的消费社会和符号消费论

西方资本主义国家在 20 世纪 80 年代陆续进入了消费社会，一部分社会学家开始用"消费文化"对社会和文化进行研究，也由此产生了符号消费研究。其中最具代表性的是法国哲学家、社会学家和翻译家让·波德里亚，他在消费理论方面颇有建树，在消费社会理论方面的代表作为《消费理论》。

（一）　消费社会

波德里亚从现代社会中人与物的关系入手、从特殊的需求理论出发来界定消费社会，他认为，消费社会的含义是满足人们基本生活需求的消费是过剩的，从而为了消耗过剩产品，需要鼓励人们消费，这样才能维持生产和再生产循环的顺利进行。在消费社会，鼓励消费的各种宣传措施使得人们更多地关注商品的符号价值、文化精神特征和形象价值，整个社会生产的主导动力是消费的增长，而消费也成为社会生活的目标。丰盛的物质和对平庸生活的好奇心是消费社会产生的两大原因。

丰盛的物质是消费社会存在的前提。随着资本主义商品生产的扩张，物质文化被大量积攒下来，物质极大丰富，人们的基本生存需要得到满足，对于物的使用价值的需求逐渐饱和，物的功能性已经不是吸引人们消费的动力。"富裕的人们不再像过去那样受到人的包围，而是受到物的包围。"（赵萍，2011：165）

对平庸生活的好奇心是消费的动力来源。波德里亚认为，消费者与现实世界、政治、历史、文化的关系不是利益、投资、责任的关系，是一种消费的关系。人们的日常生活是消费的处所。人们的日常处所不仅包括日常的行为和举止，还包括日常的平庸和重复，这种日常生活平淡没有幻想，让人难受。它对消费社会的形成有极大的推动意义。

（二）　消费社会的性质

消费社会具有符号性。在消费社会中，所有的物都被捆绑在消费市场中，人们在消费中受到的吸引不是来源于物品本身的功能性，而是来源于象征性的符号意义，即商品背后所隐藏的无形价值。商品的价值也脱离了其原始含义，它不再取决于商品的使用价值和商品本身是否满足人们的某种需求，而更主要地取决于商品在社会交换体系中体现出的、作为文化功能的符号意义。

消费社会具有控制性。在消费社会，消费利于实现社会控制。消费品在波德里亚看来不是一串简单的商品，而是一串意义。人们每天被不同的符号包围，逐渐被这些符号迷惑，人们的精神也会被各种符号麻痹。比如说电视媒体对商品的广告宣传，人们在消费中会潜移默化地受广告的影响，会在激烈的竞争购买中形成一个社会群体，这是统治阶级实现非强制统一最有效的手段。人一旦受符号的控制，就很难逃脱。

消费社会具有等级性。波德里亚指出："人们从来不消费物的本身（使用价值）——人们总是把物用来当作能够突出你的符号，或让你加入被视为理想的团体，或参考一个地位更高的团体来摆脱本团体。"消费社会的等级性是区划社会阶层，是为资本主义社会提供合法性根据的重要手段和内容（赵萍，2011：170）。"消费"演变成了这样一个过程：消费者通过展示自己所购买的物品，创造一种社会认同感，并不断通过这种消费保持这种社会认同感。在这里，消费已经变成了一个主动的过程，牵涉集体与个人认同感的建构。在这种认同感的主动建构过程中，消费起到了核心的作用。波德里亚指出，消费者购买衣物、食品、身体美化、家具或娱乐风格，并不是为了表达他们是谁的既存意义，反之，他们是想通过自己所消费的东西来创造出他们是谁的意义（郑红娥，2006：26）。

法国社会学家布迪厄在《区隔》一书中提出了品位区隔消费论。他认为，经济资本与文化资本是对社会的分化进行考察的两个必要维度。他认为，现在社会已经进入一个全新的时代，表现在人们在日常生活中的各项活动日趋审美化，他们从原来对不同生活方式的追求转变为对不同生活风格的选择。人们在日常生活中的消费斗争实际上成了为寻求区隔而展开的符号斗争。社会阶级并非仅仅通过人们在生产关系中所处的位置来界定，也通过阶级习惯来界定，这种习惯通常与阶级地位相关联。布迪厄主要区分出了三种品位：第一，合法品位，这是获取支配阶级中教育程度最高的集体成员资格的钥匙；第二，中产阶级品位，普遍存在于中产阶级阶层中；第三，大众品位，普遍存在于工人阶级中，但与教育资本成反相关。不同地位的阶级群体通过在其独特的消费行为基础上形成的消费模式相区分。不同的阶级群体在消费过程中形成不同的文化品位，从而达成本群体的社会认同，与其他品位不合的群体相区隔。布迪厄指出，消费作为一种符号性活动，是一种具有相对自主性的实践，并不是直接产生或决定于社会结构中的位置。实际上，消费是一种确立社会各群体差异的方式，而不是仅仅体现已有的其他因素决定的差异。

（三）符号消费

关于符号消费与身份认同的研究，国外学者起步较早。西方资本主义国家在 20 世纪 80 年代陆续进入了消费社会，一部分社会学家开始用"消费文化"对社会和文化进行研究，也由此产生了符号消费研究。其中最有代表性的是法国哲学家、社会学家波德里亚，他指出，消费本来就是文化和社会的。因此，当我们从文化的和社会的意义上分析人们的行为时，消费的符号性无处不在，差别仅在于程度不同而已。所谓消费的符号性或者叫符号消费，是指在消费社会中，人们在消费商品时已不仅仅是消费物品本身具有的内涵，而是在消费物品所代表的社会身份地位等符号价值，商品的衍生价值附着在商品上，使得商品消费映射出各种身份符号从而吸引着消费者。消费者通过被赋予这种身份符号而在一种被动状态下变成社会存在中的符号，从而实现自我身份确认。在社会各阶层中，中产阶级会更加注重符号消费，因为符号消费具备使他们感受到自我提升的功能，并实现把他们与其他群体分开的目的。这样，消费活动本身构成了一种体系——一种具有文化意义的自组织符号体系，这一体系中包括与消费相关的一切物品，也包括作为消费个体的"人"。消费者需求的不是物，而是价值。在消费社会中，物品的价值不再表现在其原始功能性层面的意义上，而是表现在物品的符号价值上和物品的文化层面意义上，吸引人们消费某种物品的不是该物品本身的功能，而是该物品被赋予象征性的符码意义。整个消费社会的基本结构，不是以人为中心，而是以物为中心。此外，波德里亚主张，在对符号性消费的研究中必须将物质丰富化与心理贫困化联系起来，并将符号性消费所导致的过度的物质消费同人的精神生态问题联系起来，试图通过以直观的社会实践为引领，以新的诱惑而不是一种浪漫主义的文化来建构一整套社会规约体系，进而帮助人们树立正确、适度的消费理念，诱导人们将关注的焦点逐渐从符号体系转为精神取向。可见，符号消费是通过这种差异来让人们获得自我身份认同（赵萍，2011：171）。

符号消费不仅指对商品符号所代表的意义的消费，还指某种意义或信息的符号表达的过程。符号消费不是当代特有的，中国古代皇权阶层对黄色符号的独有和使用就是一种很强的消费行为。在当代，随着生活水平的提高，符号消费已经具有了普遍性（班建武，2010：25）。

综上所述，国外学者大多从社会分层入手，将身份认同和符号消费建构起来，研究的对象也大多为中上层阶级，对于下层消费者的研究较少。

第三节　不同学科的消费研究与社会学的切入

一　消费及其现代演变

（一）消费的含义及特性

1. 消费的含义

消费原始的含义指的是物品被"毁掉、用尽、吞掉或喝光"。所以，人们对消费的理解总是倾向于消极的原始思维，把消费作为生产后的第二性，认为它是市场生产活动的终结。消费经济学认为，"消费是人们在生产和生活中，对物质产品、精神产品、劳动力和劳务进行消耗的过程"（伊志宏，2004：16）。它与生产、流通、分配一起构成了社会的物质循环过程。生产与消费是人类社会存在的基本形式。一定形态的社会总是建立在一定程度的生产能力和消费水平基础上。生产、交换、分配、消费是人类社会生产和再生产循环中的四个环节，而生产和消费又是其中至关重要的两个环节，生产和消费构成了马克思所说的经济基础。因此，生产和消费是划分人类社会历史阶段的两个最基本尺度，也是衡量人类社会文明程度的两个最基本尺度。

生产和消费也是人的本质活动的基本组成部分。马克思认为，生产和消费反映了人的存在和发展状态。人类自身能力的提高有两条途径，一条是通过生产，在工作中发挥自己的创造力，提高自身的实践能力；另一条是通过消费，不断满足人类发展个性和完善自身等的需要。生产和消费是完善人的内在本质的两个方面。因此，马克思认为，生产和消费都是人的自我创造和自我完善的活动（郑红娥，2006：21~23）。

在产业社会，人是作为整个生产过程不可缺少的一部分（生产要素），即劳动力而存在的，这说明人在生产过程中是不自由的。而消费通过中介作用把人和处于这种受压抑和束缚状态的社会机制联结起来，这样，生产便可以顺利进行。可见，在产业社会中，消费是保证生产得以顺利进行的一个必要条件。对于人们的生活消费而言，消费的唯一功能是保证劳动力自身的再生产。在这一阶段，有关消费的研究都是在经济学范畴进行的，消费只是扮演着生产的附属品的角色。因此，在整个产业社会中，勤劳、节俭成为世界各国的主流意识形态。

然而，随着经济社会的不断发展，消费已不再纯粹作为生产的附属品而存在，而是日益独立出来，并在启动经济、稳定生活等方面发挥着越来越重要的作用。消费对社会发展所起的作用不再仅仅表现为对生产的促进作用，消费逐渐成为促进社会发展的另一个不可缺少的重要衡量尺度，即消费已经成为衡量一个社会发展水平的另一个不可或缺的重要标准，对一个现代社会的发展程度进行衡量，不能仅仅停留在生产尺度上，还要用消费尺度进行衡量。

经济学在研究消费时把消费者假设为纯粹的"理性人"或"经济人"，因而经济学的研究只注重物的使用价值和价值。而社会学则不然，它从社会学的角度出发认为，"消费不但是物质过程，而且是文化交往和社会生活的过程。消费在物理意义上消解客体的同时，也在社会和文化意义上塑造主体，并因此找到了使个体整合到社会系统中去的媒介"（郑红娥，2006：21~23）。随着社会生产力的提高，整个社会生产得到更大的发展，生产的发展又不断为人们提供越来越多、越来越好的条件，使得人们可以在满足生存需求之外，更多地拥有享受生活、个人发展的物质资料，为全面发展提供了更好的基础。而且从广义上说，生产过程本身也是一种消费过程，即生产是一种消费原材料和劳动者的才智从而创造出新的消费物品的过程。生产是消费的前提，生产对消费起着决定作用，但是，一旦生产水平达到能为每个人创造比较充裕的消费资料的程度时，消费的作用就会日渐凸显。因为任何社会发展的目的都是要满足人们日益增长的物质、文化需求，使每个人都能获得充足的生存资料、享受资料和发展资料，而实现经济现代化和推动社会发展的终极目标是使人们能够获得充分发展的工具和手段，达到这一目标是每个国家实现现代化的动力，也是一个国家衡量自身发展水平的标准。因此从消费的角度探讨社会发展，能使社会发展真正落实在个人发展的基础上，从而真正揭示出发展的本质和内在机制。

2. 消费的特征

"消费有双重属性。就消费的物质内容来看，它是消费者与消费对象（包括实物消费品与劳务消费品）之间的物质变换；同时，消费又是在一定的社会经济条件下，在一定的人与人之间的社会关系中进行的行为过程"（彭华民，1996）。还有学者认为，"消费总是对一定产品和对象（包括服务、符号和信息）的消费"（王宁，2011：212）。"消费指的是在现代经济、社会条件下，人们为满足其需求和需要，对终极产品（物品、设施和劳务）的选择、购买、维护、修理或使用的过程。消费具有自然属性、主观属性、社会属性、文化属性和符号属性"（王宁，2011：1）。

消费具有自然属性。"消费的自然属性指的是商品的使用价值发挥作用的过程，即商品在满足人的需要过程中的自然磨损、损耗或消耗。消费的自然属性满足的是人们的功能性尤其是生存性功能（如衣食住行）的需要"（贾小玫，2006）。但是商品是有寿命的，在经济条件较差的情况下，商品的实用功能是衡量商品的唯一标准。消费者愿意购买结实耐用的商品并且在使用中悉心维护，因此商品的使用寿命就比较长。随着收入水平的提高，商品的表现功能逐渐增强，商品更新换代的频率不断加快。商品可能因为消费者不再喜欢或认为不符合当时的潮流而被淘汰。所以，在消费者消费的过程中，商品寿命不仅仅由商品的使用功能决定，也经常受主观因素和社会文化的影响。

消费具有主观属性。消费的主观属性可以从以下两个方面理解。一方面，消费的主观属性是对消费观念和消费心理的研究。其中，消费观念分为不同类型，可以从理性消费观念和感性消费观念层面进行分类，也可以从传统消费观念和现代消费观念层面进行分类。消费者个人的成长过程本身就是个体社会化的过程，在这一社会化过程中，个体消费者的消费观念也逐渐形成，并受到多种外部因素的影响，比较重要的有家庭环境因素、校园环境因素以及个体成长的社会环境因素等。消费心理指消费者在商品消费过程中的主观心理活动和体验，既包括消费认知、学习、态度、信仰、购买决策和想象，又包括商品使用过程中的心理体验，比如满足、快乐或与之相对应的痛苦和挫折（贾小玫，2006）。另一方面，消费的主观属性表现为消费决策的主观形态。理性消费和感性消费是它的两种主要形态。理性消费是经济学意义上的"理性"，是指在信息完全的情况下，消费者在其现有收入水平的预算约束下，以最低的价格获取最大效用的商品及商品组合，体现出西方经济学"理性人"的假设。感性消费与理性消费相反，是指消费者在选择商品时以自己的喜爱作为考虑的首要因素，而不是以经济上的效用最大化为依据。消费决策的主观形态受社会、阶层、教育和文化的影响较大。

消费具有社会属性。消费的社会属性很容易理解，首先，消费是社会再生产的重要组成部分，消费涉及个体与社会组织的关系，涉及各种社会关系，消费存在于社会系统中。消费主体、消费观念、消费功能、消费行为等方面，都可以体现消费的社会属性。消费的主体是人，而这里所说的"人"是社会人，因此，消费主体的社会性体现了消费的社会属性。人的消费过程是一种社会活动，是处于一定社会关系中的活动。人是消费的最基本单位，除此之外还有家庭和社会团体。消费观念更是社会化的产物，它是人们在消费过程中形成的，并随着消费活动的进行和各种因素的变化不断发生变化的，而且不同的群体、阶层由于受不同社会环境的影响会形成不同的消费观念。一般来讲，相同的消费群体有着相同的消费品位。高收入群体的消费行为受喜好的影响较大，他们的消费行为的社会性主要表现为追逐流行和时尚；相比较而言，低收入群体主要是为了满足生存的需要而进行消费活动。

消费具有文化属性。从社会学意义上来研究，消费指的是所体现出的一种文化，即消费文化。一个民族、一个群体或一个区域具有自己独特的文化，对于具有不同文化的群体来说，其消费的具体内容也不相同；消费活动和文化活动同时又是相互融合、不能分开的，比如结婚典礼既是一种风俗习惯又是一种消费文化；消费观念的形成与一定的人生信仰、价值相联系，支配着人们的消费行为；消费商品的制造和生产也是文化生产和传播的过程，商品是文化的载体，不同的商品体现不同的文化内涵，同时，消费文化也是商品的载体，商品总是按一定的文化来进行生产营销的，因为生产满足消费者的商品时不仅要考虑商品的性能和质量，还要考虑消费者的文化习惯和消费要求。

消费具有符号属性。它不仅具有使用价值和交换价值，还具有符号价值。符号价值有两层含义，一是指通过设计、造型、口号、品牌与形象等来显示与其他商品的不同；二是商品本身的社会象征性，是社会地位、生活方式、生活品位和社会认同的符号（贾小玫，2006）。消费的符号属性进一步揭示了消费的文化属性和社会属性，消费的符号性使得消费本身成为一种文化，而消费的过程是一种交流的过程。

因此，消费不仅仅是简单的吃、穿、住、行和满足生理需要的过程，而且是一个体现个人价值、建立个人在社会体系中相对位置的过程。由此可见，消费是一个社会建构的过程，通过消费这个手段，社会地位、社会关系和社会结构都在不断地被重新定义和重新建构（郑红娥，2006：27）。消费是通过认同感来实现社会建构的过程。消费的认同包括两个方面：一方面是"现实的认同"；另一方面是"符号的认同"。现实的认同又可分为三个方面：生理认同、社会认同和文化认同。所谓生理认同，是指消费者在消费时对自己的性别、年龄、体型等方面的认同。所谓社会认同，是指消费者对自己的地位、身份和角色等方面的认同。所谓文化认同，是指消费者对有关生活道德哲学方面的认同。如果说现实认同是对自身有着明显社会"标示"部分的认同，那么符号认同就是指对自身欲望的认同。这是一种想象的认同，一种意象的认同，它不一定与自身的社会地位和社会身份相符，在具体的消费实践中，表现为个体超出自己的财力、物力去消费和追求某种自我意象。现实认同和符号认同构成了自我建构的方式，并通过消费者具体的购物选择表现出来，而这些构成了消费者标示自己、区别他人及建构个人世界、完善自身的手段。

不管是个人认同还是社会认同，都处在一个动态变化的过程中。在工业社会，工作角色为人们提供了主要的社会认同感，而在消费社会，消费成为人们建构认同的主要手段。因此，认同是随着时代的变迁不断被扬弃和重新建构的过程。"同一"与"差别"是认同的两个不同方面。一个人的前后同一特性或一群成员之间的相似性同时也构成了与其他人的差别（王宁，2011）。由此可见，不论在时间上还是在空间上，认同都是连贯的。随着社会的转型，不管是个人认同还是社会认同都发生了巨大的断裂，因此需要人们建构一种新的东西，以填补以前的"空缺"。特别是在由生产性社会进入消费性社会的转变过程中，这两个阶段的消费模式是不同的。生活在生产性社会中的人们的消费模式是由生理需求决定的，而生活在消费性社会中的人们的消费模式则由一系列制度和结构因素支撑（孙立平，2003：40）。这一系列新的制度和结构因素的建立必然引起一系列社会文化、价值观念的变化。

（二）消费的类型与形式

消费是人类社会经济活动的重要组成部分。消费是社会再生产过程中的一个重要环节，它与生产、流通、分配之间有着密切联系。消费是指人们在物质资料和劳务的生产过程中，或者在现实生活中，对物质产品和劳动力的消耗过程，包括生产消费和生活消费。生产消费是指人们在物质资料的生产过程中，消耗一定的原材料而生产出一定产品的活动，这种消费活动就是生产消费。生产消费是在生产领域中进行的，是包含在生产中的，与生产具有直接的统一性。生活消费是指与人类的生存和发展以及与劳动力的生产和再生产相关的消费，在这些活动中，人们必须消费粮食、衣服、住房、用品等生活资料。从目的性方面来说，生产消费只是一种手段，是使生活消费具有可持续性的手段，而不是人类经济活动的最终目的，生产消费因为生活消费而产生和存在，并为生活消费服务。当然，没有生产也就没有真正意义上的、具有社会属性的消费；同时，没有人类的生活消费，生产也就失去了目的和意义。因此，生产需要有生活消费存在，这是个矛盾的过程，生活消费一方面与生产是对立的，同时又是生产与消费联系的纽带。

生产消费一般指中间消费，生活消费属于最终消费，产品一经生活消费，其使用价值便消失了，因此我们把消费概念狭义地理解为一般意义上的生活消费，亦即本研究中所涉及的消费。我们可以从两个方面考察生活消费：个人消费和集体消费。

个人消费是由不同的、参与消费活动的个体或以家庭经济形式组成的，是整个消费的一部分，这部分消费是建立在个人收入基础上的。因为个人消费的实现是以个人财富收入变成市场商品形式的物品与服务为基础的，个人消费的量与结构、在比例上的量与结构和在全社会规模上的量与结构等是由市场供给及人们获得的财富收入决定的。此外，社会性的因素也是制约个人消费行为的重要因素。因为每个人的具体消费是分别建立起来的，而每个人又是一定社会集体或某一领域中的成员，为了表现出消费者自己的需求，要把这个消费者放在一定社会结构中考虑，或放在家族中、社会集体中考虑。根据社会结构包含的各种社会标准（社会阶级、种族等），把消费者划分为若干类，研究社会结构如何从宏观上和微观上影响他们各自的消费方式，以求找出社会结构和消费水平之间的关系。这也是将社会学应用于消费行为研究所得出的无可替代的解决思路，也将是我们研究的重点内容。

个人消费也有两种形式：商品消费和自然消费。商品消费即我们平常所说的商品买卖，通过市场购买各种物品和服务来满足消费者需求。看似单纯的经济行为，其实是社会交往的一个特例，因为这种商品买卖关系是在人与人实际的社会互动中进行的，受到社会交往一般规则的制约。一定的文化与社会规范将会影响商品消费的市场规则。自然消费在商品消费以外，是不借助买卖行为来满足人们的需求的，它实际上是一种自给自足的自然经济的残余。这种自我供给的经济在现实生活中，首先是指生产以农业产品和畜牧产品为主的农业经济，其次是指手工业作坊（裁衣、修车等），还有一部分家庭经济。它们的共同特点是以家庭为单位，家庭各成员的劳动力直接影响到总劳动力的状况。从这个意义上说，研究家庭生命周期以及家庭结构情况对自然消费的影响是很有必要的。

（三）集体消费

集体消费是社会有组织的消费。这类消费有三种形式：社会集体消费、全社会消费、公共消费。社会集体消费包括满足个人需求的各项公共事业。全社会消费包括国家管理、国家防卫、发展科技等费用。公共消费包括政府机构、市政机构以及维护环境等费用（朱国宏，2008：190～191）。本研究中的集体消费在一般意义上是指社会集体消费，即满足个人需求的各项公共事业，所以也可以将其称为公共产品或者服务的消费。

集体消费也称公共消费，或者叫公共产品的消费。

1. 集体消费的社会功能

集体消费有政治、经济、社会等多种功能，功能的划分都是相对的，并没有明显的界限。通过对集体消费进行分析，我们发现其有以下社会功能。

第一，满足公共需要的功能。所谓公共需要是指人们无法依赖市场得到满足的，必须由政府出面进行干预、协调，或者由政府所有的国有企业来提供生产和供给而得到满足的需要，如现实中的国防、社会治安、社会救助、社会保障等。我们知道，市场是交易的场所，追逐的是利润，而满足公共需要的公共产品不以追求利润为目的，因此厂商便不愿意提供这些公共产品（慈善捐款例外），这些集体消费品只能由政府提供。还有一类集体消费品牵涉垄断问题，依靠自由竞争会导致重复、浪费和低效益，这类自然垄断性的集体消费品由政府采取集中统一供应会更有效。但是，缺乏竞争的市场会给消费者带来损失（如医疗），这依然需要政府出面进行监督、规制和协调。当然，提供公共产品不是非要政府一手包办不可，企业可以通过竞标的方式来投资，政府对其进行监督和管理。这样，政府既可以借助市场的力量来提高公共产品的生产和利用效率，同时又可以对它进行监督和管理。

第二，收入再分配功能。收入再分配能对市场效率和社会公平这对矛盾进行有效的调节。市场竞争促进了市场效率，但有可能导致财富过分集中从而影响社会公平。政府在确保市场效率和社会动力的前提下，通过增加税收、补助、社会福利等手段对收入进行再分配，这样可以有效地遏制两极分化、弥补社会不公，维护社会公平。例如，基础设施、教育事业、医疗卫生事业、文化事业等，通过再分配建立的集体消费制度让老百姓上得起学、看得起病，体现了社会公平和互助精神，消除了社会隐患，维护了社会秩序。

第三，社会保障功能。社会保障作为集体消费，包括可分割和不可分割两个部分，可分割的社会保障消费包括养老保险、失业保险、医疗保险、工伤保险、生育保险和住宅福利等；不可分割的社会保障消费包括医疗机构、妇幼保健机构和社会救助等。社会保障制度往往通过一定的法律法规对公民的基本需要和权利做出规定，并通过特定的政府机构或组织来实施。社会保障比起家庭自我保障来说更经济、合算、有效，它通过集体联合的方式，将个人难以承受的风险转移到全体社保纳税人身上，从而降低了个人的风险损失，维护了家庭和谐。

2. 集体消费的变迁

新中国成立之前，中国的集体消费水平比较低。城市实行的主要是市场化消费方式，农村实行的主要是小农消费方式。1949 年新中国成立后，中国迅速建立起社会主义集体消费制度，即和计划经济相配套的集体消费方式。在这种消费方式中，个人对私人消费的占有水平低，集体消费资料大多归国家和集体所有。因此，国家所有形式可以实现集体消费资料在低水平基础上的平均分配，这种集体消费方式在理论上想要实现所有国家公民对集体消费资料的平等消费权利，但在实际运行过程中没有意识到消费在国民经济中的重要作用，因此对消费资料生产的投资不足，集体消费物品日益短缺，再加上缺少民主监督，导致以权谋私和不公平现象的发生。20 世纪 80 年代以来，中国各项改革深入进行，对集体消费品领域也进行了全面深刻的改革。我国对集体消费品的改革与改革的总体战略是一致的，表现为步骤的渐进性、改革进程的多阶段化，改革的道路是曲折的，但总的方向是在集体消费品的生产中引进市场力量，降低国家对消费资料的占有水平和缩小对集体消费品的供应范围，增加公民对消费资料的私人占有水平。可以看出，我国的集体消费改革正逐步朝着建立一种以商品化为主旨的混合消费方式迈进，对一些与家庭生活密切相关的消费资料，如住宅、教育、社会保障和福利，采用了个人付费、单位补助和国家补贴"三结合"的混合消费方式。

集体消费方式的改革力图提高集体消费的效率、引入市场和商品化机制，从而使国家从对集体消费资料和服务的供应和管理中逐步淡出，加大集体消费资料的商品化分量，建立以个人为消费主体、以市场为供应主体的集体消费体制。但是，由于改革以前的中国集体消费水平低、覆盖面也窄，集体消费方式的改革和发展跟不上经济体制改革和发展的需要，并且，集体消费的无节制增长也增加了国家财政的负担，容易产生集体消费的服务效率、管理效率和消费效率低下的问题（王宁，2011）。

二 消费的社会学认知

社会与个人的关系问题是社会学研究的基本问题，对消费的社会学研究就是对个人与社会的组成因素之间关系的研究。随着时代的发展，消费者的自主选择权大大提高了，但是，在消费者自由选择的外表下是各种结构性力量对消费者的影响。因此，在社会学领域，消费的定义就是消费者个人与各种关系的互动过程。

（一）消费行为中的各种关系

消费者与市场的关系。消费者是自由的，可以根据自己的喜好来自由地选择商品，消费者的偏好就成为市场操纵、引导、控制的对象。市场通过广告等营销手段左右着消费者，不断分解着消费者的自主选择权。消费者和生产经营者之间是相互依赖、相互对立的关系。

消费者与文化的关系。文化为消费者制定行动的规则，创造了语言及符号，从而使消费者交流和表达成为可能。随着现代机器生产取代传统手工生产，大批量生产成为现代工业的生产方式，而这种生产方式使商品成为标准化、批量化的符号载体，如果将消费作为一种文化来看的话，则其越来越成为一种客观文化。这种缺乏特点和个性的、具有客观文化性的消费品，无法满足消费者的心理需求，因此，消费者总是试图创造自己的主观文化，通过各种差异和不同来表现自己的个性、品位和情趣。然而，任何主观意义都是暂时存在的，通过时尚和流行等社会机制，客观文化总是不断侵蚀主观文化。消费文化正是在这种主观意义与客观意义、个人与文化之间的辩证互动中建构并不断变迁的。

消费者个体与社会的关系。消费活动不仅仅是个人或家庭自己的事情，也不是个人或者家庭单独可以完成的活动，它是一种社会行动，要与社会中的方方面面相联系，并且消费者要考虑到自己的消费行为可能招致的社会评价和奖惩，消费者还会根据这种社会想象来相应地调整自己的行动。因此，一方面，消费活动表现为极具个体性的特征；另一方面，每一个消费行为的背后都隐藏着广泛的社会性。

（二）消费的社会学意义

个人与社会有着密不可分的联系，消费作为个人与社会沟通的媒介有着重要的社会学意义。

消费需要是人们行动的动机和驱动力。人的需要是由生物、环境、经济、社会、文化与历史等因素决定的，在一定的历史阶段，消费需要表现为特定的消费需要水平。消费需要作为人们行动的动机和驱动力是指，这是人的一种存在状态，即生理存在、社会存在和精神存在的状态。需要是维持人的生理、社会和精神再发展的不可缺少的要素和动力。

物以类聚，人以群分。消费者不仅是一个社会人，而且是有着特定的社会位置和群体归属的人，从消费能力的高低可以看出该消费者处于社会的哪个层级，拥有什么样的身份。

第四节　新生代农民工消费的内涵指向

新生代农民工指出生于20世纪80年代以后的进城务工的农村劳动力，这个称呼主要是区别于老一代的农民工而言的。2010年1月31日，国务院"中央一号"文件首次提及"新生代农民工"的概念，文件中提出采取措施解决新生代农民工的城市融入问题。受经济、社会的制约，新生代农民工的城市融入有一定的困难。消费水平是衡量新生代农民工城市融入的一个重要指标，因此我们就对农民工的消费现状进行分析。

目前，在城市中打工的农民工主体是新生代农民工，他们中的大多数已经脱离土地和农业，由农民转变成为一个新的群体，这一群体处于农村和城市的中间地带，他们处在身份认同和自身定位的转型期。在当前的消费社会中，个体或群体的消费模式在很大程度上是通过自我认同决定的。各种符号化的商品和消费行为，成为新生代农民工自我展现的重要途径。

他们渴望通过符号消费的方式实现自身融入城市的愿望，实现自身对城市的认同。

一　新生代农民工的消费特征

新生代农民工的成长背景和生活环境与老一代农民工相比具有很大差异：新生代农民工生于改革开放之后，初中、高中或职业技校毕业后就出来打工了，许多人没有或者很少有务农经历，由于学历不高，又缺乏一技之长，新生代农民工多从事技术含量较低的工作；平均收入水平较低，比较向往城市生活。

私人消费又称个人消费，是新生代农民工消费的重要组成部分。新生代农民工不再为攒钱糊口奔波，个人消费迅速增加，他们将工资的一部分寄回家，其余的全部被来进行个人消费。新生代农民工青春年少，除工伤外，很少因生病去医院。他们的消费基本在购买服装、手机通信、上网娱乐、朋友聚餐这些方面。新生代农民工的私人消费有以下几个特征。

1. 消费倾向及品牌意识增强

新生代农民工与老一代农民工相比，消费倾向较强，基本上是"月光族"，很少有存钱的习惯，从生活方式到衣着打扮都发生了深刻的变化。新生代农民工从农村来到城市，容易受到城市浓郁的商业气息影响，对城市这一消费社会充满好奇。随着城市生活阅历的增加，新生代农民工接受新鲜事物的能力增强，基本上能较快适应都市的生活。城市生活的熏陶使他们的生活发生了较大变化，对于着装有自己的品位，有自己钟爱的品牌，品牌意识的增强反映出他们渴望融入城市，被城市接纳，从而不再被当作外来人员。

2. 个体消费的有限性、群聚性

近年来，农民工的收入有所提高，但相较物价上涨的速度而言，农民工的工资增长速度较慢，农民工除了寄回家一部分工资以外，可自行支配的较少。这就导致了农民工用有限的钱来保证自己达到城市的消费水准有一定的困难，他们不得不买些廉价商品，所以新生代农民工虽说是一个庞大的群体，但单个农民工的消费能力还是有限的。为了节省开销，他们大多寻找消费水平较低的地方，如城市周边的村庄，相对低廉的生活成本为他们的消费提供了便利，所以他们的消费具有群聚性。

3. 专项消费需求增加

人的需求是由低向高逐渐转移的。正如马斯洛将人的需求分为生理需求、安全需求、归属与爱的需求、尊重的需求和自我实现的需求一样，新生代农民工在满足较低层次的需求之后，开始转向提高自身素质。新生代农民工中的大多数渴望能够学习技能知识、参加技能培训，他们希望通过掌握一门技术来增加自己的实力，提高工资收入，规避失业的可能性。

4. 以私人消费为主

在企业中，由于新生代农民工多是作为非正式员工被录用的，单位的各种福利待遇与他们无关，所以他们很少进行公共集体消费。他们的消费主要是靠工资来支付的家庭或者个人生活、学习与娱乐方面的消费。

5. 集体消费缺失

新生代农民工处于社会的底层，是城市中弱势群体的一部分。他们在所居住的城市生活、学习时会遇到一些困惑，但他们并没有社区组织、工会组织的依靠，闲暇之余也没有参加工会、社区组织的活动。新生代农民工由于规模庞大、结构复杂，工作和居住的流动性强，所以社会保险的参保率低，社会保障水平低。在工作单位，农民工的身份使得他们在社会保险的缴纳方面与城镇职工有很大差距，即使在一般性的公共设施方面，如向公众开放的图书馆、博物馆等，农民工利用的频率也很低。

二 新生代农民工符号消费的身份认同

新生代农民工的符号消费是一种客观事实，如果从符号学的视角来看，其本身就是一种符号文本。因此，遵循符号学的基本分析思路来对这一文本进行解读，主要任务就是分析出其中的能指与所指以及两者所构成的意指关系的内涵。基于此，探析新生代农民工的符号消费在身份认同这一所指世界中的具体表现就是我们主要讨论的内容。所指作为符号本身的意义指向，主要表明了某种行为本身所指向的目的和意义。在本研究中，身份认同是作为新生代农民工符号消费的所指出现的，即身份认同表明了新生代农民工符号消费的主要目的和意义（班建武，2009）。具体来说，身份认同是为了实现一种归属感。这种归属感大致可以分为个体归属感和社会归属感两方面。基于此，我们可以从个体认同、社会认同来解读身份认同。其中，个体认同包括自我认同和角色认同，社会认同包括同辈群体认同和阶层认同。通过对新生代农民工符号消费的分析，我们将探讨新生代农民工的符号消费对其身份认同所产生的各个维度上的影响。

（一）符号消费与新生代农民工个体认同

符号消费的特殊之处在于这种消费方式的象征意义。这个象征意义一方面表现了主体的自我精神世界；另一方面表现了主体的外在社会关系。以下将主要通过自我和角色两个维度，来分析新生代农民工的内在认同与符号消费之间的关系。

自我认同与角色认同并不是两种截然对立的认同类型。两者的相同之处在于，两者都塑造了一种形象，两者的统一回答了"我是谁"这个问题。两者的不同在于，自我认同更多地与个体的内部形象有关，建立在一定的主观经验和自我反思的基础上，而角色认同更多的是一种外部形象认同，更依赖于一定的外在情境。

1. 符号消费与新生代农民工自我认同

吉姆·布莱思分析了消费者的自我意识定位对其消费行为的影响。他认为："自我意识是人们对自己的看法和感觉。人们会购买有助于自我意识的产品。"（杨嫚，2011：6768）他实际上提出了自我意识如何影响消费者购买行为这个问题。那些隐藏在新生代农民工消费行为背后的意义，更多表现出的是这个群体对自我的认同。所谓自我认同，即在社会中，个体内心的一种稳定的、深入的感受，一种持续的自我形象认同。因此，对符号消费与新生代农民工自我认同关系的研究重点就在于分析符号消费是否真实，与自我是否统一。

第一，符号消费与新生代农民工自我的统一性。在消费社会中，由商品符号所建构起的意义世界具有流动性，每个个体都需要不断地建构新的自我认同坐标。这种认同建构永远处于一种变化之中，而且并非朝向一种具有任何确定方向的目的发展。因此，符号消费中的自我认同问题，就是一种对身份的不确定性的把握。新生代农民工从农村进入城市以后，看到的是一个完全不同的世界，陌生而新奇的生活、工作环境让他们的生活发生了与过去完全不同的转变。城市交通的方便快捷带来了生活节奏的加快，城市商品的极大丰富让他们感觉到收入的不足，工厂中的流水线生产带给他们的是对繁忙工作的不适，等等。所有这些与以往生活的巨大差异对于新生代农民工来说，即使他们开始时无所适从，但他们无法抗拒这种吸引力，被动或主动地被城市生活方式影响和改变着。尽管到目前为止，大多数的新生代农民工在经济上还处于城市社会的底层，在心理上还处在城市社会的边缘地带，但是都能看到城市社会对农民工群体所产生的巨大影响。这种影响从作用于他们的心理态度开始，经过对他们价值观念的解构，直到对他们生活方式的重构。其中，城市在对新生代农民工价值观念的解构中占有重要地位，城市生活形成了对新生代农民工原有价值观念的冲击，并以独特的方式影响他们新的价值观念的形成，从而改造着新生代农民工。城市生活环境不论是在物质层面上还是在精神层面上都与农村截然不同，城市物质生活的充裕性、城市精神生活的丰富性以及城市人价值观念的多元化等因素不断地冲击着出生于农村的年轻一代农民工的思想和观念，进而潜移默化地塑造和影响着新生代农民工的行为方式，使他们形成了新的价值判断标准和行为逻辑。城市生活对青年人有一种巨大的吸引力，他们希望自己可以融入城市生活。当然，这必然会经过一个较长的阶段，即他们通过消费将自己固定在某种比较稳定的身份架构上，以此实现保护和维护自我身份的愿望。因此，符号消费的快速变化不断冲击着这个群体中个体自我认同的稳定性。在这样一个符号时代，新生代农民工在城市中往往难以找到一个稳定的人生基点，容易产生无所寄托的孤独感。周围的环境无法轻易改变，消费便成为他们获得群体认同的重要途径。

武汉大学一项关于武汉新生代农民工使用手机的调查认为，新生代农民工进城打工不仅仅是为了赚钱贴补家用，更多的是为了体验城市不一样的生活方式。其中一位受访者表示，看手机和看美女是同样的道理，自己喜欢就会想拥有。但是美女不可能随便得到，手机就容易多了。购买手机的过程让他们感觉自己是独立自主的个体，他们是可以主宰自己生活的能动者。在现代社会中，消费逐步成为除了生产领域之外的构建身份认同的第二个领域。新生代农民工渴望通过消费获得现代化的身份，在消费中获得选择的自由。于是在城市边缘化群体这种不确定的身份面前，符号消费便显现出了不可替代的作用。它既可以通过怀旧的方式实现现在对过去的包容，让过去参与当代人的精神建构活动；另外，它也可以借助于对未来的幻想，把现在植入将来，从而实现整体化。这样，在符号象征的层面上，个体的自我得到了一种新的统一。可以说，个体由于商品符号的介入而找到了与过去重新链接的线索。

第二，符号消费与新生代农民工自我的真实性。自我的真实性是指个体的自我认识，源自亲身经历，是个体的人和事之间真实性的某种关联。

这种联系可以是直接的，也可以是间接的。但不管是直接的还是间接的，这种联系都必须是真实的。在当代消费社会中，消费主体和对象的关系已不同于从前。物品的有用性已经不再是消费的基础。符号价值决定了消费者更多的只是拥有了个体想象中的价值。鉴于此，消费者与消费品之间的维系开始由想象来替代了，传统的消费关系因此发生了巨大变化。社会学家柯林·坎贝尔曾提出，现代消费的本质在于对自我梦想的追求。人们消费的核心不是对商品使用价值的实际选择、购买和应用，而是对各种想象性愉悦感的追求。在消费社会中，各种消费行为，特别是符号消费，使人的消费从最初的由物质驱动的消费转向一种更具有象征性、符号性、想象性的消费。在这种转变中，消费活动演变成为满足个体自我形象的活动。不管新生代农民工在现实生活中经历什么，他们都可以在想象中使其更合理、更快乐，但这种想象的结果一旦回归现实，他们便容易产生一种幻灭感。因此，这个群体应当如何在消费中把握现实，认识真实的自我呢？

许多广告中所包含的比如"你本来就很美""我为自己代言""just do it"等符号意义，从本质上来说是一种营销手段，其目的是通过符号象征意义调动消费者的购买欲望。但是，从消费者的立场来看，他们对这些符号化商品的热衷与购买，不仅仅是为了迎合商业购买的需求，而是出于一种对人生理想与自我价值实现的考量。他们更多的是看重这些商品符号对于自我的完善和进步所产生的正能量。也就是说，新生代农民工在这种符号消费中，更多的是感受着一种来自商品本身的魅力，而较少考虑商品背后所隐藏的商业意识形态的控制。

从消费目的来看，新生代农民工在城市中的符号消费无非是从商品符号中获取一些自我的体验和向上的动力。可问题的关键在于，如果没有充分认识到这些符号商品的商业性，没有对其中所包含的商业意识形态有足够的认识，那么，他们在这些符号消费行为中所获得的所谓积极向上的力量，将不可避免地沦为消费主义意识形态操纵的对象。毕竟，商品的符号价值更多的是一种商业运作，为了保证营销的有效性，它会把各种人类的美好愿望附着在产品之上，不断地刺激人们的消费欲望。

王宁等人曾在广州市某工业区对打工妹的消费进行了一次深入调查，一位打工妹表示她曾在商场里卖过服装，很喜欢看服装杂志，书里的模特怎么穿，她就会模仿研究（王宁、严霞，2011：94）。可以看出，这些电视剧中的人物、杂志中的模特在第一层符号意义上是十分明显的：是美丽、漂亮的代名词。它们在第二层符号意义上就变成了：注重自己的穿着打扮，使自己可以像明星、模特一样美丽、漂亮。由此可见，新生代农民工在符号消费中所获得的自我真实感，更多的是在一种符号和心理的意义上实现的。在这种符号的消费和使用过程中，他们获得了进入另一个现实的真实感。他们以为，拥有了某件商品就成就了某种理想的生活方式，也就成就了理想的自我，确切地说，他们就更进一步融入了城市生活，迈出了自身市民化的一大步。在这种较为强烈的心理需求下，消费者就会对符号消费产生一种依赖性，从而习惯于对物质商品符号性的把握，这容易混淆真实世界与符号世界（班建武、李凡卓，2007）。由此所建构的更多的是一种脱离了现实的幻想生活。

2. 符号消费与新生代农民工角色认同

关于角色成立的条件主要有两种看法。一种看法认为，角色表现为个体的外在社会规定，强调的是社会期望的决定性作用。另一种看法则认为，角色的内容、意义主要取决于角色承担者本人的主观意愿。实际上，角色的建立是社会与个体互动的结果。因此，从某种意义上说，角色是介于个人和社会之间的中介，或者说，角色是个人性格和社会结构的重要结合点。由此来看，所谓角色认同，不仅仅是一种对社会期待的简单认可和接受，还包括认同主体对角色本身的理解和解释。对于新生代农民工来说，最常见的两种角色就是"外出打工者"和"城市边缘人"，这两种角色在符号消费中所表现的价值取向和诉求需要被研究讨论。前者是新生代农民工在农村家庭中的角色，后者是新生代农民工在城市生活中的自我角色。

第一，符号消费与"外出打工"的新生代农民工。当土地已经不能很好地维持并改善广大农民的生活状况时，他们开始背井离乡涌入城市，寻找新发展。他们最初大多是为了打工挣钱寄回家贴补家用，如盖房子、家乡子女的生活费、农业生产费用等。传统农民工是为了生活、生存，才放弃了熟悉的环境，来到城市打工的。新生代农民工与上一代农民工相比，已经从依赖土地和农业的传统生活方式中转变出来，成为城市的新阶层，他们处于身份认同的过渡期。大多数人希望在城市定居，并逐渐适应城市的生活方式和生活环境，在城市中逐步找到了个体的归属感。他们已经不再是当初为了追求家庭物质生活水平提高的农民工了，他们开始渴望学习，渴望自我提升，渴望自己成为家庭现代生活方式的带领者。因此，他们的消费目标不再集中于简单地维持生计的层面，而转变为对精神层面的追求，其消费诉求变得丰富多样起来。

关于新生代农民工发展状况的各种调查研究结果显示，新生代农民工收入的大部分被用于自己的生活消费和开支。除了基本生活消费外，他们在学习方面、人际交往方面、精神娱乐方面的消费开始增加，这是他们新生性和时代性的一种表现。一方面，竞争的压力使得他们必须更好地学习、接受培训，以获得更好的职位发展。另一方面，他们处在现代化的城市生活中，也处在思维比较活跃、接受能力较强的年纪，进取心和学习意识强烈。严翅君在长江三角洲部分城市对农民工消费的调查显示，上一代农民工消费以实惠为关注点，没有想象名牌衣服、鞋子。新生代农民工开始对品牌产生了兴趣。调查对象中，5.79%曾购买过进口高价手机，18.68%购买过国产高价手机，6.31%购买过流行服装，2.72%则购买过高档品牌服装。他们在城市中逐渐习惯的消费方式，对老家的消费行为产生了一定的影响，家乡的亲戚、朋友、邻居，尤其是年轻人开始模仿他们的消费方式，由此，也引起了家乡农民对城市生活的浓厚兴趣，促使新的人员进入城市打工，加入农民工群体。新生代农民工在传统家庭中扮演的角色逐步从家庭支持者变为带领者，他们期望通过在城市中打工的经历，影响整个家庭的消费、生活观念，期待通过寻求一种新的生活方式来提高自己在家庭中的地位。

第二，符号消费与"城市边缘"的新生代农民工。随着时间的流逝，新生代农民工对城市的适应能力逐渐增强，对城市的认知度不断提高，这个群体开始形成一种独特的价值观念。这种观念既不同于城市的现代价值观念，也不同于农村的传统价值观念。新生代农民工渴望融入城市生活，他们对自己市民角色的认同度高于对自己农民角色的认同度。他们把自己定位为城市打工人员，期望自己能够定居城市，成为一个真正的城里人。事实上，由于户籍、制度、政策等方面的限制，新生代农民工感到他们既不属于城市也不属于农村，很容易陷入无助、迷茫的状态。为了得到城市的认可，他们的消费认同方式便不自觉地演变成为自身一种重要的认同方式。新生代农民工不断追求符号消费的过程，在本质上是向城市同龄人或城市社会表现自身地位的过程。新生代农民工为了加强角色认同感，开始对时尚、高档的商品产生渴望。严翅君在对长三角城市农民工访问的过程中发现，一位来自湖北农村的22岁饭店女领班购买名牌衣服、鞋子，如果经济不允许，她就买出口转内销的商品。她表示，这些品牌商品漂亮、舒服，并且代表了一定的身份和品位，使自己像一个城市白领。两位在南京从事室内装潢的农民工表示，他们买了一些比较高档的衣服，一旦离开工作的工地到公众场合，他们就一定要打扮自己，不愿让城里人看出他们是农民。尽管他们中的大部分经济基础还比较薄弱，不能使他们离开城市的边缘阶层，但他们从消费的格局开始改变，想成为一个真正的城市人。这样的角色价值诉求，让新生代农民工更容易陷入追求品牌、享乐主义的畸形消费行为中。

（二）符号消费与新生代农民工社会认同

从广义上讲，符号消费得以成立的一个重要原因就在于其象征意义的社会建立和确认。对某种商品象征意义的渴望和追求，实际上就是个体希望融入这些符号所象征和代表的社会关系。在符号消费中，物质的消费实际上就是人与人关系的消费。符号消费作为人与人之间进行社会交往的重要工具，深刻地影响着人们的社会认同。新生代农民工在社会层面上的认同，主要是为了寻求一种群体归属感，为了使自己能够融入某种社会群体从而获得期望的社会身份。因此，符号消费关系着新生代农民工的社会认同，该部分就是要分析新生代农民工的符号消费在群体中代表的特殊意义以及符号消费如何影响着这个群体的社会认同。对新生代农民工来说，同辈群体的消费方式和价值追求深刻地影响着个体的消费方式。此外，从宏观角度来看，群体的阶层属性对个体的社会认同也有着重要的影响。本部分从这两个方面进行分析。

1. 符号消费与新生代农民工同辈群体认同

同辈群体是自发形成的，没有明确的组织界定，拥有某种特定的情感色彩，群体内成员有着相同或相似的兴趣爱好。因此，同辈群体大多属于一种非正式组织。"从个体经验到他的自我本身，并非直接的经验，而是间接的经验，是从同一社会群体其他个体成员的特定观点，或从他所属的整个社会群体的一般观点来看待他自我的"。对于新生代农民工来说，同辈群体首先意味着一种归属的需要，这是认可并加入某种群体的原初动机。获得某一同辈群体的身份意味着：第一，示同，即显示出自己作为个体与群体内部其他成员的相似性；第二，求异，即体现个体与其他群体成员不同的差异性。这实际上意味着群体对个体的价值观念、言行举止等方面具有某种约束性和导向性。新生代农民工深处城市的消费社会中，面对的是各种符号化的商品，他们在不断进行着各种符号性的消费，并逐渐塑造着新的生活方式，所有这些行为、心理、动机在很大程度上显示出新生代农民工群体渴望被城市同龄人群体接受，从而以他们的价值观念和审美品位来改变自己生活方式的努力。

在一项关于北京地区青年女性农民工的实证调研中，调查者在某厂发现，一个宿舍内五名女工的打扮几乎一致，同样的荷叶边毛衣、牛仔裤，手上涂着透明的指甲油。经了解发现，她们的消费实践都是在某个关键人物参与下进行的。她们独自在外打工比较辛苦，在高强度的劳动下，只有身边的工友、老乡可以让她们放松和寻找到慰藉。因此，融入同辈群体是一个十分重要的内容。她们各自的消费偏好构成了小群体的风格。她们一起看某种购物杂志、互相推荐化妆用品，群体内成员的偏好不知不觉地产生了潜移默化的影响（张晶，2010）。在新生代农民工的符号消费过程中，个体的行为非常容易受到同辈群体的影响，形成所谓的同辈群体效应，某个或某几个有影响力的成员会起到一定的示范作用。在广州的一次调查中，调查者发现某店店长作为进城多年比较成功的打工者，成为店员追随的对象。衣着打扮，甚至沟通交流的方式都会被模仿。比如，一些打扮时髦的打工妹，会将刚进城市打工的朋友带去店里购买护肤品，她们的榜样示范作用对商店客户群的扩大起到了一定的推动作用。

因此，在新生代农民工身份认同的过程中，符号消费起到了特殊的作用。通过同辈群体中榜样的示范作用，新生代农民工实现了群体归属。在这种情况下，商品不再仅仅具有使用价值，同时还通过消费的符号化这一特点成为承载农民工这个群体的重要标志。

2. 符号消费与新生代农民工阶层认同

阶层身份作为一个人社会身份的重要表现方面，反映了个体在社会阶层中的位置。布迪厄认为，人们各种品位的形成以其阶层属性为基础。因此，对商品符号价值的辨认和享受是以阶层生活习惯为基本前提的。在消费社会中，个体对商品的消费已经不单单是一种个人偏好，在一定程度上，还会使他人通过衣着、家居、房子、车子等物品来判断其主人的阶层地位。作为一种社会存在，任何人都不可能完全摆脱阶层出身对其消费的影响。新生代农民工的符号消费行为，或多或少地都与其阶层出身有着千丝万缕的关系。凡勃伦提出一个人实际拥有的财富并不能使他获得社会声誉，他还必须通过各种外在的方式向社会全面展示他的富有，要通过炫耀受到尊敬，通过消费提升个体的身份、权力，为自身打上特定阶层的社会烙印。不可否认，新生代农民工群体由于年龄、身心发展特点等生理因素的相似性，在兴趣、爱好等方面可能有着一定的相通之处。但是，作为一种社会存在，任何人都不可能完全摆脱阶层出身对消费品位的影响。

对于大多数新生代农民工来说，虽然他们出生在农村，但是由于其成长过程伴随着中国改革开放的进程，成长环境要更加开放，获取信息的渠道更为畅通，对生活有更高的追求，适应城市生活的能力更强，这使得他们比父辈更加渴望摆脱农村生活，尽早融入城市，并且希望过上和城市人一样的生活，获得城市居民的尊重和城市社会的认可。他们对于自身群体有着更多的期望，也有许多迷惘，在这种并不清晰的预期中，他们在不断发生着变化，包括对城市社会、对自身群体认同的诉求等。某课题组在一项深入调查中表明，新生代农民工群体中存在着比较明显的炫耀性消费，主要表现在品牌服饰和电子产品上。受访者表示，他们热衷于各种品牌服装，某"90后"农民工亲戚反映被访者痴迷耐克鞋，为了买鞋可以不吃不喝。很多新生代农民工中的时尚女性也关注 ONLY、ZARA 等时尚女装，若条件不允许，她们也会买这些时尚品牌的仿冒品以显示自己的品位。电子产品的更新换代也比较快，多位受访者表示手机不仅仅具有联络功能，更多的是让自己有面子。新生代农民工热衷的符号性消费主要体现在炫耀性消费中，他们希望用这种与城市人接近甚至超过城市人消费水平的炫耀性消费来显示自己是城市中的一员，显示自己已经融入城市居民阶层，希望被城市接纳、归属于城市。炫耀性消费要昭示的就是其所代表的符号意义，其独特的作用是对社会阶层的直接展示，因此，对想要重新建构社会认同的新生代农民工而言，炫耀性消费这种建构行为似乎是一种不错的选择。他们为了掩盖自己的真实阶层属性，提高社会地位，只得通过各种途径占有所谓的"地位性商品"。在商品世界里，品牌商品的符号价值往往大于其他一般商品，它能够成为一个人社会身份得以辨识的最直接、最明显的"外衣"。这种消费逻辑便成为该群体自我阶层认同的主要依据，也是判断他人阶层的标准。他们用此所具有的社会符号来获取社会认同，以此寻求自身社会地位的提升，最终对"城市边缘人"的身份以及相对不平等的社会地位表示群体性的抗争。但是，商品文化内涵这种无形的内容是他们难以通过经济手段在短时间内把握的。

三 新生代农民工符号消费的身份认同能指

这里探讨新生代农民工群体身份认同怎样通过符号消费建构起来，怎样通过这个载体实现。"能指作为符号意义的载体，是由物质、行为、表象等承担的，符号的意义需要能指来体现和表达。人们正是通过对能指的了解去把握符号的意义所指。因此，能指的属性和特征在很大程度上影响着人们把握意义的方式、程度。作为新生代农民工符号消费所指的身份认同，必然会通过符号消费的一系列能指表现出来"（班建武，2009）。

在当今社会，从本质上来看，时尚信息的不断更新和商场的相继兴起，使得符号消费转变为当代大众传媒的主要导向，也成为社会消费的重要内容。只有根据符号消费的能指，才能真正了解农民工的身份认同现状。可以说，商品凭借着大众媒体、时尚和消费空间向大众呈现着其符号意义。我们可以认为，消费者根据符号消费所指实现对商品的占有，而商品则凭借符号消费所指全面地展现其所代表的象征性表述。群体身份认同便是通过这样的方式来实现的。由此可知，在商品从生产、流通到交换的过程里，大众媒体、时尚、消费空间穿插其中，无时无刻不影响着其意义所指。在此基础上来看，这三者与新生代农民工身份认同之间的关系，可以作为这个群体寻找认同的一条重要探寻道路。接下来，本章的重点就是研究符号消费的载体——大众媒介、时尚、消费空间如何建构这个群体身份认同的能指作用，这有利于我们更全面地了解新生代农民工采取符号消费这种认同方式的原因。

（一）符号消费的信息载体与新生代农民工身份认同

符号消费本质上是一种意义或象征的消费。在某种意义上，可以认为意义或象征本身就是一种信息。这种信息具有高度的抽象化以及在这种抽象化基础之上形成的符号化特征。当前，以符号消费为标志的消费社会的形成，与当代媒体的蓬勃发展有着十分密切的关系。在很大程度上，商品符号价值的生产、意义的流通和表达，正是大众媒体宣传和商业促销的结果。对于符号消费的形成与发展，媒介在其中所起的作用越来越重要，大众媒体的宣传为符号性产品增加了更多的抽象意义，使之成为培养消费品位的一种新的方式，并不断增强着符号性消费在构建个体身份认同中的作用。

1. 大众媒体与新生代农民工身份认同

存在于消费中的符号意义，可以说是消费者在日常生活中耳濡目染地接收的。原本单纯意义上供人们使用的商品，逐步在媒体铺天盖地的宣传下成为具有某种象征特性的特殊构成。在这种环境中，消费不再像最初那样简单，不仅仅是一种购买的过程，还是体现个人生活品位的过程。在这个过程中，新生代农民工开始改变传统的消费习惯和观念，逐步懂得享受生活，享受消费。在五花八门的媒体宣传中，人们已经可以间接地体会到生活享乐的愉悦感，媒体似乎开始将享乐与消费画上等号。电视、书报、互联网、电子产品等等，每天都出现在他们的生活中，通过特定的方式将商品的价值扩大，赋予其某种象征意义。媒体的宣传手段越来越丰富，也越来越深入，把这个农民工群体带入现代城市生活中，根据他们消费的内容对个体进行着不同的分类，每个不同的商品代表着不同的身份、生活。商家通过媒体为他们设置了各具特色的消费建议，为他们提供了非常丰富的消费选择，在无形中将自己的产品推向了这个群体的心中，期望这些产品能够成为群体消费的目标。

商家既然有了这样的目的，便通过媒体的手段，把商品宣传的主旨放在了消费对象的主观意识层面上。对于新生代农民工来说，他们如今担忧的主要问题，已经不再是有关生活的基本消费问题，而是转变为实现身份认同的问题。他们希望得到尊重，希望能够实现自己的梦想，实现自己的价值，在现代社会中占有一席之地。他们想要的这些，在媒体的宣传和建议中轻易地体现了出来。媒体无论以怎样的方式宣传，都可以从衣食住行各个方面展现出所谓幸福生活的场景，体现出生活的享乐性。商家试图通过这样的展现方式，吸引新生代农民工来关注其商品，并将自己的商品与其他商品做出比较，展现出差异性。这种所谓的差异性从本质上来说，就是取决于消费群体选择的商品的不同，并被引申为社会地位、身份的不同。在王宁等人于广州进行的一项调查中，一位受访者表示，自己会根据电视中的广告以及时尚杂志的流行走向，来挑选既时尚又适合自己身份的衣着和搭配。她认为，大众媒体全方位的宣传可以让他们得到更新、更快的时尚资讯，并且可以按照自己喜爱、欣赏的形象来打扮自己（王宁、严霞，2011：94）。可以说，大众媒体既告诉他们消费的必要性，同时还为他们提供了众多的参考信息，引领他们进行合理、时尚的消费。

新生代农民工正是在广告展示出的价值差异中，了解到自身与广告中人物的不同。正是这种差异性，造成了新生代农民工的焦虑心理。要解决这种心理上的差异问题，最直接的方法便是购买商品。作为一种特定的方式，广告最大的优越性就在于它全方位地开发了新生代农民工的购买欲望，然后使其通过对商品的消费完成个体由产生欲望到获得满足的过程。

2. 商业促销与新生代农民工身份认同

新生代农民工进入城市后，面对着五花八门、目不暇接的商业促销活动，所谓的欲望会立刻产生，并期望这种欲望能够得到满足。城市中繁荣的经济会促使他们产生真正的、强烈的消费欲望，因此，随处可见的商业促销便会引起他们的兴趣。销售者应合理地利用促销活动，充分发掘新生代农民工潜在的消费欲望。商家在促销活动中，应充分展示商品各方面的具体信息，这样不仅可以用新颖的商品或其强大的功能引起新生代农民工的消费欲望，同时也可以让他们通过这一宣传获得更多的商品信息，从而起到促进消费文化传播的作用。原本只出现在电视、杂志中的促销信息，如今完整地展现在新生代农民工的日常生活中，激起了他们的购买欲望，并促使他们为这种欲望展开实际行动。此外，在商品促销时，平时那些让他们望而却步的商品价格极有可能降到了符合他们购买的能力范围内，甚至就算他们依然没有足够的能力购买，但在被打折信息强烈吸引的时候，促销活动的真实性会促使他们中的一部分人选择购买，以此来证明自己缩小了与群体中的某个人或城市生活的差距，缩小了身份的差异感，以满足自身认同。

据王宁在广州的调查，许多青年打工妹所在的工业园区，周末时经常推出各种优惠促销活动吸引顾客。免费试用和特价优惠都是常见的促销形式。受访者小雨和小丽表示，三八妇女节时某化妆品店推出了折扣优惠，她们不仅自己购买了不少，还为在外地打工的母亲和姐姐购买了一些。小英表示在逛街时碰上某品牌护肤品半价优惠，虽然刚购买过类似功效的产品，但最后还是忍不住购买了优惠活动品（王宁、严霞，2011：94）。可见，新生代农民工已经能够利用商品的符号意义来满足自己的身份需求，体验独特的价值归属感。尤其是商品促销这种活动，仿佛给了他们体验城市生活的某种机会，让他们能够在期望的购买过程中得到自我认同，以此种方式来进行自我表达，期望得到心理上对自我形象、社会地位的满足。

（二）符号消费的时尚性与新生代农民工身份认同

符号消费作为一种意义或象征的消费，更多地表现为一种视觉文化。它既需要一个文化空间来展示其所内含的各种品位、趣味等身份要素，也需要能够对这些内含于商品之中的象征意义进行解读的观众。在此，时尚扮演着十分重要的角色。时尚总是包含着有关个人的众多的结构性信息，如个人的阶层归属、文化层次等。时尚本身就是一种视觉文化，其目的是"引人注目"。因此，时尚本质上是一种符号及其意义的展示、解读和认同的结合体。时尚的这一本质特征使其与符号消费和身份认同之间具有某种天然的联系。"个体通过选择某种时尚既获得了一种身份的认同感和确定感，又产生了心理上的满足或归属感，同时获得了一种安全感和分享感，获得了克服孤独和社会交往的沟通感，感到自己是这个社会某一群体的一员。这正是一个身份建构的过程，是自我的发现和确认"（周宪，2005：123）。当前，符号消费的一个重要特征就是它的时尚化，时尚化的符号消费为个体的身份认同提供了一个新的社会舞台，个体的身份认同得以展现并被社会所解读。

可以说，个体身份认同的实现是由许多社会化的机制塑造的。其中被认为对身份认同的实现起到较为重要的机制有语言表达、行为方式、交往等。时尚凭借着其所包含的身份信息以及可以被辨识的外在特征，对一个人的外在形象和精神气质发挥着直接的型塑作用。因此，时尚也构成了个人认同的重要机制。芬兰社会学家格罗瑙认为"时尚机制是迄今为止现代消费中最主要的标准制定者，它为仍然可以自由选择和利用物质世界来帮助自己建立和表达自己身份的消费者提供引导和导向模型"（格罗瑙，2002：120）。个体有选择地认同某种时尚，也认同了这种时尚所代表的审美趣味，同时也就认同了由该时尚所建构起来的社会群体和生活方式。但是，这种认同绝不意味着一种简单的同一和归属。在某种意义上，个体在谋求时尚认同的同时，也对复杂多样的时尚符号体系进行了区分与归类。在这种区分与归类中，个体找到了自己所归依的时尚类型以及在这种时尚类型中所处的地位。这说明，时尚不是单向、被动的，而是主体对客观世界一种自主的选择和设计。

对新生代农民工来说，在这个过程中，个体通过选择某种时尚，既获得了一种身份的认同感和确定感，又产生了心理上的满足感和归属感，同时获得了一种安全感和分享感，感到自己是这个社会中时尚群体的一员。这正是一个身份建构的过程，是自我的发现和确认的结果。通过时尚，新生代农民工向社会表明了自身的存在价值和理想；通过时尚，社会也可以了解到这个群体的特殊需求。

《中国社会报》于2013年5月31日刊登了关于新生代农民工时尚消费的文章，该报道称，新生代农民工热衷于网上购物、时尚手机、品牌电脑，喜欢时尚新潮的衣着打扮，他们的消费习惯与城市青少年越来越相近。新生代农民工对品质生活的追求越来越高，极大地体现出了他们消费观念的变化，他们开始适应城市中的生活、消费节奏。他们中的一部分很小就随着来城市打工的父母生活下来，城市比农村更容易让他们产生归属感。他们中的大多数接受过一定的文化教育和专业技能培训，从事的职业面也较以前广泛，在有了比较充裕的经济条件后，他们必然开始追求更高层次的生活。2013年5月30日的《工人日报》中题为"新生代农民工：就怕不时尚"的文章指出，接受访问的新生代农民工十分讲究衣着打扮，将大部分收入都投入到着装上，他们认为一个人的着装能够代表个人的品位。在吃、住、行方面，他们尽量减少开支，用剩下来的钱追逐潮流，非常害怕自己不够时尚，有时省吃俭用，只为了购买一部苹果手机、一台苹果电脑。新生代农民工的时尚消费作为符号消费的一种表现形式，一方面是可喜的，他们追求自我，渴望融入城市，有着很强的城市身份认同取向，并为此不断地努力着；另一方面，新生代农民工试图通过时尚的符号消费形式谋求身份认同是一个永无止境的过程，时尚的商品总是不断地涌现，诱导他们投入更新、更迎合自我身份的符号世界，使他们难以获得一种稳定的自我认同。

（三）符号消费的空间特征与新生代农民工身份认同

符号消费作为一种意义或象征的消费，不仅使消费者具有一种内在指向的自我满足感，更为重要的是，它是个体在认同框架内向外展示、谋求更为广泛的认同与联系的重要手段。为此，符号消费需要一个能够使其意义或象征得以显现、传递的舞台。这个舞台离不开空间的参与。符号消费不仅仅表现为消费的位置和范围，还包括消费空间的各种关系及结构特征。在很大程度上，空间本身也具有一种符号化的特征。一个人消费的地点和范围，已经透露出了他的身份特征。因此，关于符号消费空间性问题的探讨，重点在于分析符号消费这一行动如何获得空间性以及获得怎样的空间关系和结构。空间的重要性在于它既构成了新生代农民工符号消费的外在条件，又构成了其符号消费的对象，空间成为新生代农民工身份认同的载体和资源。

1. 消费空间的符号化与新生代农民工身份认同

一般而言，商品空间主要由两方面组成：一是由各种商品的组合所组成的空间；二是商品销售的地点。虽然每一件单独的商品都具有其独特的象征意义，但是，由各种商品以一定的方式组成的商品空间则赋予了商品新的内涵，从而使商品空间表现出明显的符号化特征。比如同样一件衣服，摆放在路边小店与摆放在大商场销售，其所象征的符号意义是截然不同的。前者可能代表一种日常的价值取向，而后者往往由于摆放地点的改变而获得一种高贵的地位。因此，我们可以从一个人消费的空间大概推断出他的身份地位。

在山东大学对高校新生代农民工群体的个案研究中，多位受访者表示会购买品牌商品。"刚来到城市生活的时候，会选择买一些小摊小贩的便宜衣服，那些衣服通常质量和款式都不那么让自己满意。生活了一段时间，我们也想通了，品牌服装不仅质量相对较好，并且看起来也很有档次。虽然心疼，但是朋友都说好看，所以很高兴"，"泉城路的品牌服装店我也逛过，也会在贵和银座买一些打折的服装"（张兆伟，2008）。可以说，商场是一个符号社会景观的缩写，五花八门的商品不断刺激着人们的购物欲望。同时，商场高雅的设计和装修布置使其中的商品也获得了相应的高贵地位和象征意义。新生代农民工在城市生活中面临着生活、家庭、工作的各种压力，情绪容易低落。而商场的开放性、商品的丰富性，可以使一部分农民工，尤其是女性农民工释放压力。品牌除了代表相对高档的材质外，从某种意义上来看，还代表了所谓的高档的品位、身份地位。这样的附加价值，使得新生代农民工获得了极大的心理满足和愉悦。

消费空间的符号化带来的另一个后果是，符号信息空前增加。当前的城市已经演变成了一个大众消费的集合地。在这一空间中，人们时刻受到来自各方面的商品消费信息的包围。新生代农民工也不例外，消费广告在广播电视、报纸杂志和互联网上比比皆是。生活在消费信息密集的城市空间中，他们不得不对各种符号信息进行取舍，从中选择出符合自己个性需要，并能够得到同伴认可的商品作为自己身份的标志物。而跟随潮流无疑是实现这一目的的重要手段。但是，对潮流的追求是以掌握大量消费信息为前提的，这就使得新生代农民工要投入到对各种消费信息的追求之中，但这在无形中进一步加重了该群体在符号消费与身份认同过程中的信息负荷。由此可见，消费空间的符号化对于新生代农民工的身份认同而言具有重要的影响。

2. 符号消费的网络空间与新生代农民工身份认同

除了谋求身份认同之外，新生代农民工获得符号消费空间的另一个重要举措就是通过空间的转换来为自己创造一个更为宽广、自由的消费空间。在这方面，除了传统的实体店之外，作为具有自由、宽松购物环境的网络，为他们寻求身份认同搭建了更为宽广的平台。

网络空间提供的虚拟消费环境，让新生代农民工可以在网络中想象性地实现身份认同。网络世界中充满了各种诱人的符号化商品，消费者可以利用它们来尽情地构建自己理想的个人形象，比如各种常见的网络游戏，QQ 游戏，如魔兽世界、英雄联盟等，在有形的基础上还有各种可供选择的有价物品。消费者通过金钱购买属于自己的道具、服饰、装备，自主表现自己的爱好，并向网友展示出来，寻求群体内的认同。虽然网络是虚拟的，但对于在现实生活中受到许多约束限制的新生代农民工来说，这恰是他们寻求内心认同的场所。它排除了经济、文化、制度等因素的影响，可以让新生代农民工完全自由地进行自己的身份表达。网络无疑是这个群体展示自我和寻找观众的重要平台。借助网络，具有共同消费爱好的新生代农民工，可以结成某种形式的团体，通过这种新的空间，一方面可以展示自己的符号商品以博取他人的赞誉，获得一种自我满足感；另一方面也可以接收到更多的、新的商品符号信息，从而不断地为自己的符号消费行为提供新的资讯。

从空间化实践的角度来看，网络作为新生代农民工符号消费空间化实践的一个重要对象，为其通过符号消费谋求身份认同提供了条件。此过程再生产了属于他们自己的个性、品位以及审美趣味的社会关系，虽然这种社会关系从形式上来看具有一定的虚拟性，但对于每一个真正投入其中的人而言，网络符号消费的门槛很低，可以使各种阶层背景的个体寻求自己的需求，因此它反而是真实的、可以依赖的。而我们也可以在网络这个虚拟空间中，看见在现实中看不到的新生代农民工消费群体及其价值诉求。

四　新生代农民工符号消费的身份认同意指

对新生代农民工身份认同与符号消费的关系进行解读，目的在于分析其意指空间。意指主要反映的是能指与所指之间的某种关系。能指与所指的关系并非直接对应，必须通过一系列的符号分析才能呈现出来。意指是一种隐含在符号的能指与所指构成的现象背后的深层含义。在这个基础上，本部分将对新生代农民工符号消费这一行为所指向的价值属性做进一步的分析，主要任务是对新生代农民工符号消费的深层特征进行解读。这对于我们更进一步地了解当代新生代农民工的价值取向及其精神世界的丰富性，具有十分重要的意义。

新生代农民工进行符号消费的一个重要目的就是占有商品的符号价值。事实上，商品的符号价值总是与一个特定的意义或象征紧密联系起来的。在现如今的消费语境里，消费品不只是作为一个有价值的实体，在某种程度上，还作为集中性的文化、生活载体供个体购买、使用。新生代农民工通过对商品符号的占有，展示着自己的生活态度、价值取向和品位。在这个过程中，商品所蕴藏的文化内涵，反映着个体的真实身份和价值取向。因此，新生代农民工符号消费的身份认同意指表现在如下方面。

（一）市民意识强烈

首先，消费空间有了极大的拓展。在星罗棋布的商场、购物中心里，遍布了琳琅满目的消费产品，每个阶层、每种人群都可以在这里找到自己需求的产品。虽然在城市中，人们的生活成本比较高，但是商场的促销活动、价格适中的商业层次使新生代农民工消费的渴望得到了极大的满足。同时网络购物的快捷、廉价也使他们有了更多的消费选择机会。在这种城市商业符号消费氛围的渲染下，新生代农民工隐藏在心底的消费欲望逐渐被放大，在适应城市生活的过程中，他们也慢慢接受了属于这里的消费方式，谋求着自身能够被接受的认同度。

其次，消费能力显著提高。新生代农民工拥有独立的经济收入，不需要依赖家庭，不再生活在被动的选择中，他们开始根据自己的心意选择消费的对象和档次，逐步计划自己的生活，开始有了自主选择的权利。此外，新生代农民工的家庭责任较轻。绝大部分的新生代农民工暂时不需要向家庭负担开支，他们的长辈仅仅要求他们打工在外能够养活自己，能够学习一些技术和知识，期望他们今后能够在城市中立足。如此看来，较轻的家庭负担无形中拓宽了新生代农民工对自主消费的把握范围，他们可以依据自身的喜好和能力去选择自己的生活。

最后，消费模仿意识增强。新生代农民工虽和第一代农民工有着同样的农民工身份，但是他们的青年群体特征更明显，求知欲望强，反应灵敏，对新生事物有着很大的热情，他们愿意模仿城市中素质较高的市民群体，甚至模仿城市中的中产阶层，他们也愿意接受这些参照群体所传播的认同框架。比如，他们会模仿城里人的言行举止、服装配饰，注重品牌时尚。城市中衣着时尚、高贵优雅的人群，自然成为这个群体模仿跟随的对象。他们会注意、议论，直至模仿城市人的穿衣打扮，这些观念、想法与做法会不断激发他们进行消费的欲望，在这一过程中，他们不断地模仿城市居民的消费方式，使自己的生活方式趋于城市化，实现市民身份的转变。

（二）享乐意识蔓延

在现代符号消费社会中，消费的意义不仅仅在于满足使用的需要，还在于表现个人的地位、身份。消费实际上向社会传递着某个人或群体的社会认同。因此，可以说符号消费强化了新生代农民工的精神主义倾向。新生代农民工还处在价值观形成阶段，很容易受到周围环境的影响。身处消费社会的现代城市，他们的消费欲望不断地受到刺激，风格各异的城市人装扮对他们有巨大的吸引力。但是新生代农民工收入水平一般都比较低，收入的限制阻碍了他们对城市社会方式的模仿。当这种心理需求表现得比较强烈时，他们要想办法解决自己的支付能力无法满足消费欲望的问题。大部分人把有限的收入集中在某些特定场合，即为了满足当前的消费欲望，他们会选择挤压其他方面的消费，选择尽可能省吃俭用，节省下来为他们自己认为需要的场合埋单。当消费欲望获得满足的那刻，他们恍如真正意义上的消费者，但在剩下的日常生活中，他们又不得不节衣缩食，这时他们则感到自己仍是一个处在下层的生活者。因此，他们的身份认同不断往返于市民和农民、消费者和生产者之中。现如今，广大人民的物质生活已经相当丰富，人们不再局限于简单的吃饱穿暖，而是开始进入精神层次的追求。享受的消费、有成就感的消费、有身份归属和认同的消费，已经占据了消费的前线。因此，新生代农民工追求城里人的衣着仪表，上网、用电子产品，注重品牌时尚。他们渴望通过多样化的符号消费，显示自己的品位，拉近与城市的距离，以便更好更快地融入城市生活。慢慢地，在这种消费欲望中，开始弥漫着一种强烈的享乐主义思想，这容易使新生代农民工将自我认同逐渐物质化，从而造成自我认同层面上的失衡。

（三）审美符号异化

在消费社会出现之前，人们消费物品只是为了实现物品的使用价值。但是现在则有很大不同，消费者开始更加在意商品的符号价值。通过大众传媒的各种形式、商品促销等手段，一个由品牌堆砌出的符号世界出现了。新生代农民工亦如此，他们也渴望建立自身群体的话语权，通过相应的消费方式来展现身份、地位。他们追求消费的个性、品位、风格以及在此过程中彰显出来的地位和身份。精致的妆容、笔挺的套装、名牌皮鞋、潮流款手机，便可以让一个人焕然一新。从这些表面的衣着打扮中，可以看到很多个人的信息。或许某些农民工还没有实现梦想的目标，但是在寻梦的过程中，他们渴望自己出门在外，最起码能够通过一身市民化的穿着打扮来获得一部分尊重，使自身得到一定程度的心理满足感，以此表达自己对生活意义的感知与理解。这种品牌效应，将符号上升为审美的标准，让人们失去了对审美价值的真正了解。若人们将品牌价值作为审美的衡量标准，那么这种美的观念必然是非常狭隘的。这将有可能使新生代农民工陷入炫耀、挥霍的消费行为和消费观念之中，不利于正确消费观的形成与发展。

（四）价值取向多元化

在消费社会中，影响消费的最重要因素已经不是商品本身的使用价值，而是商品被赋予的文化内涵，因此，现代社会文化的多元性必然导致多种生活方式并存，与此相适应，就存在着多元的消费方式，会出现不同的消费内容。因此，消费方面的符号意义也必然多元化，消费的价值观也会显得多元化。新生代农民工所追求的符号意义可以是个性、地位、名誉等不同的内容，他们所代表的价值取向也日趋多元化。一方面，符号意义日趋多元化，新生代农民工通过符号消费来构建身份认同的途径也变多了。服饰、手机、大众休闲、旅游、健身、网络消费等，代表着不同个体的不同价值取向，为新生代农民工充分融入城市生活提供了更多的可能性。另一方面，新生代农民工的人生观、价值观相对比较模糊，对价值观缺乏一定的评判能力，虽然他们异常渴望多元的文化、消费生活，但在这五彩斑斓的生活中，他们仍有可能无法避免消极、低俗的价值取向的侵染。一旦遇到挫折，他们就有可能丢失原本勤劳质朴的价值观念，倾向于某些较为低俗的文化价值追求，更有甚者会走上违法犯罪的道路。若他们多元的价值取向没有被加以正确的引导，那么这些问题极有可能给这个群体的发展带来极大的阻碍。

五　消费与新生代农民工的未来

（一）消费生存

马克思在《德意志意识形态》中曾说过："因此我们首先应当确定一切人类生存的第一个前提，也就是一切历史的第一个前提，这个前提是：人们为了能够'创造历史'，必须能够生活。但是为了生活，首先就需要吃喝住穿以及其他一些东西。因此第一个历史活动就是生产满足这些需要的资料，即生产物质生活本身"（《马克思恩格斯选集》第1卷，2012：158）。在马克思所处的年代，人们消费是为了生存，而只有生存下来才有可能做其他事情，所以，人类生存的需要决定其消费，而其消费需求又决定了人类的生产活动，所以，在前消费社会中，生存问题是具有决定性意义的问题，它决定了社会生产和消费。

新生代农民工来到一个陌生的城市打拼，首先要面对的问题同样也是生存问题，生存离不开消费，可以说，消费是人们为了维持生存而进行的一种生活方式。这里所说的"生存"，是最低层面上的生存，是马克思所说的维持生命存活的生存，它不包含人们为了追求社会认同而引申出的对精神层面上的追求，维持生命存活的生存是一切其他活动的基础，是人们对自身的生命活动和生活活动的自觉，是在任何一种消费观和消费理论中都必须有的基本维度。在快节奏的城市生活过程中，新生代农民工消费欲望的不断扩张使消费发生了异化，导致挥霍性的消费。挥霍性的消费会带来对资源和环境的破坏，让人们的生存面临着新一轮的危机。新生代农民工在消费的过程中要从消费生存论的角度出发规范消费，进行合理消费、适度消费，建立节约型的消费观和可持续发展的价值观。

（二）地位诉求

新生代农民工衣着再光鲜、打扮再入时，在城市人看来，他们依然是外来人口。对于新生代农民工来说，当地政府与市民的接纳与包容是他们急切需要的。除开个体本身和经济的障碍外，我们主要来分析一下社会与制度的障碍并提出相应的解决办法。

社会障碍。大多数新生代农民工的工作地点和生活圈与当地的市民隔离明显，造成他们的自我封闭，与城市人的接触较少；当地社区组织对新生代农民工的开放程度很低，城市的主要社区活动仅向市民开放，新生代农民工群体在城市几乎没有什么组织可以依靠，他们只能在组织外生存；在舆论方面，城市居民主要通过网络、电视、报纸等媒体了解新生代农民工，但以城市人眼光来进行的媒体报道，不可避免地戴着有色眼镜看待城市里的外来人口，媒体对农民工群体的关注更多的是在其负面，被标签化的趋势由此形成，在强大的媒体面前，新生代农民工的弱势群体形象更加被强化了，他们在城市发展所依靠的社会舆论环境也进一步恶化；20岁左右的新生代农民工，正处于人生观与价值观形成的关键时期，也是人的一生中最美好的年纪，大多数人从校园直接来到城市，渴望城市给予自己更大的成长空间，他们也具有强烈的进一步学习并不断谋求发展的需求，尽管从整体上说，新生代农民工的文化程度不高，各方面的素质差异也较大，也没有多高水平的技术、技能，但他们有改善物质生活条件的愿望，与老一代农民工相比，他们具有对精神层面的、文化层面的需求，因此，准确的引导和好的影响可以使他们有更好的未来、更大的发展空间。在这些方面，城市社会、城市媒体、城市管理者等都负有不可推卸的责任，年纪轻、经验少的新生代农民工面对由城乡文化差异所产生的各种冲突，需要自己尽快适应，更需要各方力量的协助，这样他们才能尽快实现在乡土文化和城市文化之间的转换，适应生活对他们提出的新要求。

制度障碍。如果没有户籍制度的羁绊，也就不存在"农民工"这一特殊群体了，正因为户籍制度，新生代农民工在进入城市以后的方方面面都能感受到阻力的存在。农民工进城以后寻找工作，只能进入次级劳动力市场，工作收入低于城市职工，工作环境较差，住房和子女教育问题更为严重，这些直接和间接与户籍相关的管理政策阻碍了新生代农民工的城市进入权，他们缺乏平等的就业权、没有良好的就业环境，这些造成新生代农民工城市融入的制度障碍；长期实行的城乡二元管理体制使得政府对农村教育的投资严重不足，虽然近些年对农村的教育投资增加不少，农村教育在硬件方面有所改善，但是农村教育的整体软环境仍然较差，严重缺乏适合新生代农民工进行工作前的技能、技术培训，新生代农民工自身素质较低，进入城市以后，由人力资本欠缺所造成的竞争力低下，无法找到好的工作；新生代农民工属于城市的外来流动人口，很少有人关注他们的需求，在收入保障、失业救助、劳动安全保护、权益的合法保护、心理健康援助等方面，新生代农民工有很多困惑和需求，但很少有相关的专业社会组织来为他们提供服务，他们缺乏基本的社会保障权，无法有尊严地在城市生活；另外，基本社会保障权的缺失，使他们的就业、住房存在严重问题，子女教育更是农民工所面临的一大难题，医疗、工伤、养老等相关保障制度也处于缺失状态，这些问题的存在加重了新生代农民工在城市生活的负担，使得他们处于在城市生活没有保障、缺乏基本的安全感，又不愿返回农村的尴尬境地，城市现在为新生代农民工所提供的各项社会保障水平与新生代农民工的期望有很大差距，与他们渴望融入城市的要求更是相差悬殊。

这两方面的不足都阻碍了新生代农民工融入城市的步伐，但是我们应该看到，新生代农民工对地位诉求的渴望与期盼。政府、社会及当地市民应采取一定的措施和办法解决农民工的地位诉求，从而保证新生代农民工迅速融入城市。

（三）消费分层

新生代农民工作为低收入群体，基数庞大，难以预测的就业、教育、医疗消费压力使他们迫切需要社会公平。但是，随着社会经济的发展，消费社会的出现，符号消费的兴起，再加上收入差距的不断扩大，这些因素使得消费的分层现象日益明显。从本质上讲，消费分层使社会分层延伸到了消费领域，是社会分层在消费领域的具体体现。消费也是一种竞争，体现了个人在资源获取过程中的竞争，也体现了个人对社会分层的逐渐适应，是个人对社会分层所做的能动性的反应。因此，消费社会中人们的消费行为更主要是为了表达出一种象征意义，消费象征着人们所属的社会分层。因此，可以说符号性消费所代表的消费文化彰显了这一消费群体的社会阶层，并且在某种程度上也再生产了人们的社会分层。消费分层作为与社会分层、社会地位密切相连的具体化、外显化指标，可以清晰地反映出社会分层，并不断深化社会分层的程度。

我们进入了大众消费时代，这一时代的一个明显特征是人们更多地在进行"符号消费"，这样一种消费方式使得不同社会阶层用消费的具体形式差异来彰显自己的阶层归属，因此，在这种消费过程中，消费者获得的是超越消费行为本身的更高的满足感，更多的消费者进行这样的消费则会逐渐加强消费分层的趋势。根据瑞士语言学家索绪尔和法国符号学家巴尔特对符号层次的分析理论，在此将新生代农民工的符号消费分为所指、能指、意指三个方面。首先从身份认同的层面剖析开来，分别对个体认同和社会认同进行分析，旨在呈现这两个层面在符号消费过程中所表现的不同特点。在这个基础上可认为，新生代农民工的身份认同必然会通过符号消费表现出来，那么符号消费的载体和内容则构成本书研究的能指。在消费社会的生活景观中，符号消费的具体呈现与现代传媒以及消费空间等有着十分密切的关系。因此，大众媒体、时尚以及消费空间便组成了符号消费的主要能指形式。这一分析将有利于我们对新生代农民工身份认同的社会文化空间形成一个清晰的认识。此外，意指是一种隐含在由符号的能指与所指所构成的现象背后的深层含义。在这个意义中，能指与所指之间的关系并非直接对应，必须通过一系列符号分析才能呈现出来。通过分析新生代农民工符号消费这个表面现象本身蕴含的隐蔽的价值诉求，才能够更加全面、准确地把握新生代农民工的特征。在认同的过程中，一些不良消费现象，如符号消费多变性引起的自我物质化、碎片化；因混淆真实世界和符号世界而造成的脱离现实的消费行为；在同辈群体和阶层中可能引发的炫耀、攀比的消费观念；符号消费载体的商业性、开放性带来的深层次焦虑和迷茫……诸如此类由于符号消费引起的问题，直接制约着新生代农民工融入城市社会的进程。

第四章 河南省新生代农民工收入与
消费状况的调查

本文研究的数据来源于河南师范大学青少年问题研究中心负责组织的"新生代农民工收入状况与消费行为研究"的调查问卷。该项调查分两次进行，分别于 2013 年 7 月至 9 月和 2014 年 1 月至 2 月进行，调查的对象是 1980 年 1 月 1 日以后出生、拥有农村户籍、在城市打工或经商的农村青年。问卷调查由河南师范大学社会事业学院的本科生参与完成。第一次调查发放问卷 722 份，回收有效问卷 714 份，有效回收率为 98.9%（王萌，2014）。第二次调查发放问卷 243 份，回收有效问卷 242 份，有效回收率为 99.6%，所有有效问卷遍及河南省 18 个省辖市。抽样方法是以在河南省务工的农民工为总体，即只考虑流入地，不考虑流出地。该调查通过多阶段抽样方法进行样本抽取。

第一节 河南省新生代农民工收入与消费调查方案

一 调查设计

（一）调查对象

第一，限定在大专学历及以下、持有农村户口、跨县（区）域流动到城市务工的"80 后""90 后"农民工。

第二，已婚占 30%，未婚占 70%。

第三，性别比例为 5:5，但鉴于农民工所从事的建筑业、服务业等行业的特殊性，笔者酌情予以调整。

（二）调查方法

问卷部分为自填问卷法（集中填答与个别填答均可）；访谈部分以个

案访谈为主，可能性的集体焦点小组访谈（座谈）为辅。

（三）调查目的

了解农民工收入、消费现状及社会认同、社会心态、迁移意愿，并对其迁移意愿与农民工收入、消费及社会认同、社会心态、人口学变量做回归分析，探讨其相互关系与影响，力求有更直接、深刻的体悟。

（四）调研规模

在简单随机抽样时，以置信度 t = 95%，绝对误差 d = 5%，取方差最大的比例，则河南省的样本量应为：

$$n_0 = t^2 \cdot P \cdot Q / d^2 \approx 2^2 \times 0.5 \times 0.5 / 0.05^2 = 400 （人）$$

根据以往的经验，估计回答的概率 a = 90%。因此调整样本量为：

$$n_1 = n_0 / a = 400 / 0.9 \approx 445 （人）$$

由于多阶段抽样的效率比随机抽样的效率低，取设计效应 deff = 1.35，在河南省调查的样本规模应为：

$$n_2 = n_0 \cdot deff = 445 \times 1.35 = 600 （人）$$

（五）抽样方法

以在河南省务工的农民工为总体，即只考虑流入地，不考虑流出地，采用多阶段抽样方法抽取样本。具体分三个阶段。

第一阶段，以河南省 18 个省辖市为初级单元。

根据 2012 年河南省统计年鉴中各市 GDP、工资收入、居民消费水平等影响因素，分配各城市的样本规模（见表 4 - 1）。

表 4 - 1　河南省 18 省辖市样本规模分布

郑州	洛阳	南阳	许昌	焦作	新乡	平顶山	安阳	信阳	商丘	周口	驻马店	开封	濮阳	三门峡	漯河	鹤壁	济源
128	72	56	40	40	40	40 + 30	40	24	24 + 30	24	24	24	24	24	16	16	16

注：总计样本中 60 人为采矿业从业者。

第二阶段，抽单位。

具体方法是：先从本市的电话黄页（邮电局或电信局印制的，较大的宾馆饭店中都有的电话簿，或者网上 http：//www. hnhy. net. cn/）中分区，再从区中抽单位。按照下列 9 种职业类型，从每一职业类型的全部单位名单中等距抽取相关的单位数。比如，等距抽取 3 个单位时，可抽取名单中的第 5 个单位、第 10 个单位和第 15 个单位（虽然实际调查可能只会用到一个单位，但考虑到有些单位规模较小，可能没有足够的符合要求的农民工，以及其他一些不适合调查的特殊情况，故抽三个单位，将后两个单位作为候补）。

如果电话簿中某一行业类型的单位数量较少，不足调研数，则按单位总数做三等分，每一等分中抽一个，并依据实际情况进行替补。实际调查时，如果所抽的第一个单位可以提供足够的调查对象，就只在第一个单位调查；如果不够，到第二个单位调查；如果还不够，再到第三个单位调查。

其中关于职业类型做如下界定。

第一，制造业（一般的工业企业，也可参照国民经济行业细分）；

第二，建筑业（建筑公司、建筑工地）；

第三，交通运输业（铁路、公共汽车、长途汽车）；

第四，住宿餐饮娱乐业（宾馆、酒店、饭店、餐馆）；

第五，批发零售业（百货商店、超级市场、专门零售商店、品牌专卖店、售货摊等主要面向最终消费者，如居民等进行销售活动，包括以互联网、邮政、电话、售货机等方式进行的销售活动，还包括在同一地点，后面加工生产，前面进行店铺销售，如面包房活动）；

第六，邮电通信业（邮局、快递公司、移动、联通、电信）；

第七，社区服务业（保安、保姆等）；

第八，文化休闲服务业（足浴城、游戏厅、网吧等）；

第九，采矿业（煤矿业）。

需要特别注意，一是农民工流动性很强，农民工的分布与城市产业分布高度相关，不同职业的农民工具有不同的特点。因此，在可行的前提下，本调查采取多阶段随机抽样与非随机配额抽样相结合的调查方法，在考虑不同行业、性别、婚姻状况等因素的情况下，对具体样本量进行配额抽取。二是在确保行业类型和样本数量的前提下，对调查单位的抽取覆盖了该城市所有区域（郑州四个方位区域，其他按城市区划分两个区域）。三是在抽取单位时，要考虑大中小单位的类型和性质，可比设计要求的多一些，当实际调查中遇到不可行、不便进行调查的情况时及时进行替换。四是以熟人方式联系的单位必须是比较普通的单位，不能是很特殊的单位，要具有代表性。五是个体户不在本次调查之列。

　　总体来说，在抽取单位时要兼顾代表性（同种企业规模和性质）和覆盖性（区域）。表4-2至表4-7显示了18个省辖市的职业类型、调查对象名额分配及需抽单位数量。

表4-2　（郑州 128）职业类型、调查对象名额分配及需抽单位数量

职业类型	需调查人数	计划调查单位数	需抽取单位数
1. 制造业	16（3个企业）	4	12
2. 交通运输业	16	4	12
3. 住宿餐饮娱乐业	16	4	12
4. 建筑业	16	4	12
5. 批发零售业	16（商场＋超市）	4	12
6. 邮电通信业	16（快递）	4	12
7. 社区服务业	16（保安＋保姆）	4	12
8. 文化休闲服务业	16（足浴城＋游戏厅＋网吧等）	4	12

表4-3　（洛阳 72）职业类型、调查对象名额分配及需抽单位数量

职业类型	需调查人数	计划调查单位数	需抽取单位数
1. 制造业	9（3个企业）	2	6
2. 交通运输业	9	2	6
3. 住宿餐饮娱乐业	9	2	6
4. 建筑业	9	2	6
5. 批发零售业	9（商场＋超市）	2	6
6. 邮电通信业	9（快递）	2	6
7. 社区服务业	9（保安＋保姆）	2	6
8. 文化休闲服务业	9（足浴城＋游戏厅＋网吧等）	2	6

表 4-4 （南阳 56）职业类型、调查对象名额分配及需抽单位数量

职业类型	需调查人数	计划调查单位数	需抽取单位数
1. 制造业	7（3 个企业）	2	6
2. 交通运输	7	2	6
3. 住宿餐饮娱乐业	7	2	6
4. 建筑业	7	2	6
5. 批发零售业	7（商场 + 超市）	2	6
6. 邮电通信业	7（快递）	2	6
7. 社区服务业	7（保安 + 保姆）	2	6
8. 文化休闲服务业	7（足浴城 + 游戏厅 + 网吧等）	2	6

表 4-5 职业类型、调查对象名额分配及需抽单位数量（各 40）
（许昌、焦作、新乡、平顶山、安阳）

职业类型	需调查人数	计划调查单位数	需抽取单位数
1. 制造业	4（3 个企业）	2	6
2. 交通运输	3	2	6
3. 住宿餐饮娱乐业	4	2	6
4. 建筑业	4	2	6
5. 批发零售业	4（商场 + 超市）	2	6
6. 邮电通信业	3（快递）	2	6
7. 社区服务业	4（保安 + 保姆）	2	6
8. 文化休闲服务业	4（足浴城 + 游戏厅 + 网吧等）	2	6
9. 采矿业	30	3	9

注：采矿业仅指平顶山。

表 4-6 职业类型、调查对象名额分配及需抽单位数量表（各 24）
（信阳、商丘、周口、驻马店、开封、濮阳、三门峡）

职业类型	需调查人数	计划调查单位数	需抽取单位数
1. 制造业	3（3 个企业）	1	3
2. 交通运输	3	1	3
3. 住宿餐饮娱乐业	3	1	3
4. 建筑业	3	1	3

续表

职业类型	需调查人数	计划调查单位数	需抽取单位数
5. 批发零售业	3（商场＋超市）	1	3
6. 邮电通信业	3（快递）	1	3
7. 社区服务业	3（保安＋保姆）	1	3
8. 文化休闲服务业	3（足浴城＋游戏厅＋网吧等）	1	3
9. 采矿业	30	3	9

注：采矿业仅指商丘。

表4 - 7　职业类型、调查对象名额分配及需抽单位数量表（各16）
（漯河、鹤壁、济源）

职业类型	需调查人数	计划调查单位数	需抽取单位数
1. 制造业	2（3个企业）	1	3
2. 交通运输	2	1	3
3. 住宿餐饮娱乐业	2	1	3
4. 建筑业	2	1	3
5. 批发零售业	2（商场＋超市）	1	3
6. 邮电通信业	2（快递）	1	3
7. 社区服务业	2（保安＋保姆）	1	3
8. 文化休闲服务业	2（足浴城＋游戏厅＋网吧等）	1	3

第三阶段，抽个人。

如果能得到单位人员的名单，且符合要求的农民工人数比较多时，则采取间隔抽样的方法进行抽取；如果符合要求的农民工人数较少时，可采取整群抽样的方法抽取；如果无法得到单位农民工名单时，则由调查单位协助完成。联系时可告知被调查单位：所抽取的农民工年龄一定是在1980年及以后出生的各年龄段的人员；性别比例最好是5:5，也可以是6:4，最低要求是7:3；婚姻比例3:7（已婚：未婚）。请调查单位严格按要求抽取，对于不符合者更换。

二　调查实施

（一）寻找调研对象

本调查主要采取三种方法寻找调研对象。

一是按照所提供单位及电话号码，先联系单位负责人，讲明来意，取得支持（我们是河南师范大学调查人员，现在进行一项关于农民工的社会调研，目的是了解农民工现状，关注农民工心声，并将调研结果反馈给相关决策单位，以便更好地改善农民工的城市生活，帮助农民工更好地完成市民化，希望您能够支持我们的调研）。向其介绍我们对调研对象的要求，即大专学历及以下、持有农村户口、跨县（区）域流动到城市务工的"80后""90后"农民工，希望单位负责人提供相关人员名单。

二是直接寻找，找到抽样框中的单位后，直接询问调研对象是否符合调研要求，如果符合，开始调研。

三是通过私人关系比如熟人、亲戚、朋友等联系调研对象。

（二）问卷填写时的注意事项

问卷内容共分为四个部分：一是农民工个体的基本情况；二是农民工收入情况；三是农民工消费情况；四是农民工的社会认同、社会心态情况。其中第三部分为，"您平均每月的花费"包括食品、住宿等方面的费用，如果是已婚者，按照人均花费来填，即现居住家庭消费总值/家庭总人数。

由于调研对象是农民工，可能受文化水平限制，其对于某些问题的理解有困难或偏差，调研员一定要在现场进行解释，并及时记录，反馈这些信息（特别是关于农民工政治认同部分）。

调查对象应按实际情况和理解填写，不要找人代填。调查对象只需在合适的选项上打钩。若题目为多选题的，调查员应提示调查对象进行多选。

（三）问卷调查实施步骤

1. 准备工作

一是根据各调查小组人力资源和社会关系状况，依据城市区域均衡原则，制定出各小组的总体规划和调研路线图，做好内部分工。

二是出发前由调查员统一填写卷首的"地区编号、问卷编号、调查员、调查时间"，确定路线，并根据各行业的不同特点，安排好具体调查时间。每人准备一个调研日记，记录每天调研对象的全部个人信息，包括年龄、性别、所属单位（详细到班组）、现居住地、农村居住地、家庭成员信息等。

2. 问卷发放

一是锁定调查对象后，在问卷发放前，简单地对调查对象的年龄进行核实，请不符合调查要求的人退出。同时，提醒调查对象认真阅读问卷的注意事项，填写个人的真实信息，实在不愿填写的可以不填，以保证问卷的真实性。

二是调查尽可能采用"集中填答，当场完成，当场检查，当场验收"的方式进行，实在不能集中填答的单位可以分批或者个别进行，但必须在同一天完成。不论何种方式，一定要保证调查对象在调查员在场的情况下填写。

3. 调查收尾

一是为保证问卷的回收率和问卷的质量，建议使用集中填写问卷的方式，即通过某种方式将被调查者集中起来，发放问卷后由调查人员统一讲解调查的目的、要求、问卷的填答方法等事项，由被调查者当场填答问卷，填答完毕后统一收回。回收问卷时应仔细验收，尤其注意问卷填答的完整性和是否有明显错误。

二是每天进行总结完善。

问卷的整理。对每份问卷的城市、职业代码及调查员姓名、调查时间及时补充。将问卷按照编号排列，归纳当天填答人员的性别、职业、年龄段比例等情况。审查调查问卷，对有缺项的采用填充法补齐，具体方法是联系上下问题的答案进行预测性填充。对填答内容进行逻辑审查，如出现前后矛盾的答案，则根据其回答整个问卷的态度推断错选项，去除错选项。

日志的撰写。尽可能详尽地记录每天的调查时间、地点、人物、方法等各个方面，尤其是有关调查对象的姓名、工作单位和联系方式（手机号码），对调查过程、遇到的问题、解决办法等方面也要详尽地记录。

计划的调整。针对问卷的完成情况，结合调查要求，及时对下一步的样本进行调整。检查更换样本的代表性，出现较大差异的，重新更换调查。

三是调查结束后，各地负责人对每个城市单独进行小结，并将所调查的单位名称和个人信息汇总后与问卷一起上交，以便 20% 的抽查复查或有问题时回访调查。

总之，在调查过程中要确保调查的真实性、全面性、完整性、有效性、可复查性。

三 访谈要求

（一）访谈数量

在各市的访谈中，要兼顾大小城市、不同行业的样本，男女比例要均衡，保证每个类型及职业中都有代表性的个案访谈。

（二）访谈注意事项

一是注意询问的方式，语气要平和、礼貌、真诚，不能给对方造成不舒服的感觉。

二是询问的目的是了解情况，并且是询问与本调查相关的情况，不涉及访谈对象的个人隐私，即使在对有些敏感性的问题进行询问时，也要考虑对方的接受程度，根据访谈对象的具体情况可以对问题的提法做适当调整。

三是询问问题时应结合访谈对象的情况和本次访谈要达到的目的进行。

四是询问不同的访谈对象之前应该做好充分准备，询问的内容要清晰、有条理，把握重点，达到访谈目的。

五是访谈记录一定要和访谈提纲保持较高的相关性，访谈结束后要对记录予以补充完善。

（三）个案访谈整理格式

（调查地代码，如新乡 01）编号：01 - 01　　调查员：01　　调查时间：×月×日×时

姓　　名：张×× （如被访谈者确实不愿意留姓名可以省略）

性　　别：女

年　　龄：28 岁

职　　业：商场营业员

住　　址：××

访谈内容：

一是……

二是……

四 补充调查

补充调查部分在 2014 年 1 月至 2 月之间进行，在第一次调查的基础上，我们对问卷内容做了一些修改，使之更符合我们的调查目的。调查对象与抽样方式与第一次完全一致。第二次调查发放问卷 243 份，回收有效问卷 242 份，有效回收率为 99.6%。

第二节 河南省新生代农民工收入与消费调查现状

一 河南省新生代农民工的调查样本分布

1. 调查样本的地域分布（见表 4 - 8）

表 4 - 8 河南省新生代农民工调查样本的地域分布

单位：%

地区	频率	百分比	有效百分比	累计百分比
信阳	23	3.2	3.2	3.2
南阳	52	7.3	7.3	10.5
驻马店	24	3.4	3.4	13.9
平顶山	71	9.9	9.9	23.8
漯河	16	2.2	2.2	26.0
许昌	38	5.3	5.3	31.3
郑州	127	17.8	17.8	49.1
新乡	40	5.6	5.6	54.7
济源	15	2.1	2.1	56.8
焦作	39	5.5	5.5	62.3
鹤壁	16	2.2	2.2	64.5
濮阳	24	3.4	3.4	67.9
安阳	40	5.6	5.6	73.5
周口	24	3.4	3.4	76.9
商丘	70	9.8	9.8	86.7
开封	24	3.4	3.4	90.1
洛阳	71	9.9	9.9	100.0
合计	714	100.0	100.0	

2. 调查样本的行业分布（见表 4 - 9）

表 4 - 9　河南省新生代农民工调查样本的行业分布

单位：%

		频率	百分比	有效百分比	累计百分比
有效	制造业	82	11.5	11.5	11.5
	交通运输业	76	10.6	10.7	22.2
	住宿餐饮娱乐业	94	13.2	13.2	35.4
	建筑业	81	11.3	11.4	46.8
	批发零售业	91	12.7	12.8	59.6
	邮电通信业	75	10.5	10.5	70.1
	采矿业	51	7.1	7.2	77.3
	社区服务业	81	11.3	11.4	88.7
	文化休闲服务业	81	11.3	11.4	100.0
	合计	712	99.7	100.0	
缺失		2	0.3		
	合计	714	100.0		

二　河南省新生代农民工的人口学特征

与 20 世纪 80 年代初期外出打工的第一代农民工相比，新生代农民工在文化程度、家庭状况、年龄、婚姻状况、初次外出务工年龄等各方面有着很大的不同。这些背景又进一步影响了他们的择业观、消费观以及生活价值观。此次调查的新生代农民工的基本情况如下。

1. 新生代农民工的年龄特征

本次调查的新生代农民工情况显示，初次务工的平均年龄只有 22.5 岁，最小的只有 16 岁，有 26.4% 的新生代农民工在 20 岁以下。

2. 新生代农民工的性别状况

大多数研究认为，新生代农民工中女性的比例高于第一代农民工中女性的比例。这说明随着改革开放程度的提高、受教育水平的提升以及农村家庭子女数的减少，女性的地位不断提升，自立性增强，越来越多的农村女性开始走出农村、走向城市。城市对女性有了越来越大的吸引力，她们能感受到城市更大的"拉力"，更渴望在城市实现自己的梦想，追求一种新的生活。

3. 新生代农民工的受教育程度

90%以上的新生代农民工的文化程度在初中以上，高中及以上学历的占了六成多（见表4-10），与他们的父辈相比，这一代农民工的文化程度已经有了显著的提高。相对较高的文化程度使他们更容易接受和适应城市现代化的生活方式。

但值得注意的是，受教育水平的提升会带来一个负面效果。对新生代农民工来说，他们接受教育的平均水平是中学教育，而我国的中小学教育都以应试教育为主，农村学生在学校课堂上所学的完全是书本上的理论知识，在学校里既不能学到农村生产需要的务农知识，也没有时间、没有兴趣跟着父辈学习农业生产所需要的务农经验，大部分的新生代农民工在外出务工之前，没有经过技能学习和培训，不具备以后务工所需要的专业技能；但是书本知识的学习，除了相应地提高了他们的学历外还增加了他们对未来收入的预期，这些变化致使一些新生代农民工在城市找工作时过于挑剔，高不成低不就，不愿意从事老一代农民工所从事的体力活，不能安心于现有工作，进而出现了各种城市不适应问题。

表4-10　河南省新生代农民工调查样本的受教育程度

		频率	百分比	有效百分比	累计百分比
有效	小学以下	11	1.5	1.6	1.6
	小学	16	2.2	2.3	3.9
	初中	203	28.4	29.0	32.9
	高中（中专）	266	37.3	37.9	70.8
	大专	205	28.7	29.2	100.0
	合计	701	98.2	100.0	
缺失		12	1.7		
		1	0.1		
	合计	13	1.8		
合计		714	100.0		

4. 新生代农民工的婚姻状况

由于调查抽样的限制，我们调查的新生代农民工中，55%是未婚的，这个比例超出调查的预计（见表4-11）。在这种状况下，新生代农民工在消费时受到来自家庭的压力要小得多，他们更多地以个体为单位，致使他们在城市消费时没必要过度节省。在已婚的新生代农民工中，夫妻两人或者是家庭一起外出务工的比例较大，在这种情况下，就产生了诸如对住房、子女教育等有更多需求的问题。

表4-11　河南省新生代农民工调查样本的婚姻状况

		频率	百分比	有效百分比	累计百分比
有效	未婚	393	55.0	55.6	55.6
	已婚	314	44.0	44.4	100.0
	合计	707	99.0	100.0	
缺失		7	1.0		
合计		714	100.0		

5. 新生代农民工家庭结构扁平化趋势

新生代农民工无论是家庭人口数（一起生活的人数）还是兄弟姐妹人数较之老一代都要少。根据朱永安的研究，1~2人的比例达90%以上，超过3人的是极少数（朱永安，2005）。在我们调查的新生代农民工中，本身属于独生子女的比例较高，占17.8%，这个比例也超出了之前的预期。他们所在的家庭结构更趋于扁平化、小型化，这种状况使得他们不用像老一代农民工那样承担着维持家庭生计的重要责任，家庭负担较轻，在城市中的生活压力也较小，有着更为自由的发展空间。

表4-12　样本新生代农民工是否为独生子女

		频率	百分比	有效百分比	累计百分比
有效	是	126	17.6	17.8	17.8
	否	582	81.5	82.2	100.0
	合计	708	99.2	100.0	
缺失		5	0.7		
		1	0.1		
	合计	714	100.0		

由于成长环境、家庭结构、家庭经济状况、受教育程度等因素的影响，和老一代农民工相比，新生代农民工对未来有更高的预期。因此，新

生代农民工普遍忍耐力差，吃不得苦，脏活、累活、报酬低的活不愿干，而且他们中的很多人不再崇尚节俭，这与老一代农民工省吃俭用把钱寄回老家形成了巨大反差。

三 河南省新生代农民工的行为学特征

1. 新生代农民工的生活经历

新生代农民工的平均外出年龄为19.1岁，这和受教育程度的调查数据基本一致，近70%的新生代农民工是高中及以上学历，他们基本上是在高中或中专毕业后就直接到城里务工，虽生活在农村但缺乏务农经历。更有一些新生代农民工从小就跟随父母流动到城市，长期在城市生活，更谈不上有务农经历。调查表明，有20%的新生代农民工完全没有务农经历，五成以上的新生代农民工有很少的务农经历，只有27.2%的新生代农民工有较多的务农经历（见表4-14）。关于老家有多少责任田的调查结果显示，有五成以上的新生代农民工家里没有或者有1亩以下的责任田（见表4-15），在这种情况下，他们务农的可能性就很小。相对贫乏的农村生活经历使他们缺失了对农村的认同感，而对城市融入的渴望则更为强烈。

这些生活经历影响了新生代农民工的消费特点，形成了与老一代农民工不同的生活轨迹，对于老一代农民工来说，进城就是为了挣钱，其他事情他们不过多考虑，挣钱以后大多选择回老家消费。新生代农民工则很大程度地表现出对城市生活的向往，有享受生活的观念，进城一方面是为了赚钱，更主要的是为了体验城市生活，因此，在城市的消费对他们来说很重要，同时他们逐渐以城市人的标准改变自己的生活方式。

表4-13 样本新生代农民工第一次务工年龄分布

		频率	百分比	有效百分比	累计百分比
有效	16~17岁	194	27.2	27.5	27.5
	18~19岁	259	36.3	36.7	64.2
	20~22岁	185	25.9	26.2	90.4
	23岁及以上	67	9.4	9.5	100.0
	合计	705	98.7	100.0	
缺失		9	1.3		
合计		714	100.0		

表 4 - 14　样本新生代农民工务农经历分布

		频率	百分比	有效百分比	累计百分比
有效	有，较多	192	26.9	27.2	27.2
	有，较少	373	52.2	52.8	80.0
	没有	141	19.7	20.0	100.0
	合计	706	98.9	100.0	
缺失		8	1.1		
	合计	714	100.0		

表 4 - 15　样本新生代农民工在老家有责任田的分布情况

		频率	百分比	有效百分比	累计百分比
有效	有，不足1亩	150	21.0	21.5	21.5
	有，1亩及以上	324	45.4	46.5	68.0
	没有	223	31.2	32.0	100.0
	合计	697	97.6	100.0	
缺失		17	2.4		
	合计	714	100.0		

2. 新生代农民工的务工动机与行为

新生代农民工选择外出务工的诸多原因中，经济方面的因素在弱化，外出更多的是源于在农村没有更好的发展，前途渺茫。他们追求自己所希望的现代城市生活，寻求自身未来的发展方向以及考虑自己和后代以后的归宿问题。正是这样的定位使得他们在找工作时更关注自己未来的上升空间，为此可以承受一定程度的风险，在工作或生活中追求个人利益，并把行为目标定于个人利益的最大化。也就是说，新生代农民工是为了离开农村进入具有更广阔发展空间的城市而外出务工，城市较高的生活水平与生活质量显然强烈地吸引着他们。在城市，他们考虑身份问题，更多地追求可以得到的综合收益，而不仅仅是金钱收入的最大化。进城务工赚钱对新生代农民工来说只是目的之一，他们中的大多数是抱着改变自己和家庭的生活状态，为自己的人生寻找一条不一样的发展道路的期望。他们的行为动机具有经济型和发展型并存的特点，他们在逻辑上更多地考虑发展前途，在伦理上更多地考虑身份公平等（王春光，2001）。

3. 新生代农民工的家庭担当

随着新生代农民工受教育程度的提高，他们更容易适应城市生活，而未来选择在城市立足的可能性也就更大，从而不再特别注重与老家的联系，这在一定程度上降低了联系的密切程度（胡枫、王其文，2007：23）。这里我们只从经济方面考察他们与家庭的联系。大量的研究表明，老一代农民工通常是把大量收入寄回农村老家，他们的务工收入是农村家庭的重要经济支撑；而新生代农民工将收入寄家的比例较低，金额也较少，甚至有些人还要向家人寻求经济上的帮助。调查显示，28%的新生代农民工根本不往老家寄钱，或者家里不需要他们寄钱，一年平均给家里 500 ~ 1000 元的占 21.9%，1001 ~ 2000 元的占 14.5%，4000 元以上的仅占 20.3%（见表 4 - 16）。当然，之所以出现这种差别，与他们成长的家庭环境、婚姻状况及人格特征等有关。

表 4 - 16　样本新生代农民工汇款状况分布（年均）

		频率	百分比	有效百分比	累计百分比
有效	没有	196	27.5	28.1	28.1
	500 ~ 1000 元	153	21.4	21.9	50.0
	1001 ~ 2000 元	101	14.1	14.5	64.5
	2001 ~ 3000 元	57	8.0	8.2	72.7
	3001 ~ 4000 元	49	6.9	7.0	79.7
	4000 元以上	142	19.9	20.3	100.0
	合计	698	97.8	100.0	
缺失		16	2.2		
	合计	714	100.0		

4. 新生代农民工的乡土情结

除了经济往来之外，第二代农民工和家乡的联系较少。朱永安的调查表明，在回家的时间上，老一代农民工与新生代农民工都表现出一种随意性与突发性，主要是"有事就回家"和"不定期回家"，这两类的比重超过了一半。而新生代农民工回家的频率明显要低于老一代农民工，因此和家乡农村的联系相对更少（朱永安，2005）。他们对家乡的认同更多地系于与亲人的情感，而对家乡其他方面的依恋在减少，他们在逐步脱离了家乡的生活环境后，对家乡也产生了一定的距离感与陌生感（史柏年，2005：211），对农村社会的"乡土认同"逐步减弱（程建林，2009）。

四 新生代农民工的行为决策分析及比较[①]

1. 新生代农民工的"流动决策"

研究发现，新生代农民工在进行"流动"决策时，多是从成本收益的角度进行考虑的。从成本角度来说，新生代农民工的"流动"成本主要包括城乡之间往返的交通成本、农村人在城市务工时所遭受的社会歧视带来的心理成本、劳动力价格被压低给他们带来的经济和心理损失、城市管理制度给他们造成的进入成本、在城市定居所增加的生活成本、与家人分离所带来的心理成本等。从收入角度来说，新生代农民工比起老一代农民工有更高的要求，他们在进行外出务工决策时，考虑的不仅仅是城市可能给他们带来的更高的预期实际货币收入，还考虑到基本公共服务和社会福利、社会保障等方面的城乡差异可能带给他们的隐性收入。因此，在他们做出进城决策时，会考虑城市更完备的公共设施、更充足的公共服务、更优越的教育条件、更健全的社会保障制度等，显而易见，到城市可以享受城市的基本公共服务、公共教育资源、基本社会福利等，这些也是吸引农村劳动力进城的重要因素。所以，一是城乡之间存在预期的实际货币收入差异，二是城乡公共资源占有方面、公共服务供给方面的巨大差异共同决定了农村劳动力的流动决策，这两方面的差异既是新生代农民工进行流动决策的动力，也在一定程度上成为限制他们流动的条件。

2. 新生代农民工的"定居决策"

对新生代农民工来说，决定流动与定居的因素是不同的，因此，新生代农民工在做出流动决策与进行迁移定居决策时的依据也不同。在进行流动决策时，他们考虑的两个因素——预期货币收入和城市完善的社会保障体系都存在于他们的想象中，而在真正进入城市开始务工后，要不要迁移定居到城市，则是一个复杂的问题，作为经济人的新生代农民工会小心翼翼地、不断根据自身所面对的实际情况调整自己的行为决策。如果说在做出外出流动这一决策时自己还有较大自由选择空间的话，新生代农民工在

---

① 参考程建林，2009。

做出要不要定居的决策时则更多地表现出无奈，使得这一决策呈现出与流动决策不同的特征。新生代农民工进城后，面临的现实情况并不完全符合自己进行流动决策前的预期，到目前为止，在我国的大部分城市，流动人口还不能和原有城市居民一样平等享受政府所提供的基本公共服务和基本社会保障，他们进城后发现预期的福利待遇基本上无法实现，现实情况是农民工与城市居民在享受基本公共服务和基本社会保障、社会福利等方面差异巨大，尤其是与他们生活紧密相关的住房问题到现在也没有一个较好的解决方案，住房成为以新生代农民工为主体的流动人口所要面对的最大障碍，另外，在子女公平地接受义务教育、在流入地参加高考等方面更是困难重重。要解决这些问题，市民化是必然的选择，拥有城市市民身份意味着他们可以享有城市为市民所提供的福利待遇，目前劳动力市场化程度较高，工资基本上由劳动力市场的供求状况来决定，对新生代农民工来说，除了工资以外的各种福利待遇、各种公共服务的缺失让他们在城市的生活没有一种安全感，没有保障，也降低了他们进城的预期收益。很多研究结果显示，新生代农民工的权利意识明显高于老一代农民工，他们更在意自己在城市的社会地位、社会福利待遇等，相应地，他们就会对公共服务和社会福利的缺乏产生更为强烈的"被剥夺感"。因此，在新生代农民工的观念中，对于要不要做出定居决策，他们除了考虑工资收入以外，更多地考虑这些福利损失对其今后生活的影响。从这个意义上说，新生代农民工群体是市民化意愿较强烈的群体，市民化以后的社会福利增加对他们具有更大的诱惑力。

3. 新老农民工行为决策的比较分析

在做出流动决策阶段，由于所要考虑的主要问题是经济收入，影响因素相对简单，因此，在这一阶段，新生代农民工与老一代农民工的行为决策依据基本相同，主要差别表现在定居阶段的决策上。由于老一代农民工在做出流动决策时，主要考虑到挣钱以后返回到农村，在城市定居的决策还没有进入他们的考虑范围，而新生代农民工由于本身缺乏务农经验，对农村没有太强的依恋感，相对来说，城市对他们有更大的吸引力，因此，在城市定居，甚至最终选择市民化，是他们进城以后就会考虑的问题。由于未来选择的差异，两代农民工在做出决策时所考虑的重点不同，老一代农民工只考虑流动务工的收入高低，而不怎么关注在城市能够享受到的福利待遇，而新生代农民工的选择则面临着更多的约束条件，在进行定居决策时，他们会更多地把公共服务、社会保障、福利待遇等因素作为一个重要的条件来考虑。

把基本公共服务、社会保障、社会福利待遇的损失作为一种机会成本加入新生代农民工定居决策的目标函数，可以发现两代农民工在许多方面出现特殊现象：一是与老一代农民工相比，新生代农民工做出流动决策时期望的工资收入更高；二是"民工荒"现象会出现在劳动力仍然过剩的条件下，部分人对这一现象解释如下。

第一，新生代农民工在做出流动决策时的预期工资多于老一代农民工，务工以后的实际工资也确实多于老一代农民工，其原因有他们的教育程度较高、文化素质相对较好，但是，最主要的原因还不是这些。对于初次进入劳动市场寻找工作的农民工来说，最重要的条件是工作技能，即雇主更在意的是他们技能的高低与熟练程度。在这些因素方面，新生代农民工与老一代农民工相比没有太大优势，新生代农民工较高的学历无法很快转变为企业所需要的人力资本，相反老一代农民工具有工作经验丰富、工作熟练程度高等方面的优势。那么新生代农民工为什么会有较高的收入呢？我们认为，因为年轻的新生代农民工权利意识强，他们对于社会福利待遇的损失反应比较强烈，他们对比的对象是在城市从事同样工作的群体，具有要求平等的思想观念，同时又敢于和善于利用合法途径表达自己的利益诉求，他们会迫使用工单位在一定程度上提高工资幅度。而老一代农民工在做出流动决策时只是把农村的收入标准作为参照，同时缺失对利益诉求的现实表达，没有较强的福利待遇损失感，他们的要求只是获得比在家里务农要高的收入，因为没有对福利待遇的要求，也就没有在无法得到福利待遇后希望通过提高工资来获得补偿的主观意愿，反而觉得那些福利待遇都与他们无关。

第二，从中国发生"民工荒"的具体情况来看，似乎存在着很矛盾的现象，与经典的经济学理论不一致：一方面，新生代农民工工作岗位存在着闲置；另一方面，存在部分新生代农民工失业的状况。对于这一现象，可以这样解释：由前文的分析可知，新生代农民工在做出流动决策时，不但考虑到了城市更高的工资收入，更重要的是受到现代城市生活的吸引，他们进城务工更重要的目的是享受现代生活。然而现实情况却无法满足他们的需求，现代城市生活离他们还很远，现代城市的很多公共服务、社会保障、社会福利等与他们无关，在这样的境况下，只获得有限的货币收入对他们的吸引力不大，所以部分年轻的农民工便会宁愿选择失业也不工作。因为从劳动力需求单位给出的工资来看，这些工资也可以满足他们在城市生活的各项费用支出，只是他们强烈追求相对公平的心理促使他们放弃了眼前的工作岗位，所以有学者认为"民工荒"的实质是"权益荒"（陆学艺，2004；蒋永穆、雷佑新，2005：81~84），"权益荒"是出现"民工荒"的直接原因（李长健、辛晨，2007：1~4），这些论断就包含着这样的寓意（程建林，2009）。对新生代农民工来说，权益在他们心中占有很大的分量。因此，追求公平权益的因素是新生代农民工定居、就业以及生活等各个方面着重考虑的因素之一。

第五章　河南新生代农民工收入状况的实证分析

第一节　河南省新生代农民工的收入状况

一　关于农民工收入的相关概念解析

研究新生代农民工的收入，首先，我们需要对研究中所使用的与收入相关的概念予以界定。在 2002 年以后的《中国统计年鉴》中，总收入按结构区分为工资性收入、经营性收入、财产性收入、转移性收入（《中国统计年鉴》2002）。

总收入是指调查期内住户和住户成员从各种来源渠道得到的收入总和。按收入的性质将总收入划分为工资性收入、家庭经营收入、财产性收入和转移性收入。

工资性收入是指住户成员受雇于单位或个人，靠出卖劳动而获得的收入，包括所从事的主要职业的工资以及通过第二职业、其他兼职和零星劳动得到的其他劳动收入。

家庭经营性收入是指住户以家庭为生产经营单位进行生产筹划和管理而获得的收入。住户家庭经营活动按行业划分为农业、林业、牧业、渔业、工业、建筑业、交通运输邮电业、批发零售贸易业、餐饮业、社会服务业、文教卫生业和其他家庭经营，家庭经营性收入是全部生产经营收入中扣除生产成本和税金后所得的收入。

财产性收入是指金融资产或有形非生产性资产的所有者向其他机构单位提供资金或将有形非生产性资产供其支配，作为回报而从中获得的收入。家庭财产收入指家庭利用所拥有的资产（包括动产和不动产，动产如银行存款、有价证券，不动产如房屋、车辆、土地、收藏品等）而获得的收入，包括出让财产使用权所获得的利息、租金、专利收入；财产营运所获得的红利收入、财产增值收益等。

转移性收入是指住户和住户成员无须付出任何对应物而获得的货物、服务、资金或资产所有权等，不包括无偿提供的用于固定资本形成的资金。一般情况下，转移性收入指住户在二次分配中的所有收入，即国家、单位、社会团体对居民家庭的各种转移支付和居民家庭间的收入转移，包括政府对个人收入转移的离退休金、失业救济金、赔偿等；单位对个人收入转移的辞退金、保险索赔、住房公积金等；家庭间的赠送和赡养等。

对于新生代农民工来说，其收入构成主要是指工资性收入，其他收入则对新生代农民工的总收入水平影响较小。本书也将以收入这一概念为基础来进行新生代农民工收入状况分析。

二　河南新生代农民工收入状况调查结果

通过对调查问卷的统计分析，我们得到调查期间河南省新生代农民工收入状况的结果如下。

（一）工资性收入

本研究分别对两次问卷调查数据进行了统计分析，第一次的调查数据显示，新生代农民工最低收入组的月收入在 1000 元及以下，占 6.9%，1001～1500 元的占 21.4%，1501～2000 元的占 23.9%，2001～2500 元的占 16.2%，2501～3000 元的占 14.8%，3001～4000 元的占 9%，4001～6000 元的占 4.9%，而最高收入组月收入在 6000 元以上，占 2.8%（见表 5-1）。新生代农民工的平均月收入达到 2254 元，但有五成以上的新生代农民工月收入在 2000 元以下。通过两次调查数据的对比分析，两者之间的结果得到了印证，平均收入、1000 元及以下收入所占比例及收入在 2000 元以下的新生代农民工所占比例等指标基本一致，说明了调查结果的可靠性和稳定性。

表 5-1　新生代农民工的月工资收入状况（含奖金）

单位：%

		频率	百分比	有效百分比	累计百分比
有效	1000 元及以下	49	6.9	6.9	6.9
	1001～1500 元	152	21.3	21.4	28.3
	1501～2000 元	170	23.8	23.9	52.2
	2001～2500 元	115	16.1	16.2	68.4

续表

		频率	百分比	有效百分比	累计百分比
有效	2501~3000 元	105	14.7	14.8	83.2
	3001~4000 元	64	9.0	9.0	92.2
	4001~6000 元	35	4.9	4.9	97.1
	6000 元以上	20	2.8	2.8	100.0
	合计	710	99.4	100.0	
缺失		4	0.6		
	合计	714	100.0		

图 5－1 中的数据是课题组第二次对新生代农民工收入状况的调查，调查结果显示，新生代农民工月收入的均值为 2318.09 元，有效统计样本为 242 个。

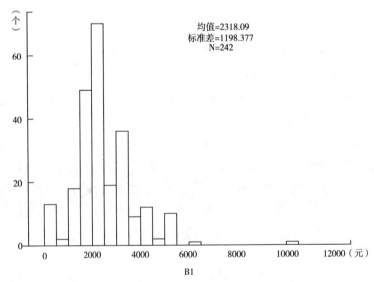

均值=2318.09
标准差=1198.377
N=242

B1

图 5－1　新生代农民工收入分布（第二次调查）

（二）家庭经营性收入

本次调查的重点是新生代农民工在城市的务工收入，个体经营者不在调查范围之内，因此本研究未考察家庭经营性收入。根据问卷设计，我们对新生代农民工务工前的家庭收入状况进行了初步了解。

结果显示，务工前超过53%的新生代农民工家庭年收入在10000元以下，有60%的新生代农民工进城务工前没有收入。这一家庭收入状况和个人工作经历的缺乏，对新生代农民工进城以后的工作选择和收入选择有一定影响。

（三）财产性收入

财产性收入的多少是收入结构是否合理化的重要标志，对新生代农民工财产性收入的调查结果分析见表5-2、表5-3。

表5-2　新生代农民工的财产性收入构成（第一次调查）

收入项目	利息	股票或债券	房租
频次	39	13	20
比例	5.5%	1.8%	2.8%

注：第一次调查有效样本数量703个。

表5-3　新生代农民工的财产性收入构成（第二次调查）

收入项目	利息	股票或债券	房租
频次	18	4	5
比例	7.4%	1.6%	2.1%

注：第二次调查有效样本数量243个。

比起老一代农民工，新生代农民工收入组成趋于多元化，收入结构趋于合理化。但是，从调查结果可以看出，拥有财产性收入者在新生代农民工群体中所占比例过小，而且财产性收入的数量在总收入中所占的比例也是极低的，不能起到稳定收入的作用。

（四）转移性收入

转移性收入是指国家、单位、社会团体对居民家庭的各种转移支付和居民家庭间的收入转移，包括政府对个人收入转移的离退休金、失业救济金、赔偿等；单位对个人收入转移的辞退金、保险索赔、住房公积金等；家庭间的赠送和赡养等。对于新生代农民工来说，可能的来源包括政府对个人收入转移的离退休金、失业救济金，单位对个人收入转移的辞退金、保险索赔、住房公积金，而这些可能的转移性收入都与社会保险相关。由于新生代农民工各项社会保险的参保率极低，因此，该项收入对他们来说也是微乎其微的。与此同时，部分新生代农民工还需要父母资助其日常生活开支。表5-4显示了第二次调查时的新生代农民工其他收入构成。

表 5-4　新生代农民工其他收入构成（第二次调查）

收入项目	兼职	父母资助
频次	23	14
比例	9.5%	5.8%

注：第二次调查有效样本数量243个。

第二节　河南省新生代农民工收入的特征分析

一　河南新生代农民工收入的水平特征

1. 新生代农民工收入的层级性

农民工群体内部的收入差距较大，且已表现出明显的层级分化。通过对新生代农民工的月收入进行分组，我们发现，最低收入组的月收入在1000元及以下，占6.9%，1001～1500元收入组的占21.4%，1501～2000元收入组的占23.9%，2001～2500元收入组的占16.2%，2501～3000元收入组的占14.8%，3001～4000元收入组的占9%，4001～6000元收入组的占4.9%，而最高收入组月收入在6000元以上，占2.8%。综合来说，新生代农民工的平均月收入为2254元，但是五成以上的新生代农民工月收入在2000元以下。

2. 新生代农民工收入的稳定性

新生代农民工收入的稳定性不足，这主要是由工作的不稳定性造成的。在关于新生代农民工目前有无换工作的打算这一问题中，有30.2%的受访者有换工作的打算。虽然新生代农民工务工年限不长，但是已有60%以上的受访者换了2次以上（含2次）工作（见表5-5、表5-6）。

表 5 - 5　样本农民工目前有无换工作的打算

单位：%

		频率	百分比	有效百分比	累计百分比
有效	有	207	29.0	30.2	30.2
	没有	478	66.9	69.8	100.0
	合计	685	95.9	100.0	
缺失		29	4.1		
合计		714	100.0		

表 5 - 6　样本农民工工作调换情况

单位：%

		频率	百分比	有效百分比	累计百分比
有效	没有	162	22.7	23.0	23.0
	1 次	94	13.2	13.4	36.4
	2 次	183	25.6	26.0	62.4
	3 次	139	19.5	19.8	82.2
	3 次以上	125	17.5	17.8	100.0
	合计	703	98.5	100.0	
缺失		11	1.5		
合计		714	100.0		

3. 新生代农民工收入的保障性

由于法律法规的完善和各级政府的重视，新生代农民工收入的保障性有很大改善。调查显示，目前仅有 3.8% 的农民工遇到工作单位经常拖欠工资的现象，67.8% 的人完全没有遇到过这种现象（见表 5 - 7）。

表 5 - 7　样本农民工所在单位有无拖欠工资情况

单位：%

		频率	百分比	有效百分比	累计百分比
有效	经常	27	3.8	3.8	3.8
	偶尔	202	28.3	28.4	32.2
	无	482	67.5	67.8	100.0
	合计	711	99.6	100.0	
缺失		3	0.4		
合计		714	100.0		

　　然而，与此相反的情况是，只有不足50%的受访者与单位签订了劳动合同（见表5-8），新生代农民工收入的保障性仍有很大问题。

表5-8　样本农民工劳动合同签订情况

单位：%

		频率	百分比	有效百分比	累计百分比
有效	是	349	48.9	49.2	49.2
	否	360	50.4	50.8	100.0
	合计	709	99.3	100.0	
缺失		5	0.7		
合计		714	100.0		

4. 新生代农民工收入的增长情况

　　新生代农民工收入的增长性较差。数据分析表明，新生代农民工的绝对收入水平已经有了很大提高，但与城镇居民相比还有较大差距，因此，相比之下，新生代农民工收入仍处于减少状态。同时由于农民工内部的收入分层化，只有少数农民工的收入增长和城市居民同步，其中大多数仍处于较低增长水平（五成以上的新生代农民工月收入在2000元以下就说明了这一问题的严重性）。此外，调查显示，将近一半的受访者在目前的工作单位没有涨过工资。而在目前的工作岗位涨工资的机会多不多的调查中，只有6.3%的人回答多，这一比例相对偏低。表5-9是农民工到目前单位涨过几次工资的样本分析。

表5-9　样本农民工到目前单位涨过几次工资

单位：%

		频率	百分比	有效百分比	累计百分比
有效	没有	320	44.8	46.3	46.3
	1次	179	25.1	25.9	72.2
	2次	104	14.6	15.1	87.3
	3次及以上	88	12.3	12.7	100.0
	合计	691	96.8	100.0	
缺失		23	3.2		
合计		714	100.0		

二　河南新生代农民工收入的结构特征

收入结构主要是指在总收入中工资性收入、经营性收入、财产性收入和转移性收入所占的比重。不同性质的收入对消费的影响作用不同。王健宇、徐会奇（2010）从广义的收入概念入手，提出收入性质的概念，并就收入性质对农民消费的影响进行了实证分析。结果表明：收入增长性和收入永久性对农民消费有显著的正向影响，两者的提高会促进农民消费水平的提高。

（一）新生代农民工收入的结构分析

基于本次新生代农民工调查数据的收入结构分析，在除了工资收入外是否还有其他收入的调查中，有76.8%的人回答有，其中将近一半的受访者的其他收入为加班费。另有超过20%的受访者回答还有其他收入，与老一代农民工有较大差别。这说明了新生代农民工的收入结构由单一向多元化构成发展。其具体表现为：5.5%的人有利息收入，1.8%的人有股票或债券收益，2.8%的人有房租收入，13.5%的人有父母资助或兼职（见表5-10）。但是非工资性收入在总收入中所占比例过低，仍然对新生代农民工的消费和发展不利。同时，第二次调查结果也从总体上验证了第一次调查的结论，即新生代农民工的非工资性收入在总收入中的比例过低（见表5-11）。

表5-10　新生代农民工的非工资性收入构成（第一次调查）

单位：%

收入项目	利息	股票或债券	房租	其他（父母资助或兼职）
频次	39	13	20	95
比例	5.5	1.8	2.8	13.5

注：有效调查样本总数714。

表5-11　新生代农民工的非工资性收入构成（第二次调查）

单位：%

收入项目	利息	股票或债券	房租	兼职	父母资助
频次	18	4	5	23	14
比例	7.4	1.6	2.1	9.5	5.8

注：有效调查样本总数243。

（二）新生代农民工收入的结构特征

新生代农民工收入结构的主要特征是收入的单一性。在针对奖金的调查中，有近一半的受访者只有工资收入而没有奖金（见表5－12）。工资外收入项目虽然有所增加，但是所占比例太低，不足以实现农民工收入的多样性和互补性。

表 5－12　每年的奖金

单位：%

		频率	百分比	有效百分比	累计百分比
有效	没有	351	49.2	49.6	49.6
	2000 元以下	262	36.7	37.0	86.6
	2000 ~ 5000 元	61	8.5	8.6	95.2
	5001 ~ 10000 元	21	2.9	3.0	98.2
	10001 ~ 20000 元	6	0.8	0.8	99.0
	20000 元以上	7	1.0	1.0	100.0
	合计	708	99.2	100.0	
缺失		6	0.8		
	合计	714	100.0		

第三节　河南省新生代农民工收入的影响因素

影响新生代农民工收入的因素有很多，本书仅从主体和环体两个角度来对新生代农民工收入的影响因素进行分析探讨。

一　主体因素

（一）性别与新生代农民工收入

我们在研究中发现，不同性别的新生代农民工的收入水平有显著差异，以收入区间分组数据和性别为变量进行的交叉分析表明，收入从低到高，男性所占比例逐渐升高，女性所占比例则越来越低，φ 相关系数为

0.336，与前述一些学者的研究有差异（钱雪飞，2010），这可以从地区差异和行业差异上做出部分解释。

表 5 – 13　目前月工资收入（含奖金）与性别交叉制表

			性别		合计
			男	女	
目前月工资收入（含奖金）	1000 元及以下	计数	23	25	48
		目前月工资收入（含奖金）中的%	47.9	52.1	100.0
	1001 ~ 1500 元	计数	52	99	151
		目前月工资收入（含奖金）中的%	34.4	65.6	100.0
	1501 ~ 2000 元	计数	76	92	168
		目前月工资收入（含奖金）中的%	45.2	54.8	100.0
	2001 ~ 2500 元	计数	66	46	112
		目前月工资收入（含奖金）中的%	58.9	41.1	100.0
	2501 ~ 3000 元	计数	64	37	101
		目前月工资收入（含奖金）中的%	63.4	36.6	100.0
	3001 ~ 4000 元	计数	52	12	64
		目前月工资收入（含奖金）中的%	81.3	18.8	100.0
	4001 ~ 6000 元	计数	32	2	34
		目前月工资收入（含奖金）中的%	94.1	5.9	100.0
	6000 元以上	计数	15	5	20
		目前月工资收入（含奖金）中的%	75.0	25.0	100.0
合计		计数	380	318	698
		目前月工资收入（含奖金）中的%	54.4	45.6	100.0

表 5 – 14　卡方检验

	值	df	渐进 Sig.（双侧）
Pearson 卡方	78.609[a]	7	.000
似然比	85.974	7	.000
线性和线性组合	65.114	1	.000
有效案例中的 N	698		

注：[a].0 单元格（.0%）的期望计数少于 5，最小期望计数为 9.11。

表5－15　对称度量

		值	近似值 Sig.
按标量标定	φ	336	.000
	Cramer 的 V	336	.000
有效案例中的 N		698	

（二）务工年限与新生代农民工收入

统计分析显示，新生代农民工的收入水平与进城务工年限之间成较强的正相关性，Pearson 相关性检验值为 0.226，在 0.01 水平上显著相关（见表 5－16）。虽然从理论上可以认为，新生代农民工整体收入水平的上升与平均受教育水平的提高有关，但实际数据结果显示，新生代农民工的收入水平与受教育程度之间没有显著的相关性。考虑其影响因素，应该与我们调查所选择的行业有关，这些行业对受教育程度的要求不高，而是和熟练程度有关。因此，其收入与从业时间相关度较大。

表5－16　样本农民工进城务工年限与工资收入相关性

		进城务工几年	目前月工资收入（含奖金）
进城务工几年	Pearson 相关性	1	.226**
	显著性（双侧）		.000
	N	694	690
目前月工资收入（含奖金）	Pearson 相关性	.226**	1
	显著性（双侧）	.000	
	N	690	710

＊＊在.01水平（双侧）上显著相关。

（三）职业状况与新生代农民工收入

职业状况关系到一个人的收入水平、生活质量与社会地位。因此，人们一般都向往有个较好的职业。根据我们的调查，新生代农民工在来城市务工之前，主要是在学校读书，其比例占到了 50% 以上，这种求学经历在一定程度上会影响到他们进城之后的职业期望与职业选择。通常情况下，职业期望与个人的自我认识和自我评价紧密相连（朱永安，2005）。由于新生代农民工对自己的生活条件和生活水平有着更高的要求，除了赚钱外，他们较重视安全、维权等这些关乎生活质量的因素，人文环境、文化娱乐、工作氛围等都影响着他们的选择，因此他们希望从事轻松而待遇较好、能够开阔眼界的职业。一些学者的研究表明，新生代农民工多数不再从事劳动密集型产业，普遍倾向于从事服务业，这也符合产业结构调整与劳动力市场的配置。成艾华等人的研究也证明了这一趋势：老一代农民工在传统的二元经济结构中，更偏向于在城市非正规部门就业，在批发和零售贸易、餐饮业中担任雇主的较多。新生代农民工更具有新时期城市产业工人的特征，正在逐渐成为中国产业工人的主体（成艾华、姚上海，2005）。

　　然而，我们通过对河南省新生代农民工的调查得出了与上述观点不太一致的结论。据统计，河南省新生代农民工所从事的职业大多数还是传统行业，虽然服务性行业，包括酒店、餐饮、保洁、销售等的比例在提高，甚至还有一定比例的农民工通过自己的努力成为管理人员，但这毕竟是少数。河南省新生代农民工的工作还集中于传统行业，这说明了目前河南省的经济发展水平仍然较低，产业结构层次尚处于落后状态，传统行业比例较高，这些行业对劳动力的需求较大。经济结构的低端化导致服务性行业发展相对滞后，所以无法提供更多的适合新生代农民工的工作岗位。表 5 - 17 是调查样本的行业分布。

表 5 - 17　调查样本的行业分布

单位：%

		频率	百分比	有效百分比	累计百分比
有效	制造业	83	11.6	12.0	12.0
	交通运输业	68	9.5	9.8	21.8
	住宿餐饮娱乐业	80	11.2	11.6	33.4
	建筑业	92	12.9	13.3	46.7
	批发零售业	88	12.3	12.7	59.4
	邮电通信业	80	11.2	11.6	71.0
	采矿业	71	9.9	10.3	81.3
	社区服务业	69	9.7	10.0	91.3
	文化休闲服务业	61	8.5	8.8	100.0
	合计	692	96.9	100.0	
缺失		22	3.1		
合计		714	100.0		

　　但是，从新生代农民工的职业意愿来看，产业工人并不是他们的最佳选择。理想中他们更倾向于成为私营企业主，其次是技术人员，选择工人作为其未来期望职业的只有 7 人（见表 5 – 18）。事实上，新生代农民工应该成为未来中国产业发展的主力军，而他们对工人职业的极低期望值是我们在研究农民工问题时必须高度注意的。

表 5 – 18　样本新生代农民工期望的职业

单位：%

		频率	百分比	有效百分比	累计百分比
有效	私营企业主	51	21.0	25.8	25.8
	技术人员	44	18.1	22.2	48.0
	企事业单位负责人	22	9.1	11.1	59.1
	办事人员	15	6.2	7.6	66.7
	工人	7	2.9	3.5	70.2
	商业服务	28	11.5	14.1	84.3
	其他	31	12.8	15.7	100.0
	合计	198	81.5	100.0	
缺失		45	18.5		
	合计	243	100.0		

（四）工作稳定性与新生代农民工收入

　　新生代农民工工作越稳定，其每小时的收入就越高（钱雪飞，2010），第一代农民工也是如此。然而就我们的调查统计来看，目前新生代农民工工作的稳定性存在不足，只有 19.73% 的新生代农民工感觉到现在所从事的工作可以干得较为长久，因此，亟须采取各种办法增强新生代农民工工作的稳定性。

（五）工作时间与新生代农民工收入

　　在调查研究中我们发现，新生代农民工每天工作时间、每周工作天数越增加，则其每小时的收入越低。这一结论在第一代农民工中也得到了验证，这其实是极不正常的。

根据我们 2014 年 1 月份的第二次调查，242 份有效问卷结果显示，73% 的受访者平均每周工作 6.36 天，还有 27% 的被调查者回答每周工作天数不确定，而平均每天工作的时间则为 9.33 个小时。通过计算，我们可以得出这 242 名新生代农民工每月的工作天数为 6.36 天 × 52/12 = 27.56 天，每月的平均劳动时间是 9.33 小时/天 × 27.56 天 = 257.13 工时。目前，通过联合国劳工组织的努力，世界各国的劳动时间早已被规范化了。我国的《劳动法》第 36 条也规定：“国家实行劳动者每日工作时间不超过八小时、平均每周工作时间不超过四十四小时的工时制度。”也就是说，按照我国《劳动法》的规定，一个劳动者每月的标准劳动时间是不超过（44 小时/周 × 52 周/年/12 月/年）= 190.67 工时。由此看来，新生代农民工每月平均比国家规定的劳动时间整整多 66.46 个工时，超过了 34.86%。同时，按照我国《劳动法》的相关规定，在法定的劳动时间外，如果延长劳动时间，其工资应该相应地增加。如果按照这一规定，随着劳动者劳动时间的增加，其平均每小时收入应该有所增加。而在本研究中，由于中国农民工大部分在非正规部门工作，有关部门对其劳动报酬的管理还很不完善，新生代农民工的每小时收入随着劳动时间的延长不增反减。因此，进一步加强中国农民工劳动报酬管理的规范化，加大对相关法律的执行力度尤为必要。

（六）劳动合同与新生代农民工收入

新生代农民工与用人单位签订书面合同有助于增加他们的每小时收入。然而调查结果显示，目前河南省仍有 52.16% 的新生代农民工未与用人单位签订书面合同。为改善这种局面，作为用人单位的企业，在现代社会必须按照现代企业职业管理的要求，逐步规范用工制度，自觉与农民工签订劳动合同和保险合同等协议，保障工人的应有权益，并按照合同约定认真履行其职责。同时在现代经济社会，新生代农民工也要充分利用自身的学历优势，强化契约意识和权利保护意识，在劳务关系中积极主张建立明确的合同关系，利用法律手段有效维护自身的合法权益。

（七）价值取向与新生代农民工收入

价值取向的矛盾使得“民工荒”与“技工荒”进一步加剧。与老一代农民工的家庭效用最大化不同的是，新生代农民工以个人效用最大化为目标。虽然他们的文化程度比老一代要高，但仍然缺乏专业技术，缺乏就业竞争力，因此大多数农民工进入二级劳动力市场。与此同时，由于他们的城市社交范围比老一代农民工广，追求较高的生活质量，这进一步使得他们对艰辛的工作有着强烈的排斥心理，更希望进入一级劳动力市场，在与城市劳动者相比的过程中，更是滋生出了相对较强烈的被剥夺感，并希望以较高的工资作为补偿。然而，他们所希望的工资水平与实际之间通常存在着较大的差别。因为以追求利润最大化为目标的企业，显然不愿意以较高的价格雇用劳动力，于是便出现了一方面大量新生代农民工闲置不去工作，而另一方面厂商却招不到工人的"民工荒"现象。

伴随着当前经济结构的调整和生产力水平的提高，企业对高水平劳动力的需求越来越多，对农民工的要求自然也在提高。然而，新生代农民工现有的技术水平和工作能力滞后于社会发展的需要。由于他们缺乏相应的技术能力，难以摆脱低层次的打工状态，同时有技能的新生代农民工对职业选择的要求也更高，于是就有了职业期望值较高与素质较低的矛盾（孔祥鸿，2007），这种职业期望或者说收入期望与新生代农民工自身素质之间出现了不匹配或错位，即高素质的农民工认为企业付给他们的工资太低，而低素质的、缺乏技能的劳动者无法满足企业的需求，企业感觉付给这部分人的工资过高，这种供需不匹配现象进一步加剧了劳动力市场的矛盾，带来结构性失业，这就是农民工失业现象与"民工荒""技工荒"同时存在的主要原因。

二　环体因素

在中国目前的经济社会发展阶段，影响新生代农民工收入的环体因素有很多，主要表现在以下五个方面。

（一）劳动力市场发育状况与新生代农民工收入

中国的劳动力资源配置经历了从计划经济阶段的计划分配方式到市场经济改革阶段的市场发挥部分作用的配置方式的转变。到目前为止，中国劳动力市场还处于不断完善的过程中，这一过程使得劳动力市场状况复杂，对包括新生代农民工在内的市场参与主体产生了各种复杂的影响。

劳动力市场的不完善主要表现在劳动力市场的分割上。劳动力市场分割对新生代农民工的最大影响是导致非正规就业。在经济学上，对于劳动力分割研究的代表性理论是二元劳动力市场理论。该理论认为，劳动力市场的分割导致了"一级劳动力市场"与"二级劳动力市场"的产生。"一级劳动力市场"中的工作有这样的特征：工资水平高，工作条件好，工作稳定性强，从业者在以后的工作中得到的晋升机会较多，等等。而"二级劳动力市场"的情况与此完全相反。国外一些学者也从不同的角度、分别运用一定的方法验证了中国这种二元劳动力市场的现实状况。

同时，也有一些学者从我国劳动力市场的具体现实情况出发，对中国的劳动力市场分割情况进行了研究。在相关实证研究过程中，学者们发现中国劳动力市场的状况更为复杂，可以说存在着"三重分割"，中国既有的城乡二元结构导致经济结构和社会结构的二元性，这种二元性导致劳动力市场的进一步分割，从而形成了"三重分割"机制。主要表现在二元城乡结构所导致的劳动力市场城乡分割，主要是指"一级劳动力市场"和"二级劳动力市场"的分割；二元经济结构所导致的劳动力市场部门分割，主要是指国家机关、国有大中型企事业单位与私营中小企业的分割，表现为体制内劳动力市场和体制外劳动力市场的分割；二元社会管理制度所导致的劳动力市场体制分割状态，主要是指行政干预所导致的劳动力市场对农民工择业、就业的歧视现象（李建民，2002；李春玲，2006）。

中国劳动力市场的分割，起源于中国城乡二元管理体制，户籍制度曾经严格限制农村人口向城市流动，这也是以后劳动力市场在城乡户籍劳动者之间形成明显分割的基础。改革开放以后，农村劳动力向城市流动，这成为农民的一种自发行为，农村流动人口的增加被认为给城市劳动力就业和城市管理带来了诸多问题，一度被限制，进入城市的农村劳动力很长时间内没有进入规范的劳动力市场，或者说正规的劳动力市场对农村流动人口在就业范围上进行了严格的限制（赖德胜，1998），农村流动人口只能出现在非正规的二级劳动力市场，寻找到的工作不论是工资待遇、工作环境还是福利待遇都无法与一级劳动力市场的工作相比，当地城镇户籍成为进入一级劳动力市场的门槛，因此一级劳动力市场的工作几乎被拥有城镇户口的劳动力占有。大量的研究结果表明，农民工的工资收入相对低下，主要因素不是农民工的技能差，而是农村户籍的不利影响。即使具有相同文化程度与工作年限，比较收入水平后可以发现，城镇户籍劳动力的收入明显高于农村户籍劳动力的收入（李春玲，2006）。根据我们2013年的调查分析，新生代农民工人均月收入为 2200 ~ 2300 元，而据河南统计网

2013 年的数据，2012 年河南省城镇职工人均年收入为 37338 元，月均收入 3111.5 元，新生代农民工的月均收入仅占当年城镇职工人均月收入的 72.3%。这只是从纯工资收入上进行比较，如果再考虑城镇职工的奖金、社会保障等福利待遇，实际收入差距则会更大。

在中国这种城乡分割、体制内外分割的复杂劳动力市场中，农民工群体中的大多数只能进入体制外的、二级劳动力市场。而这类劳动力市场所提供的工作基本上具有这些特点：劳动者收入较低且工作强度较大，工作不稳定且缺乏社会保障，一般处于单位下层且职位晋升机会少。虽然农民工群体中有一部分就业于体制内，但在多数情况下也属于体制内的二级劳动力市场，可以认为属于体制内单位中的临时工，这些人根本享受不到体制内正式职工的福利待遇，其实际的工资收入和待遇与体制外就业人员并没有太大差别。对于一部分拥有较高人力资本的农民工来说，他们大多数也是徘徊于体制内和体制外、徘徊于一级劳动力市场和二级劳动力市场之间，在选择工作职位时常因户籍问题而遭受各种歧视（李春玲，2006）。

农民工择业时所面临的劳动力市场分割远不止这一层面上的，他们在进入劳动力市场时还会受到人为的行政干预，从而产生行政性分割，出现就业歧视现象。在农民工的劳动力市场管理方面，一些地方的城市管理部门制定这样那样的措施，对用工单位招聘农民工采取更为严格的招工程序，包括限制用工单位招收外来人口的比例，严格限制农民工的务工领域，规定农民工就业的行业工种，坚持使用"职业保留制度"等等，对农民工就业设置门槛和壁垒。如上海市就曾经规定能够雇用农民工的行业和工种，不在规定范围内的不准招聘外来务工人员，即使是在规定范围内的，用工单位在招工时也要实行本市人员优先原则，外来劳动力只能作为本市劳动力不足情况下的补充。武汉市也将行业和工种进行区分，规定一些行业、一些工种可使用外来劳动力，一些行业、一些工种需要控制使用外来劳动力，还有一些行业和工种被规定禁止使用外来劳动力，并且对能够使用农民工的行业和工种进行了严格、具体的规定（程建林，2009）。除此之外，全国其他各大城市对外来务工人员也有类似的限制性、歧视性规定。这些城市管理部门对农民工可以从事的工种做了明确限定，对用人单位对农民工的使用期限也有严格限制，这样的制度安排使得政府对农民工劳动力市场的行政干预无处不在，在改革开放初期，中国的城市管理体制对农民工的就业歧视成为一种常态化、制度化现象。

因此，劳动力市场的分割、城市管理体制和用工制度的限制使得农民工无法进入城市正规的劳动力市场寻找工作，从而严重影响其经济地位的获得和收入水平的提高，人为地增加了农民工融入城市社会的困难，阻碍了农民工市民化的进程。因此，必须加快城乡劳动力市场一体化建设，而这需要从许多方面做出努力。首先是改革户籍管理制度，从根本上消除城乡差异。户籍制度是我国城乡二元经济、管理政策的基础，正是户籍制度把人区分为城市人和农村人，并且各种社会福利、社会保障都与此户籍划分相联系，从而导致城乡迥然不同的社会待遇。因此，只有改革户籍制度，才能消除二元经济政策、管理措施，通过居民居住证制度实施新的人口管理制度，使人们可以自由流动，不再出现城乡工资收入、福利待遇的差异。其次是在户籍改革的基础上建立城乡统一的劳动力市场，实施城乡无差别的就业政策。可以保障城乡劳动力根据自身素质获得均等的就业机会，城市就业管理机构对所有劳动力平等对待，在制度层面不再出现对农民工的用工限制，在政策层面不能再采取歧视农民工的政策；在企业管理中，对职工的管理按照工作绩效，同工同酬，不再实施双重标准。最后是社会保障、社会福利制度的改革也要与户籍制度相分离、与工作单位性质相分离，先实行省级基本社会保险统筹，使社会保险与就业单位性质、与参保人的户籍不再相关，真正实现劳动力的自由流动，从而实现劳动力资源的最优配置，提高劳动效率。

（二）就业性质与新生代农民工收入

农民工进入二级劳动力市场所找到的工作，从就业性质来说，大多数属于非正规部门就业（Liu&Chan，1999）。新生代农民工非正规就业的比例较高，在非正规部门就业，特点是工资收入较低，工作环境较差，工作的稳定性差，也不能享受公共就业服务，再就是很多用人单位为了降低企业成本不给农民工缴纳社会保险，在就业方面对农民工的歧视明显。就具体所从事职业来看，老一代农民工是在没有政府政策支持的情况下进城务工的，因此，他们从事的一般都是城市劳动力不愿意干的、没有多少技术含量的工作，而且通常是工作环境比较差、劳动强度很大的职业。而新生代农民工的就业选择则有所不同，部分工作的技术含量已经较高、工作环境也有很大改善，劳动强度也有所降低。不过，这种改变也只是与老一代农民工相比而言的，如果与城镇户籍的劳动力相比，大部分的新生代农民工还是在从事城市劳动力不愿意干的工作，在工作环境与福利待遇方面仍明显低于城市职工的平均水平，并且大部分农民工的临时工地位决定了其在工作中缺失必要的劳动保护，如为了工作加班加点，劳动强度和压力相对较大，而且往往得不到法律规定的社会保障待遇与福利待遇。根据我们2014 年 1 月份的第二次调查，在 242 份有效问卷中，73% 的受访者平均每周工作 6.36 天，27% 的被调查者回答每周工作天数不确定，总体来看每天平均工作时间为 9.33 个小时。同时有 18.9% 的受访者对当前的工作条件和生活设施感到比较满意，评价为"满意"及以上的合计占 51.2%，还有9.9% 的受访者认为非常不满意。

当然，我们的调查也表现出了这样一个特点，即随着新生代农民工自身素质的提高，他们更加注重自身权益的维护，除了工资待遇，他们也越来越多地关注福利待遇、工作的自主性、工作中的升迁机会以及社会保障等，也开始考虑所从事职业的社会声望问题。由于二级劳动力市场所提供的工作岗位一般处于行业底层，并且缺乏向上流动的机制，因此农民工职业的变动并不能带来其社会地位的变迁与提升，影响其社会认同的实现。同时，新生代农民工大部分还处于非正规就业状态，这种状态使从业者不能正常享受现行就业制度下的各种社会保障，从而削弱了对农民工权益的保护，使得大部分农民工不能通过城市就业而融入城市并进而实现向市民的转变（王春光，2006）。在我们的调查中，农民工最不满意的项目是社会保障、福利待遇和工作升迁机会这三项，其比例分别占 20.2%、16.5%和 13.6%，远远超过了对工资待遇不满意的比例，对工资待遇不满意的比例只有 9.2%。在受访者对以上项目的满意度评价中，社会保障为 30.6%，福利待遇为 31.4%，工作升迁机会为 33.9%，他们对这些项目的满意度评价是很低的，这在很大程度上体现出新生代农民工更加注重自身发展，权益保护意识正在逐步增强。

（三）劳动力市场供求状况与新生代农民工收入

老一代农民工外出务工就是为了赚钱，为了改善家庭生活状况，所以他们追求的就是收入最大化，能够实现收入最大化也就实现了个人效用的最大化。因此，为了实现收入最大化，他们的行为选择是在城市尽量少消费，将节省下来的工资收入的大部分寄回老家，只要自己的收入给家庭带来了生活状况的改善就达到了他们外出务工的目的，而他们自己除了必要的生活支出外，很少有其他消费，更没有额外的个人享受。老一代农民工的工资是由当时中国劳动力的供求状况决定的，改革开放初期中国的劳动力市场处于绝对供给过剩状态，农村剩余劳动力的素质又较低，农民工自身文化水平也低，再加上许多人没有一技之长，进城务工一般是靠熟人介绍，完全没有劳动保护的意识，只要比在农村赚得多就行。由于他们以农村收入为参照系，因此只要工资能够多于农村收入，他们就会选择在城市就业。随着经济的发展，城市对劳动力的需求在增加，但农村转移出了更多的剩余劳动力，所以，企业可以将雇用农民工的工资一直维持在较低的水平。这种劳动力市场的供求状况解释了老一代农民工的工资水平在较长时间内没有提高的原因。

新生代农民工出生于改革开放以后，他们伴随着中国经济体制的变革、经济水平的快速提高而成长起来，20世纪80年代前期的农村改革已经使农村人的生活水平有了很大提高，这时期出生的农村人没有受过多少苦，从小吃穿不愁，生活较为舒适。这种环境造成他们缺乏吃苦精神，他们也更加注重追求自身的生活质量。所以，个人效用最大化是大部分新生代农民工的追求目标。虽然与老一代农民工相比，新生代农民工整体文化程度有所提高，但随着经济的不断发展，我国企业对劳动力素质有了更高的要求，需要更专业、技术水平更高的劳动力，所以，大多数新生代农民工无法满足用人单位的要求，进入城市以后仍然缺乏就业竞争力，但是，他们又对工作环境有着更高的要求，排斥艰苦的工作，希望找到环境较好、收入较高的工作，而实际上，绝大多数新生代农民工也只能进入非正规部门工作，工作环境相对较差，工资水平也较低。同时，新生代农民工以城市人群作为自己的参照系，感觉没有受到公平对待，因此面对企业给出的较低工资，他们提供劳动的意愿较低。而企业则是以利润最大化为目标的，希望以最低的价格雇用劳动力，以降低生产成本，所以，工资率仍然上涨较慢，这样一来，在较低的工资水平下，企业就无法雇用到所需要的劳动力，从而形成劳动力需求缺口。这就可以解释为什么大量的农村劳动力闲置与企业雇用不到农民工的"民工荒"现象会同时出现。

当然，随着中国劳动力市场供求关系的变化，一些学者认为，中国劳动力无限供给的状况已经结束，劳动人口供给总量的减少会改变劳动力市场上供求双方博弈的格局，未来新生代农民工会有更大的议价权利，社会地位也会逐渐提升，随之工资收入也将会有较大幅度的提升。

（四）职业培训状况与新生代农民工收入

新生代农民工的职业培训包括进城前接受培训和进城后接受培训。调查数据表明，进城前是否接受培训对新生代农民工收入并没有显著影响。这应该是与我们调查样本的行业分布有关。建筑业、商业、服务业等行业对技术水平要求较低，主要强调工作的熟练程度，而技能的熟练程度主要来自于农民工务工时间的长短和自身的经验积累，与职业培训关系不大，更与受教育年限关联性不强。当然在分析中我们也发现，有收入远远高于其他人的新生代农民工，他们主要从事技术含量较高的职业，或者是高级技工，或者是单位的管理人员，工作岗位的变化使其收入水平有了较大幅度的提高。而这一类型的职业提升，和进城以后参加培训相关度较大，从这里也可以看出，要提高新生代农民工的收入，只搞好义务教育还远远不够，更需要具有针对性的职业教育、在职培训等，只有加强对农民工技术能力的培训才能有效提高农民工的收入水平。

影响新生代农民工收入水平提升的一个关键因素是他们缺乏企业所需要的相关职业技能，而且也没有有效的途径让他们去提升自己的技能，从而使得大部分新生代农民工还处在一般劳动力层面，可替代性很强，在同企业进行工资议价时没有优势。而农民工的收入是他们在城市立足的基础，如果没有企业需要的技能、没有提高素质的途径、没有锻炼能力的机会，新生代农民工到最后也只能成为城市的过客，至于融入城市或者说市民化，对他们来说都没有实际意义。从优势上说，与老一代农民工相比，新生代农民工有较高的受教育程度，具备维护自己权益的法律意识，能更快适应市场竞争的环境，思想观念也更为活跃；但是，也有不如老一代农民工的劣势，如缺乏吃苦精神，忍耐力差，主要是现代企业对劳动力素质有了更高的要求，不管是在技术能力方面，还是在学习能力方面，甚至是在合作精神方面，现代企业都对劳动者提出了更严格的要求，适应这种变化、满足用工单位不断提升的要求，并不是一件容易的事情，对许多新生代农民工来说，成为现代企业发展所不可或缺的人才，还有很长的路要走，还需要付出很大的努力。

第一，新生代农民工虽然平均文化程度有所提高，但缺乏实用型技能，与现在用工单位的要求还有一定差距。这主要是因为新生代农民工所接受的基础义务教育理论性强，大部分与实用性无关；另外，还因为近些年中国的企业处于产业结构升级阶段，技术更新换代速度加快，为了适应新技术的要求，企业也对劳动者素质和职业技能提出了更高的要求，对劳动力的招聘也以高技能人员为主。依据人力资源和社会保障部网站公布的消息（人力资源和社会保障部网站，2014），中国人力资源市场信息监测中心对全国 104 个城市公共就业服务机构的市场供求信息进行了统计分析，得出 2013 年第四季度部分城市公共就业服务机构的市场供求状况，从各行业的招聘需求看，教育、采矿业、金融业、房地产业等行业的用人需求有较大幅度增长，而制造业、住宿和餐饮业、居民服务业和其他服务业等行业的用人需求有所减少。在市场中，中、高级技能人员及高级专业人员需求缺口依然较大，其中，技师、高级工程师、高级技能人员的缺口最大。从招聘看，有 57.6% 的用人单位对技术等级或职称有明确要求，从求职看，有 58.4% 的求职者具有一定技术等级或职称。从供求对比看，各技术等级和职称的岗位空缺与求职人数的比例均大于 1，劳动力需求大于供给。其中，技师、高级工程师、高级技能人员的岗位空缺与求职人数的比例较高，分别为 1.89、1.79、1.66。2014 年第四季度部分城市公共就业服务机构的市场供求状况分析显示，中、高级技能人员和专业技术人员的用人需求均有所增长；高级工程师、高级技师、技师、工程师的缺口最大，与上年同期相比，从技术等级看，除对初级技术人才的需求有所减少外，其余各类技术等级的用人需求均有所增长，其中，对高级技师的用人需求增长35.9%。而最新公布的 2015 年第二季度部分城市公共就业服务机构的市场供求状况分析显示，市场对具有技术等级和专业技术职称劳动者的需求均大于供给。从需求层面看，56% 的用人单位对技术等级或专业技术职称有明确要求。从求职层面看，54.7% 的求职者具有一定的技术等级或专业技术职称。从供求对比看，各技术等级的岗位空缺与求职人数的比例均大于1，其中技师、高级技师、高级工程师、高级技工的岗位空缺与求职人数的比例较高，分别为 2.0、1.94、1.81、1.77。从这些数据可以清晰地看出，中国企业对用工的技能要求与劳动力的素质之间的缺口逐渐呈现加大的趋势。现阶段企业招聘劳动力时多数要求是熟练技工，这些工作岗位并不是所有人都能胜任的。如果不具备一定的专业技能和工作经验，或者不经过一段时间的培训，是很难从事这些工作的。大多数新生代农民工，一是缺乏用人单位要求的相关技术能力，二是没有学习和参加培训的渠道，致使他们眼看着许多的工作岗位、诱人的薪资报酬却无法胜任，自身能力的限制使他们在城市找到稳定的、报酬高的工作的可能性较低，没有稳定的工作、可靠的收入，在城市的生活就没有保障，这也是阻碍农民工市民化进程的主要内因。

第二，新生代农民工由于自身条件限制，对未来的发展不可能有较为长远的规划，因此即使参加学习或培训也找不到明确目标，在学习中更是急功近利。现在，政府、企业和新生代农民工群体都已经意识到了职业技术的重要性，各方都开始重视教育和职业技能培训，政府增加了投入，企业也在进行部分新工人的技能培训，农民工个人也有了一定的发展目标和学习意识。但这其中存在的主要问题是，政府投入不能收到很好的成效，职业培训和企业需要之间还不能完全匹配，农民工个人对于未来发展很迷茫，不知道该做什么样的长远打算，不知道什么样的技能更适合自己。同时，由于进入城市以后，许多新生代农民工面临生存问题，收入水平较低，工作压力较大，再加上工作稳定性差，完全没有时间和精力去考虑以后的事情，仅凭农民工个人的力量根本无法满足企业对劳动力素质的要求。政府、企业和其他社会力量在提高新生代农民工素质、培训农民工技能方面也做得不够，许多人都意识到新生代农民工技能低的问题迟迟得不到解决。

第三，劳动力成本低和产业结构低端化的恶性循环。中国改革开放以后所出现的企业很多是为了承接国外的产业转移而建立起来的，建立之初，这些企业利用中国廉价的劳动力资源，可以低成本地生产出劳动密集型产品，这些廉价劳动力的主要组成部分就是由农村转移人口所组成的农民工群体。第一代农民工以在农村的收入为参考，只要收入高于农村收入，他们就愿意提供劳动，这些农民工所带来的廉价劳动力成本使得许多企业从成立以来一直依赖劳动密集型产品就可以获得超额利润。轻松获利也使得企业缺乏危机感，没有创新精神，企业生产者片面追求眼前利益，生产经营呈现短期化行为，不考虑企业的长期发展方向，不进行先进设备的投资，对先进技术的关注度和投入力度都不够，致使企业一直在低技术层面发展，缺乏竞争力和发展后劲。而这样的企业在面对新生代农民工对工资待遇、工作环境、劳动保护等方面的更高要求时，在面临劳动力成本增加的压力时，不能顺利地实现产业结构升级转型，无法应对劳动力成本增加，从而出现企业利润下降甚至亏损的状况。另外，劳动力成本长期处于低水平还导致产业结构升级受阻，从而影响我国经济结构转型。反过来，产业结构低端化的现实使得企业没有能力提高劳动力报酬，从而使农民工的收入长时期被限制在很低的水平上，进入了劳动力成本低－产业结构低端化－企业没有动力提高劳动力工资－企业无力提高劳动力工资－劳动收入低－产业结构低端化的恶性循环。

第四，企业用人机制上的短视化倾向。中国改革开放以来经济的快速增长离不开农民工的贡献，这已经是公认的事实，新生代农民工出现并已经成为劳动主体，现在是、未来一段时间也将是中国实现工业化与现代化的重要推动力；但是，城市管理者或者企业都没有重视农民工阶层的生存与发展问题（秦海霞，2009），或者说不愿为农民工的成长与发展进行投入，城市社会对农民工缺乏培养，对他们专业技能的培训投入较少，从而致使我国的劳动力市场长期缺少高技能的劳动力，出现初、中、高级技术工人全面缺乏的状况，劳动力市场长期处于农民工找工作难和企业招工难同时出现的劳动力供求结构性失衡状态。

（五）社会保障现状与新生代农民工收入

首先，城市社会保障体系最初的保障目标是针对城镇从业人员和具有本地城镇户籍的人口而设计的，没有考虑外来人口，这一政策漏洞可以降低农民工的实际收入，从而降低企业成本。在实行社会保险制度改革的早期，一般用人单位只需要为本市户籍人口缴纳医疗保险、养老保险、失业保险、工伤保险、生育保险以及住房公积金等，而对于作为外来流动人口的农民工，企业可以不必为他们缴纳保险，企业节省了一笔费用。这也是一些用人单位招用外来劳动力的一个重要原因，即用工成本较低。李培林、谢桂华（2007）的研究结果表明，社会保障待遇方面的差别是农民工与城市市民最大的差异。姚先国、赖普清的调查结果是，在城镇务工的农民工享有城镇医疗保险的比例占农民工总数的 16.5%，而城镇职工中城镇医保的参保率为 65%；即使对于同样参加城镇医保的农民工和城镇职工来说，在最终的医疗费用报销方面也存在很大差别，能够报销部分或全部医疗费的农民工只占 28.4%，城镇职工占 66.3%（姚先国、赖普清，2004，89）。李培林、李炜（2007）关于农民工社会保险参保情况的调查结果为：对于在城镇务工的农民工，社会保险参保率最高的，也是对他们来说比较重要的工伤保险参保率只有 18.6%；能享受城镇养老保险的农民工比例为 16.3%，而同期城镇职工享受养老保险的比例为 67.3%；参加失业保险的农民工比例是 10.6%，城镇职工失业保险参保率为 44.5%。除去农民工和城镇职工在就业方面的巨大差异，即使在同样的工作岗位与就业条件下，农民工和城镇职工拥有的社会保障也存在明显的差异，调查显示，同一时期城镇职工享有养老保险、失业保险和医疗费报销的机会分别是农民工的 2.99 倍、3.22 倍与 1.62 倍（程建林，2009）。

针对这种状况，各地区也创造性地提出了一些包括农民工在内的保险具体实施方案。这些不同的实践模式虽然规定了具体的实施措施，但由于在方案设置之初，没有把农民工看作与城镇职工平等的主体，所以，方案本身就带有一些不合理的制度安排，这样的模式无法保障农民工的公平权益。具体来说，以养老保障制度为例，主要问题在于以下三方面。一是养老保险关系缺乏衔接。农民工的工作流动性大，养老保险关系缺乏衔接降低了农民工参保的积极性。二是现行养老保险制度的一些具体实施措施对农民工不利，以至于发生了农民工退保现象。例如，在养老保险的统筹部分，规定如果提前退休，统筹部分不能随之转移，而农民工由于工作性质的关系，大多不能保证工作到法定退休年龄，进而因不能支付而产生损失；还有，养老保险统筹部分的"属地"性原则，使得离开缴纳地的农民工最终得不到这部分养老金，对经常流动的农民工而言，这部分损失让他们产生了一定的"被剥夺感"。三是规定参保人员退休后只能一次性领取养老补贴，不符合养老保障的代际交替模型与跨时期最优选择的目标（周莹、梁鸿，2006）。

其次，我国的社会保障制度针对不同主体的不同制度设计，导致权益保护出现差别。从我们的调查数据可以看出，新生代农民工社会保障状况与城镇职工社会保障状况有很大差别，新生代农民工所参与的社会保障项目主要是在老家农村进行的。同时，农民工的养老保险模式在实践中也出现了很多问题，由于现行的城镇养老保障制度安排并非为农民工而设计，在许多方面不适用于农民工自身的需求状况，且存在很多针对农民工身份的歧视，这就造成了农民工城镇社会保险参保率低，社会保障严重缺失。我们知道，对于城镇企业职工，养老保险制度在设计之初就做好了其养老保险关系可转移接续的规定，而针对农民工养老保险转移接续的政策在实施中却出现了大量农民工选择退保的现象，其最根本的原因在于政策措施的制定不是从农民工的真正需求出发，让农民工有一种"被剥夺感"。姚先国与赖普清研究了户籍制度对农民工社会保障的影响，结果如表 5-19 所示。

表 5－19　农民工与城镇职工的非工资福利差异

	农民工参保率（A）	城镇户口职工参保率（B）	农民工参与率占城镇户口职工参与率的比例（C＝A/B）	被解释部分	未被解释部分
养老保险	39	81	48.2	69	31
医疗保险	24	65	36.9	74	26
失业保险	8	52	15.4	79	21

资料来源：姚先国、赖普清，2004：89。

他们的研究结果表明：农民工在养老保险、医疗保险和失业保险方面与城镇职工的差别分别有31%、26%与21%，这部分来源于户籍歧视。

从以上分析可以看出，新生代农民工的社会保障状况不容乐观，在"五险一金"的基本社会保险项目中，农民工参加工伤保险的比例较高，存在问题较多的是养老保险和医疗保险。因此，我们以养老保险和医疗保险为例具体分析影响农民工参保的因素。

1. 影响农民工参加养老保险的主要因素是"便携性损失"

所谓养老保险的"便携性损失"是指参保人在不同的养老保险项目之间以及统筹区域之间由于流动性所失去的养老保险权益（程建林，2009）。在中国现行的养老保险制度体系下，农民工在参加养老保险项目时，通常可能受到两种"便携性损失"：一是全部损失，即因退出而失去了享受养老保险权益的资格，这种损失是由养老保险制度所规定的最低缴费年限造成的，即养老保险的参保人要想享受养老保险金必须按要求缴足最低年限的保费，低于这个最低缴费年限的，则不能享受养老保险，原先缴纳的保费就成为损失；二是部分损失，即养老保险权益因为参保人退出而产生了缩水，这一种则涉及养老金的计算方式，被称为养老保险的"年金损失"。Vincenzo研究表明，流动性较强的农民工无疑成为受"便携性损失"影响最大的群体。农民工养老保险的"便携性损失"具体表现在以下几个方面。

首先是最低缴费年限的限制。现有的养老保险实施条例规定参保人最低缴费年限为15年，这样才能享受养老保险待遇。累计缴费年限不满15年的，只能得到个人账户部分累计数额，而不能享有养老金。而缴费未满15年的农民工如果要离开参保地，个人账户部分有两种处理方式：一种是个人账户积累额被全部转入农民工转入地的社保机构；另一种是退保，这是针对没有社保机构接收的情况，农民工的个人账户积累额被一次性退还本人。农民工退保对本人造成很大的利益损失，一方面使其处于老无所依的地步，另一方面也降低了工作期间的实际收益。

其次是养老保险关系难以转移。养老保险关系转移困难的主要原因有以下三点。一是目前我国养老保险统筹层次低，基本养老保险无法实现全国统筹，省级统筹实际上也没有真正实现，这一现状已经成为阻碍农民工流动的重要因素。二是我国不同省市人口流动的方向长期存在中西部地区向东南沿海地区流动的趋势，这一长期人口流动趋势使得社会保险关系转移对流入地和流出地政府造成不同影响，各方出于自身利益考虑，对社会保险关系转移存在排斥心理。三是各地区养老保险的缴费额、参保人退休后可以享有的养老金数额差别巨大，不同地区地方政府财政支付能力差别也很大，各个地区出于地方利益考虑，为减轻本地区的财政压力，不愿意承担过多的养老成本，造成养老保险转移接续困难。

上面分析的"便携性损失"对农民工群体造成了很大影响，已参保的农民工从经济人角度考虑的结果是，为了避免自己的养老保险权益遭受不确定性损失，退保是最好的选择；这一做法会使更多的农民工规避参加养老保险。而最初为保障农民工权益的养老保险条例完全起不到应有的作用，农民工群体无法享受现代社会保障，造成新的社会不公平现象出现。这种"便携性损失"对新生代农民工的影响更为明显。新生代农民工由于年纪轻，工作兴趣变化快，很多人随着工作技能水平的提高而不断变换工作、变换城市，养老保险由于"便携性"的缺失而对他们的吸引力更小，选择不参保对他们来说就更为理性，所以，新生代农民工中有参保能力的更愿意选择商业保险项目替代社会养老保险。

2. 医疗保险从供求两方面影响新生代农民工参保

首先，现有的社会医疗保险对新生代农民工缺乏吸引力，即使关注医疗保险的农民工也由于经济原因而缺乏对医疗保险的有效需求。西方经济学认为，形成有效需求必须具备两个条件：一是有需求意愿，二是有支付能力。新生代农民工对医疗保险缺乏有效需求，最主要的原因是支付能力有限。具体来说，抑制新生代农民工医疗保险需求的主要因素有两个。一是新生代农民工较低的收入水平限制了他们对医疗保险的有效需求。根据我们的调查发现，新生代农民工平均月收入为2200～2300元，但2000元以下者占总体的50%以上。由于新生代农民工注重个人消费，注重生活品质的提升，个人收入主要被用于支付基本生活费、房租、娱乐以及人际交往等方面，还有人需要给农村老家汇款，支付完这些费用以后，自己可支配的收入所剩无几，甚至还有 24% 的受访者认为自己经常透支。所以，在当前消费支出有困难的情况下，他们一般不会去考虑为将来的生活做出长远规划而购买保险。二是社会医疗保险制度的实施一方面降低了参保人的医疗费用支出，另一方面大医院的门诊费用、住院医疗费用增长快，医院出于利益考虑，存在对参保人群多开药、用昂贵药，过度治疗的情况，人们的普遍感觉是进了大医院，报销完了以后自己所承担的费用还是很高，所以，还不如自己花钱找个小医院实惠。这种状况严重制约了人们对医疗保险的参保意愿。

其次，现有的城镇医疗保险体系排斥外来人口，造成对新生代农民工的供给困境。我国现有的医疗保险体系是针对不同的群体实施不同的保险政策，城镇职工主要参加城镇职工基本医疗保险体系，而农村居民则要参加农村合作医疗体系，这些医疗保险都归地方管理，基本上只针对当地人办理，外来人口参保的困难较大，许多农民工虽然在外地务工，但在老家参加了新型农村合作医疗，在老家参保、在外地工作，给医疗费用的报销带来困难，报销手续复杂，而且新型农村合作医疗保险比城镇职工医疗保险的报销比例要低。我国医疗保险供给制度也存在统筹层次低的问题，全国大多数地区医疗保险统筹还处在市县级水平，不同区域之间的城市医疗保险制度与农村医疗保险制度之间缺乏衔接。

总之，现有的医疗保险制度与农民工需求之间存在很多错位之处，不适合农民工群体的特征，主要表现为以下四方面。

一是部分新生代农民工认为自己年纪轻，身体好，有些人觉得自己一年都不用去医院一次，花钱买医疗保险太浪费，所以参保不积极。二是现有的城镇医疗保险一般被要求与其他险种比如养老保险、工伤保险、失业保险等同时参保，因此，养老保险参保率低直接导致医疗保险参保率低。三是现行的医疗保险缴费相对新生代农民工的收入来说太高了，医疗保险缴费一般以上一年职工月平均工资的一定比例为基数，对于实际工资达不到最低缴费基数的新生代农民工来说，这个缴费标准过高了，加重了农民工和企业的负担，因此农民工与用工单位都缺乏参保积极性。四是更重要的，医疗保险规定的报销要求一般是针对大病住院项目，制度设计的初衷在于分散大病风险，日常的门诊费用一般都不能报销，需要投保人本人承担，新生代农民工年龄结构较轻，患大病的概率低，因此对医疗保险没有太大的需求。

三 消费影响新生代农民工收入的途径分析

（一）消费通过提高新生代农民工个体素质影响收入

消费是社会再生产的关键环节，没有合理的消费就没有社会再生产的顺利实现。

新生代农民工消费行为的经济意义主要体现在它是激励新生代农民工努力工作的重要因素。然而，私人消费的炫耀性则存在很多不利影响，不利于收入的长久增长，不利于新生代农民工的人力资本积累。以下消费项目则可以成为提高新生代农民工收入的有效途径。

1. 教育消费对收入的影响

从作用上看，教育消费其实是一种长期投资，这一投资的预期收益是人力资本的提升。教育消费是劳动者素质提高的必要途径，可以被看作对个人能力的一种生产性投资。教育消费的增加可以起到扩展人们知识面的作用，提高人们的专业技术水平，这些必不可少的教育投资最终会转化为教育消费者更强的工作能力、更高的个人素质和更快的适应能力，从而在实际生活工作中转变为更高的劳动生产率和现实的生产力。尼尔森采用1929~1957年的数据对美国经济增长的影响因素进行分析，结果发现教育投入的增长在国民收入增长中所做贡献的份额为23%（徐辉、甘晓燕，2013）。

大量的研究表明，教育水平对劳动者的收入有着重要影响，并且表现为以下特征：最初教育年限的延长对劳动者收入的增加效应最大，教育年限延长到一定程度以后，对收入的增加效应会变小，但是，还是会带来收入的增加。从而可以说明教育是影响收入的重要因素，教育也应该成为提高新生代农民工素质的重要途径，以此才能从根本上改善新生代农民工的弱势地位，提高他们的就业能力和收入水平。

2. 培训消费对收入的影响

培训消费对收入的影响与教育消费有相近之处，但是，对于人力资本投资来说，培训的作用更为重要，效果也更为明显。中国现在的初等学校教育一般都是基础教育，它可以提高受教育者的知识水平，却不能给人以一技之长，培训可以起到对学校教育辅助的作用，它主要是针对某一项工作的训练，目的是让人们能够获得工作所需要的特殊技能。中国现在正处于产业结构转型升级阶段，产品需要由以前的劳动密集型向技术密集型转变，相应地，企业对技术工人的需求会超过以往对体力劳动者的需求，因此，参加技能培训将会给人们带来更大的收益，它可以提高人们的技能、提高工作效率，对促进新生代农民工就业具有重要作用。高技能的工作也是收入高、稳定性好的保障，对于新生代农民工来说，要想改善自己的收入状况，适应劳动力市场的新情况，尽快融入城市生活，参加和接受适度的培训，是一个很有效的途径。作为一个生活在现代社会中的新生代农民工，技能培训消费必不可少。

3. 健康消费对收入的影响

身心健康是人类从事一切经济社会活动的前提条件，健康消费就是指人们为了保障身体和心理健康所花费的支出。毋庸置疑，健康状况首先对就业会产生重要影响，几乎所有的用人单位都会对应聘者的身体条件提出一定的要求，身心健康是被雇用的最基本条件。Riphahn 于 1999 年以德国为对象，使用德国社会经济资料，研究健康对劳动就业的影响。结果显示，健康冲击会使失业风险增加 1 倍，并使工人离开劳动市场的可能性增加两倍。Pelkowskietal 在 2004 年以 HRS 资料库为基础进行分析，他将健康问题区分为暂时性健康及永久性健康问题。暂时性的健康问题对薪资及工作时数冲击较小，永久性的健康问题会对劳动市场产生负面影响，并且降低每小时工作薪资。Bloom 等认为，疾病与贫困常常是相伴而生的，健康的消费与投资能够改善收入结构，减少贫困（徐辉、甘晓燕，2013）。在我国，个人健康也是决定家庭人均收入的重要因素，特别是在农村，健康的收入效应对农村人口非常显著，而疾病的致贫效应也十分明显。因此，身心健康是个人未来发展的基础，是个人获得收入、为家庭提供经济保障的依靠。调查显示，外出务工的农村劳动力首先是身体健康者，这些人外出务工的预期收益也要高一些，对于新生代农民工，身心健康也是他们进城务工的一个最基本要求。在大多数情况下，健康状况较差者都会因为无法保证工作时间和强度而影响劳动供给，导致收入水平降低。

（二）消费通过社会途径影响收入

1. 积累社会资本的消费可以影响新生代农民工的收入

"社会资本是指构成行动者的生产性资源的非正式组织领域"（朱国

宏，2007：109）。例如，对于正在找工作的人来说，广泛的朋友网络以及与有力量的人的熟识就构成他的社会资本。从这个意义上说，社会资本可以被理解为个人通过自己所拥有的网络关系及更广阔的社会结构来获取稀有资源的能力。这些稀有资源包括各种形式，既可以是具体实在的经济利益，也可以是不具体实在的商业信息，他们可以凭借此信息获取更高的收益。对于个人来说，其所拥有的社会资本越多，就越有可能获得更多的利益。因此，个人某方面的消费如果能够积累社会资本，则可以使其直接或者间接获得更多的收入。

教育是积累社会资本的一种有效途径，消费者在教育方面的消费就可以起到积累社会资本的作用。例如，洛里用社会资本解释不同社会背景的孩子在社区与社会资源上的差别；弗罗普和德格拉夫用社会资本概念解释拥有不等数量社会资源的人在职业发展上的不同；科尔曼等人用社会资本概念来分析天主教高中和公共高中在教育效果方面的不同（朱国宏，2007：109）。

人情消费是积累社会资本的另一个有效选择。一般来说，社会资本具有多种表现形式。不过，其中最重要的便是社会网络，或者更通俗地叫社会关系。现代经济社会是一个高度开放的社会，人与人之间的联系日益密切，这些不同的个体或者群体通过一定的方式联系在一起，形成一些较为持久的、重复的联系，这就是社会网络或者社会关系，这些联系是可以通过职业形成的，也可能是通过亲缘、地缘关系形成的，或者是以感情为纽带形成的。社会关系或者社会网络在现代人的经济生活中占有非常重要的地位，因此，在现代社会中，人们越来越注重人情方面的消费，以维护或者扩展自己的社会网络，从而不断积累自身的社会资本。

2. 提升社会地位的消费可以影响新生代农民工的收入

社会学研究的消费是一种社会行为，它不是单纯的个体经济行为，而是一种社会建构过程。消费行动是由一系列活动构成的，它包括产生需求的欲望、在不同消费品之间选择的心理过程、对自己支付能力的考虑，一直到最终的购买，这些不同的活动不是各自独立的，也不是经济学所假设的完全理性的经济行为，而是一种嵌入在各种社会关系中的复杂活动，是与消费者所处的文化背景相联系的社会行动。"消费行为的本质是一种社会活动，是人与人之间的沟通、交往、互动、竞争的过程，并受到一定的信仰、价值观、社会文化和社会结构的影响。因此，消费不仅是商品交换的过程，而且是一个社会结构、社会关系、生活方式和文化信念的生产、传播与重构的过程"（朱国宏，2007：109）。

正因为如此，在社会学者看来，消费具有比经济意义更大的社会意义。消费始终是一种嵌在各种社会关系以及文化背景下的社会行动。因此，从社会学的视角研究消费，必须考察与消费主体相联系的各种社会关系和文化背景。个体的消费受其所在社会结构中的位置的影响，而决定一个消费者在社会结构中的位置的社会因素主要反映在社会群体和社会阶层中。

社会阶层与消费行为。所谓社会阶层就是按照某种社会标准对社会成员进行等级划分，同一等级者构成一个社会阶层。社会阶层与消费行为有着密切的关系，每一个消费者的消费行为受他所处的社会阶层结构的影响，表现为同一社会阶层的消费者的消费行为具有较大的相似性，不同社会阶层则具有较大的差异性。不同社会阶层的消费者对消费品的选择不同，对购买环境的选择不同，对消费信息的传递和反应也不同。我们前面论述的炫耀性消费，就是消费行为与社会阶层关系的很好例证。

正因为社会阶层与消费行为之间存在内在联系，消费行为被社会学家看作人们用来满足外部需求、取得身份认同和竞争社会地位的重要手段。在此，我们从身份认同取得和社会地位竞争两方面进行分析。

第一，消费行为与身份认同。一定地位、阶层的团体往往拥有其特别的消费方式以及共同的、区别于他人的消费品位和偏好。由于消费品位的形成是一个长期的、延续的过程，因此某一阶层或者群体的品位是相对明确、统一、独特的。

社会学家认为，保持这些独特并且长期延续的品位和偏好就如同拥有独占的文化资源一样，成为群体成员间互相认同的纽带和区别于其他群体的标志，更能使群体内部成员借此获得一定的物质利益，进而巩固其阶层结构。特别是在现代经济社会中，对昂贵商品的消费成为中上层社会的一种标志，中上层阶级往往通过购买特定的昂贵商品和服务来反映其身份地位，并通过消费过程不断强化这种阶层区分。

第二，消费行为与地位竞争。阶层区分的标准包括政治的、经济的、社会的等多种因素。由于人们的经济地位并非总是与他们的社会、文化地位相一致，因此地位竞争的手段也涵盖了政治、经济、文化等多种因素。从某种意义上说，消费行为可被认为是一种象征性的竞争手段。

凡勃伦在《有闲阶级论》中专门研究了有闲阶级的炫耀性消费问题。他认为，有闲阶层往往通过奢侈性的、闲暇性的消费来体现自身的阶级价值，通过相互攀比或炫耀性消费以维护或提高自己的社会地位。一般来说，这种炫耀性消费往往存在于经济地位迅速提高的人群中。当他们的财富不能使其自身的社会地位得到彻底改变的时候，为了改变人们对他们的评价，他们便会采取超越于一般人需求水平之上的消费策略来吸引其他人的注目、羡慕甚至嫉妒，从而提高自身的社会地位。在这里，消费就表现出了其符号象征意义，即揭示消费者的财富和地位。

与此同时，一定的消费方式也对人们提高自身在劳动力市场中的竞争力和价值起到作用。很多社会学研究都表明，得体的衣着，甚至是相近的消费模式都会使个人在职业市场上获得更有利的位置，并关系到个人的提升（朱国宏，2008：207~208）。

消费行为是社会和个人交互作用的产物。在消费行为中，社会与文化因素对消费的影响作用是间接的，是通过一些以商品或者消费者行为本身为载体的文化符号对消费者产生作用的。因此，符号象征对于消费者行为的意义是巨大的。

使商品符号化而成为具有某种特定文化意义符号的手段主要有：广告、时尚系统；商品设计、产品包装。而商场等消费场所则构成了商品的空间符号。从某种意义上说，商品的符号价值在于其示差性，人们利用这种符号显示商品本身的社会象征性，即商品成为标志某种社会地位、生活方式、生活品位和社会认同等的符号。

正因为商品具有符号价值，所以商品的消费和使用也就具有了符号性和象征性，具有了社会表现和社会交流的功能。一方面，消费行为的符号性使得消费本身成为一种"表征"，从而成为一种"文化"；另一方面，消费又经常是一种社会交流和表演的过程，是以他人的期待和评价为导向的，具有"社会性"。在消费市场中，每一位消费者既是表演者，同时又都是观众，他们往往借助消费的符号象征功能揭示自己的社会地位、表达社会认同。

四 消费影响新生代农民工收入的实证表达

1. 提高个体素质以提高收入的消费行为

新生代农民工通过消费活动积累社会资本，从而为自己创造更为有利的工作和生活环境，以取得更高的收入。

（1）自身学习培训支出与收入水平的关系（见表 5 – 20）

表 5 – 20 样本农民工收入与培训费用的相关性

		收入	培训费用
收入	Pearson 相关性	1	.067
	显著性（双侧）		.301
	N	242	242
培训费用	Pearson 相关性	.067	1
	显著性（双侧）	.301	
	N	242	242

河南省新生代农民工用于自身学习培训的支出与收入水平成正相关，即收入高的农民工更倾向于在学习培训方面加大投资支出。

（2）子女教育支出与收入水平的关系（见表 5 – 21）

表 5 – 21 样本农民工收入与子女教育支出的相关性

		收入	子女教育支出
收入	Pearson 相关性	1	.170 * *
	显著性（双侧）		.008
	N	242	242
子女教育支出	Pearson 相关性	.170 * *	1
	显著性（双侧）	.008	
	N	242	242

＊＊在 .01 水平（双侧）上显著相关。

河南省新生代农民工用于子女教育的支出与收入水平成正相关，即收入高的农民工更倾向于在子女教育方面加大投资支出。

2. 积累社会资本以提高收入的消费行为

（1）人情消费与新生代农民工收入（见表 5 – 22）

新生代农民工通过人情消费积累社会资本，期望因此而取得更好的职位或者更多的机会，并获得更高的收入或其他收益。

表 5 - 22　样本农民工收入与人情消费的相关性

		收入	人情消费
收入	Pearson 相关性	1	.163*
	显著性（双侧）		.011
	N	242	242
人情消费	Pearson 相关性	.163*	1
	显著性（双侧）	.011	
	N	242	242

注：＊在 0.05 水平（双侧）上显著相关。

（2）炫耀性消费与新生代农民工收入（见表 5 - 23）

新生代农民工的炫耀性消费主要是为了在城市取得一定的社会地位，逐步得到城市社会的认同，并慢慢融入务工的城市，从而可以在劳动力市场上和城市居民公平竞争，具有平等获取工作报酬的权利，具有公平享受政府所提供的公共服务的资格。

表 5 - 23　消费行为对城市融入的重要性

单位：%

		频率	百分比	有效百分比	累计百分比
有效	很重要	83	34.2	34.3	34.3
	一般	106	43.6	43.8	78.1
	不重要	20	8.2	8.3	86.4
	是市民化的标志	3	1.2	1.2	87.6
	缺失	30	12.3	12.4	100.0
	合计	242	99.6	100.0	
缺失	系统	1	0.4		
合计		243	100.0		

有将近 50% 的受访者认为，影响其消费的主要因素为职业要求和工作场所，另有 20% 的人认为是受城市消费文化的刺激，30% 的人认为其消费受居住地的影响。

五 河南省新生代农民工消费对收入影响的结论

1. 自身学习培训支出与收入水平的关系

河南省新生代农民工用于自身学习培训的支出与收入水平成正相关，即收入高的农民工更倾向于在学习培训方面加大支出。

2. 子女教育支出与收入水平的关系

河南省新生代农民工用于子女教育的支出与收入水平成正相关，即收入高的农民工更倾向于在子女教育方面加大投资支出。

3. 人情消费与新生代农民工收入

新生代农民工通过人情消费积累社会资本，期望因此而取得更好的职位或者更多的机会，并获得更高的收入或其他收益。

4. 炫耀性消费与新生代农民工收入

河南省新生代农民工的炫耀性消费普遍存在，农民工炫耀性消费的目的主要是在城市取得一定的社会地位，逐步得到城市社会的认同，并慢慢融入城市。

第六章　河南省新生代农民工的
消费状况实证分析

第一节　河南省新生代农民工的消费状况及特征分析

一　私人消费状况及其特征

（一）新生代农民工的私人消费状况

1. 新生代农民工的私人消费水平

河南省新生代农民工私人消费平均水平相对于自身收入来说是较高的。河南省新生代农民工私人消费的主要表现是在城市消费支出水平较高。2013 年河南省新生代农民工的平均月收入达到 2254 元，平均每月在城市的消费达到 1066 元，占平均月收入的 47.3%。这其中还有 42% 的受访者单位管住宿，有 36.6% 的受访者单位管吃饭，还有 70% 以上的新生代农民工会给老家汇款。因此，如果算上在城市和农村的总消费，私人消费占支出的比例还要高一些。表 6 - 1 是农民工每月平均花费情况分布。

表 6 - 1　样本农民工每月平均花费情况分布

单位：%

		频率	百分比	有效百分比	累计百分比
有效	500 元及以下	116	16.2	16.4	16.4
	501～800 元	203	28.4	28.7	45.1
	801～1500 元	218	30.5	30.8	75.9
	1501～2000 元	94	13.2	13.3	89.2
	2000 元以上	77	10.8	10.9	100.0
	合计	708	99.2	100.0	

续表

	频率	百分比	有效百分比	累计百分比
缺失	6	0.8		
合计	714	100.0		

表 6-2 的数据显示，有两成的新生代农民工经常透支，八成以上的新生代农民工的收入都花在了城市，而每月有结余的只占 15.5%。"月光族"已成为新生代农民工的主体，特别是农民工中的低收入群体。

表 6-2　样本农民工目前的消费状况分布

单位：%

		频率	百分比	有效百分比	累计百分比
有效	经常透支	143	20.0	20.3	20.3
	基本够用	452	63.3	64.0	84.3
	每月有结余	111	15.5	15.7	100.0
	合计	706	98.9	100.0	
缺失		8	1.1		
合计		714	100.0		

2. 新生代农民工的私人消费结构

河南省新生代农民工私人消费结构表现出支出项目多样化的特征。消费结构是指各项消费支出在总支出中所占的比重。在本次调查中，我们分别从食品、穿着、住房、医疗、通信、娱乐、人情、储蓄投资、学习培训、子女教育等方面考察了新生代农民工的消费安排。从消费项目上看，食品、穿着、通信、娱乐、人情占有相当比例的开支。

一是食品支出。食品支出大概是 430 元，占月收入的比重为 19%，占全部消费支出的 40.3%，即新生代农民工的恩格尔系数是 40.3%，达到小康水平。由于 42% 的受访新生代农民工所在工作单位提供工作餐，他们在这方面的货币开支大大减少。

二是衣着服饰支出。大概平均每月有 177 元以上，在消费项目中穿着消费是占第二位的，大约占月收入的 8%。

三是社会交往支出。在消费中占第三位的是人情方面的支出，平均约

165元，通信方面的支出平均约100元。通信和人情支出都属于社会交往的范畴，两项合计大概占到月收入的11.8%。

四是享受性支出。新生代农民工在娱乐方面的花费达到150元左右，娱乐支出属于享受性支出，这部分支出占近7%的比例。

五是投资性支出。在新生代农民工的消费中，用于自身学习或培训的投资性支出很少，有55%的受访者没有这部分支出，另外，用来提高财产性收入的投资性支出也是极少的。

3. 新生代农民工的私人消费方式

河南省新生代农民工的消费方式与城市同龄人接近，与现代城市生活基本接轨，表现为便捷性和多样化。有48%的新生代农民工有网上购物习惯，用信用卡消费的也占到三成，有近四成的人经常去大型商场购物，有20%的新生代农民工经常去品牌专卖店购物。

然而，新生代农民工的娱乐方式与城市生活脱离。他们主要的娱乐方式是看电视（55.7%）、上网（51.4%）和逛街（31.3%）。丰富多彩的城市生活对新生代农民工的娱乐方式影响不明显，他们大部分的娱乐时间被用于看电视和上网，在城市娱乐场所消费对他们来说还是一种较为奢侈的选择。

4. 新生代农民工的私人消费观念

河南省新生代农民工私人消费观念较为理性，但与某些消费行为存在矛盾。从调查结果看，有35%以上的新生代农民工赞同"无论有钱没钱过日子都要节俭"的观点，有55%以上的新生代农民工赞同"根据收入量力而行理性消费"的观点（见表6-3）。此外，有43.5%的新生代农民工认为，在购物时要考虑质量因素。

表6-3　样本农民工消费理念调查结果

单位：%

		频率	百分比	有效百分比	累计百分比
有效	无论有钱没钱过日子都要节俭	245	34.3	35.6	35.6
	根据收入量力而行理性消费	384	53.8	55.7	91.3
	花明天的钱，圆今天的梦	29	4.1	4.2	95.5
	其他	31	4.3	4.5	100.0
	合计	689	96.5	100.0	
缺失		25	3.5		
合计		714	100.0		

但是，结合新生代农民工的消费行为，可以明显地看出其矛盾性的一面（见表6-4）。

表6-4　样本农民工消费计划情况调查结果

单位：%

		频率	百分比	有效百分比	累计百分比
有效	咬牙买下	99	13.9	14.2	14.2
	放弃	346	48.5	49.8	64.0
	降价再买	146	20.4	21.0	85.0
	从网上买	104	14.6	15.0	100.0
	合计	695	97.3	100.0	
缺失		19	2.7		
合计		714	100.0		

新生代农民工私人消费的矛盾性主要表现在外显性领域，例如，对于服装消费重视样式，形式和内容相分离；手机消费有重视外观和潮流的符号倾向。在这些商品的消费中，他们倾向于买名牌和新款，当买不起名牌时，他们会选择买仿品或者是山寨商品。在其他商品的消费中，新生代农民工则表现出务实和节俭的特性。在食品、日用品等方面，他们经常去超市或折扣店购买（31.4%），甚至是集市或地摊（21%）。

因此，河南省新生代农民工的私人消费表现出消费倾向高、消费结构多元化的特点，同时表现出消费观念理性和外显性消费行为炫耀性的矛盾。

（二）新生代农民工的私人消费特征

1. 私人消费的炫耀性

河南省新生代农民工的私人消费具有在城市消费支出较高的特点。2013年河南省新生代农民工的平均月收入达到2254元，平均每月消费1066元，占平均月收入的47.3%。有两成的新生代农民工经常透支，八成以上的新生代农民工都将收入花在了城市，而每月有结余的只占15.5%。"月光族"已成为新生代农民工的主体，特别是其中的低收入群体。

2. 私人消费结构的多元化

从调查结果我们可以清晰地发现，新生代农民工的消费结构已经相当多元化。除了维持日常生活的食品和衣着类开支以外，社会交往（包括人情类和通信类）开支和享受性开支所占的比例也较高，我们可以通过消费结构来解读新生代农民工生活安排中所体现出的价值取向。新生代农民工已经不满足于在城市挣钱、回老家消费的模式，他们更多地追求自己在务工地生活中的主体地位，在消费结构方面与城市同龄人差别不明显。

3. 私人消费方式的多样化和娱乐方式的单调性

河南省新生代农民工的消费方式趋于多样化。一方面，购物方式多样化，网上购物、信用卡消费越来越普遍；另一方面，购物场所多样化，大型商场、品牌专卖店等都成为新生代农民工经常购物的场所。

与消费方式多样化相反，新生代农民工空闲时间的娱乐方式则比较单调，主要的娱乐方式是看电视、上网和逛街。

4. 私人消费观念的理性化

河南省新生代农民工私人消费观念的理性化主要表现为，认同有钱没钱都要节俭的人占了三成以上，赞成应该理性消费的占一半以上，结果如前表 6 - 3 所示。

5. 私人消费表现出的矛盾性

从以上对消费观念的分析看，新生代农民工的消费很理性。但是，他们在具体消费行为中则表现出与此观念的矛盾性。在消费状况调查中，仅有 15.7% 的新生代农民工每月有结余。在关于购物超出预算的调查中，仅有不到一半的人选择放弃，其他人则是想办法要实现这一超出预算的消费。通过分析这一矛盾性的具体表现，可以发现，新生代农民工的炫耀性消费主要发生在外显性消费领域，包括服饰衣着、手机、人际交往等方面的消费，在这一消费领域中，新生代农民工群体以城市同龄人的消费水平为标准，而对于在私人化程度较高的食品、个人休闲等方面的消费，则是尽量节省，即对部分新生代农民工来说，他们更倾向于选择节衣缩食而在外显性方面投入较多。因此，新生代农民工私人消费的矛盾性可以被概括为外显性消费的炫耀性和被收入水平限制的其他私人消费的抑制性。

二 集体消费状况及其特征

集体性消费即公共产品的消费，公共产品由于其所具有的非排他性和非竞争性使得通过私人生产无法保证其供给，因此，公共产品由政府提供是西方经济学的基本观点。政府提供公共产品，涉及公共产品的生产和分配问题，从这个角度说，政府通过公共产品的分配介入了消费领域。

不论是在社会保障、子女教育领域，还是在廉租、公租房等集体性消费领域，农民工的消费水平都很低，消费处于被抑制状态，而河南省新生代农民工的集体消费又低于全国平均水平。这就导致了农民工消费状况具有不合理性的特点。

（一）新生代农民工集体消费状况

1. 新生代农民工集体消费水平

河南省新生代农民工集体消费水平普遍较低，以下是具体分析。

（1）河南省新生代农民工社会保障状况

国家统计局于2013年5月份发布的《2012年全国农民工监测调查报告》显示，2012年全国外出农民工参加社会保障的基本情况如下：养老保险、医疗保险、工伤保险、失业保险、生育保险分别为14.3%、16.9%、24%、8.4%、6.1%。国家卫计委发布的2013年河南流动人口动态监测调查数据显示，在流入地，农民工的各项社会保障参保率处于较低水平，养老保险、医疗保险、工伤保险、失业保险、生育保险的参保率分别为4.30%、4.70%、6.10%、3.20%、1.30%。以上数据说明河南省新生代农民工在城镇社会保障的参保率很低，且远远低于全国农民工的平均水平。

（2）河南省新生代农民工住房状况

在流动人口的住房问题上，2011年卫计委的监测数据表明，农民工主要以租住私房为主（72.60%），其次是由单位、雇主提供免费住房（9.70%），对于政府提供的廉租房的使用率最低（0.10%）。

2013年这一状况仍没有好转。虽然流动人口有在流入地稳定、长期生活的意愿，但政府提供的廉租房和公租房显然还不能惠及他们（能够享受此优惠政策的流动人口比例接近0）。在新生代农民工中，租住私房的人数最多，比例在八成以上，平均达到83.7%。租住私房，从一方面说，住房成本高，每月缴纳房租成为农民工的一项重要开支，其比例大约可占总支出的1/4。但从另一方面看，租住私房比例高，这也说明新生代农民工居住条件的改善。与此相反，老一代农民工则大部分居住在工棚里。所以，总体上，新生代农民工的居住环境相对较好，这不仅与他们的成长环境较好，是娇生惯养的一代有一定的关系，而且也充分体现出了他们较强的维权意识，懂得为自己争取较好的生活和工作环境。

（3）河南省新生代农民工就医状况

对于农民工来说，由于工作性质，医疗保障相对来说更重要，但现实情况是农民工享受城镇医保比例偏低，生活风险较高。我们的调查数据显示，在就医问题上，有20%以上的新生代农民工选择生病时尽量不去医院，有40%左右选择自己去买药，有40%选择去社区医院或私人诊所，只有很少人会选择去大医院，买药或者去私人诊所的医疗费用基本都是自费。

2. 新生代农民工集体消费结构

河南省新生代农民工在集体消费结构方面表现出不均衡状态，偏重于新型农村养老保险和新型农村合作医疗保险。

新生代农民工集体消费所包含的项目有所增加，但是集体消费在总消费中所占比例还太低，主要的集体消费项目还是和农村户籍相联系的新型农村养老保险和新型农村合作医疗保险。这些消费项目虽说属于集体消费项目，但是政府和集体补贴少，由此带来的参保成本高，抑制了新生代农民工的参保意愿，对农民工所起的保障作用较小。

3. 新生代农民工集体消费观念

随着新生代农民工受教育程度的提高和主体意识的增强，他们对集体消费的重视程度也在提高，集体消费对农民工个人和家庭甚至是群体的重要性也越来越显著。但是，调查显示，也有不少新生代农民工对集体消费的意义和作用认识不到位，40.3%的受访者认为参加社会保险对自己的生活没有什么影响，对参加不参加社会保险基本上抱着从众心理，维权意识淡薄，没有意识到参加社会保险是自己应该享有的权利。调查结果如表6-5所示。

表6-5　样本农民工参加社会保险后的影响调查结果

单位：%

		频率	百分比	有效百分比	累计百分比
有效	没有影响	282	39.5	40.3	40.3
	增加了支出，降低了消费水平	155	21.7	22.1	62.4
	有了保障，提高了消费水平	263	36.8	37.6	100.0
	合计	700	98.0	100.0	
缺失		14	2.0		
合计		714	100.0		

（二）新生代农民工集体消费特征

不论是在集体消费水平、集体消费结构还是在集体消费观念上，新生代农民工都表现出抑制性特征，并且河南省新生代农民工的集体消费又低于全国平均水平。

1. 集体消费水平的抑制性

在集体消费水平方面，不论是在社会保障、子女教育领域，还是在廉租、公租房等集体性消费领域，农民工的消费水平都很低，消费处于被抑制状态。河南省新生代农民工在集体消费项目上的总体表现是消费水平低下。一般意义上的集体消费项目主要是包括养老保险、医疗保险、工伤保险、失业保险、生育保险和住房公积金在内的"五险一金"，对新生代农民工来说，不仅参与的社会保险项目少，而且参保率很低，远远低于城镇居民和职工参保的比例。根据我们的调查，河南省新生代农民工社会保险参与的总体情况如表6-6所示。

表6-6　样本农民工参加保险情况统计

单位：%

		频率	百分比	有效百分比	累计百分比
有效	没有	398	55.7	56.3	56.3
	有	309	43.3	43.7	100.0
	合计	707	99.0	100.0	
缺失		7	1.0		
合计		714	100.0		

2013年卫计委动态监测调查数据显示，河南省农民工享受城镇医保的比例只有4.10%，低于全国水平（29.10%）。由于无法享受城镇医保，农民工需要自己先行垫付在流入地的医疗费用，增加了生活成本和生存风险，且导致其就医缺乏正规性。在调查中笔者发现，最近一次看病的费用，有接近九成的农民工没有报销，完全由自己承担。

从以上分析可以看出，河南省新生代农民工的集体消费处于抑制性状态。

2. 集体消费结构的单一性

根据国家卫计委流动人口监测数据，在户籍地参保的农民工中，有

90%以上参加的是新型农村合作医疗保险，其他项目参保率极低。而在现居地，各项社会保险的参保率都极低（见表6-7、表6-8）。

表6-7 流动人口在户籍地的社会保障情况

单位：%

社会保障种类	年龄		合计
	新生代	老一代	
新农合	91.0	89.7	90.5
城镇职工医保	0.1	0.8	0.4
城镇居民医保	1.8	1.6	1.8
商业医保	1.0	1.6	1.2
工伤保险	0.4	0.3	0.4
失业保险	0.3	0.2	0.3
生育保险	0.2	0.3	0.2
住房公积金	0.3	0.1	0.2
城镇低保	0.1	0.0	0.1
农村低保	0.6	0.4	0.5
城镇养老保险	0.3	1.1	0.6
农村养老保险	10.5	25.1	16.0

表6-8 流动人口在现住地的社会保障情况

单位：%

社会保障种类	年龄		合计
	新生代	老一代	
城镇养老保险	6.1	1.2	4.3
城镇职工医保	5.3	0.7	3.6
城镇居民医保	1.1	0.9	1.1
商业医保	3.0	3.6	3.2
工伤保险	7.7	3.4	6.1
失业保险	4.7	0.8	3.2
生育保险	1.9	0.1	1.3
住房公积金	2.9	0.4	2.0

3. 集体消费观念的变化性

由于教育水平、收入水平的限制和过客心理的影响，老一代农民工对于社会保险的作用缺乏充分的认识，集体消费观念滞后，对于集体消费权利的诉求也不是很强烈。而新生代农民工在这方面有很大变化，在工作中，他们不仅要求自己的薪酬水平得到保障，而且更加关注社会保障、住房、子女教育等集体消费项目，要求与城镇职工享有同等的权利，这一观念的变化，对于改善农民工的集体消费状况有很大促进作用。表6-5的调查数据显示，有将近40%的新生代农民工认为，参加社会保险以后，他们的生活有了保障，可以提高消费水平。因此，对新生代农民工集体消费的抑制主要表现在外部环境中。

第二节　河南省新生代农民工消费的影响因素分析

新生代农民工的问题是在中国经济快速发展和转型过程中产生的一个中国特有的社会问题，又因为中国经济进一步发展的需要成为政府的关注重点和学者的研究热点，而农民工消费问题则是随着新生代农民工的成长而出现的一个新的研究焦点。

进入21世纪，中国经济发展质量与持续性越来越受到传统经济增长方式的制约。作为中国转变经济发展方式的重要推动因素，国内需求在经济社会中的作用凸显，而随着农民工群体数量的增加，农民工消费作为中国内需的重要组成部分得到了更多的关注。尤其是改革开放以后出生的新生代农民工，其成长环境与城市同龄人的成长环境趋同，消费意识的超前性确立了他们在城市经济社会中不可替代的地位，对他们的消费行为和消费状况的研究既是现实经济的需要，又是中国消费经济理论进一步深入发展的需要。

我们对新生代农民工消费影响因素的研究也从私人消费和集体消费两个层面进行。

一　私人消费的影响因素分析

影响消费者行为的因素分析是建立在西方经济学的消费理论基础上的，而对于新生代农民工来说，其消费行为既有与普通消费者行为相同的特点，也有其自身的特点。

（一）收入是影响消费的主要因素

1. 收入水平对新生代农民工消费的影响

（1）收入影响新生代农民工消费的机理阐释

西方经济学的消费理论认为，收入水平是影响消费的主要因素。而调查数据的分析结果表明，新生代农民工私人消费与现期收入具有明显的正相关关系，即新生代农民工私人消费具有过度敏感性。关于消费的过度敏感性理论，经过了以下的发展历程。

生命周期 – 永久收入假说和随机游走假说是 20 世纪后半叶以来西方经济学关于消费者行为理论的主要分析基础和理论依据，在这些理论的基础上形成了消费者行为的主要分析框架。生命周期 – 持久收入假说认为，消费只与持久收入有关，当期收入与消费之间不具有严格的对应关系。预期收入和消费的变动都是可预测的。随机游走假说认为，如果消费者关于持久收入的预期是理性的，则前期消费就是本期收入的最佳预期，因此本期消费仅与前期消费有关，其他任何变量（包括当期收入）对消费都没有解释或预测能力（田青等，2008）。然而，实证检验并不能完全支持以上假说。Flavin（1981）发现，消费与劳动收入具有显著的正相关性，他把这种现象称为消费的"过度敏感性"。

Flavin（1985）利用美国宏观经济数据进行分析时发现，流动性约束有助于解释消费对于收入的过度敏感性。所谓流动性约束是指：当消费者面临收入下降时，由于不能或者只能较少地从借贷市场借钱平滑消费，所以只能减少消费，或者动用储蓄进行消费；当消费者面临收入增加时，则会增加储蓄以备收入减少时使用。

Madsen 和 McAleer（2000）认为流动性约束不可能解释所有的过度敏感性，不确定性是导致消费者偏离生命周期 – 持久收入假设的另一个重要原因。收入的不确定性使作为理性人的消费者在决定消费行为时变得更为谨慎，且由于当前收入的不确定性最小，消费者对当前收入更为敏感。预期收入增加将减少预防性储蓄，从而增加当前消费；相反，收入下降会增加预防性储蓄，因而减少当前消费，这说明当前消费与当前收入具有正相关关系。

（2）收入水平影响新生代农民工消费的实证分析

根据西方经济学的消费理论，我们从理论上分析了影响新生代农民工消费的主要因素，下面是根据调查数据所做的分析。

一是自身收入。新生代农民工的收入水平对消费会产生比较大的影响，大部分新生代农民工的家庭负担不算很重，自己务工的收入绝大部分由自己支配，但是，他们的消费则与老一代农民工表现出不同的特征。对于新生代农民工来说，城市生活对他们的诱惑太多，他们的享乐思想较重，所以，娱乐方面的支出相对较高，另外，现实情况也使得他们必须在人际交往方面花费更多，参加各种技能培训更是必不可少的消费，这些方面的支出在他们的总收入中所占比例较高，结果必然导致他们生活费用相对不足。因此，新生代农民工收入与消费关系明显的特征是，在收入相对较少的条件下，他们宁愿压缩生活费用，也要追求可以体现高品质生活的物品，他们认为对这些物品的消费能体现他们作为城市人的身份特征。因此，我们可以看到新生代农民工尽管每天仅花少量的钱用于吃饭，但会不惜花上几百甚至几千元来购买品牌服装、化妆品、手机等。

关于新生代农民工私人消费水平的影响因素，调查数据分析的结果表明，河南省新生代农民工的消费与现期收入之间成较明显的正相关关系，相关系数在0.4左右，即可以用收入水平来解释消费差异的40%。

二是可支配收入。影响新生代农民工可支配收入的主要因素是家庭汇款。关于早期农村劳动力外出务工的大量研究表明，农民工获得的货币工资性收入中，有相当一部分被寄回老家，主要用于家中的生产性投资、建房以及家庭成员教育投资等。并且，这些研究表明，新生代农民工年龄越大，对家庭的这种责任感也就越强，往家汇款的金额相应地也就越多（胡枫、王其文，2007：23）。老一代农民工往家汇款的比例较高，而新生代农民工往家寄钱的比例较低、金额也较少。

河南省的调查数据显示，新生代农民工中28.2%的人根本不往家寄钱，或者家里不需要他们寄钱，一年平均给家里500～1000元的占21.9%，年均给家里寄1001～2000元的占14.5%，也有20.3%的人年均给家里寄钱4000元以上（见表6－9）。当然，之所以出现这种差别，与他们自身的收入状况、成长的家庭环境有关，也与他们的婚姻状况、人格特征等有关。

表6-9　样本农民工汇款状况（平均每年给家里寄多少钱）

单位：%

			频率	百分比	有效百分比	累计百分比
有效		没有	196	27.5	28.0	28.1
		500~1000元	153	21.4	21.9	50.0
		1001~2000元	101	14.1	14.5	64.4
		2001~3000元	57	8.0	8.2	72.6
		3001~4000元	49	6.9	7.0	79.6
		4000元以上	142	19.9	20.3	100.0
	合计		698	97.8	100.0	
缺失			16	2.2		
	合计		714	100.0		

对月收入和平均每年给家里汇款两个变量进行相关性分析，结果如表6-10、表6-11所示。

表6-10　月收入和平均每年给家里汇款两个变量交叉表

		平均每年给家里寄多少钱							合计
		0	没有	500~1000元	1001~2000元	2001~3000元	3001~4000元	4000元以上	
目前月工资收入（含奖金）	1000元及以下	0	26	15	3	2	0	3	49
	1001~1500元	0	61	33	16	13	8	17	148
	1501~2000元	0	40	45	29	13	13	26	166
	2001~2500元	0	22	24	23	10	12	23	114
	2501~3000元	0	25	17	15	10	6	28	101
	3001~4000元	1	12	11	9	5	5	20	63
	4001~6000元	0	5	3	4	2	4	16	34
	6000元以上	0	3	3	2	2	1	9	20
合计		1	194	151	101	57	49	142	695

表 6 – 11　月收入和平均每年给家里汇款相关性对称度量

		值	渐进标准误差^a	近似值 T^b	近似值 Sig.
按标量标定	相依系数	.359			.000
按顺序	γ	.287	.036	7.954	.000
	Spearman 相关性	.293	.036	8.063	.000^c
按区间	Pearson 的 R	.294	.036	8.112	.000^c
有效案例中的 N		695			

注：a. 不假定零假设。

　　b. 使用渐进标准误差假定零假设。

　　c. 基于正态近似值。

从以上数据可以看出，对于新生代农民工来说，他们的收入水平和给家里汇款的数量之间有一定的相关性，相关系数接近 0.3。总体上看，新生代农民工的可支配收入水平依然较低，对大部分新生代农民工来说，他们的收入也仅能够维持在城市的生活开销，给家里汇款实在是心有余而力不足。

对我国新生代农民工来说，他们是伴随着改革开放成长起来的，生长在农村，工作、生活在城市。他们中超过六成的人第一次务工的年龄都是 16～19 岁，基本上出了校门就进入城市务工，因此，他们真正的消费方式更多的是在城市形成，并受到城市居民生活方式的较大影响，这是与老一代农民工差别较大的地方。

在对新生代农民工目前消费状况的调查中，我们想看看新生代农民工将多大比例的收入在城市进行消费。分析结果表明，新生代农民工平均每月消费 1066 元，占平均月收入的 47.3%。有 20% 的新生代农民工经常透支，另外，八成以上的新生代农民工的收入都花在了城市，而每月有结余的只占 15.5%。从分组后的数据中可以发现，每月在城市花费 801 元到 1500 元的新生代农民工占了三成以上，每月花费在 800 元及以下的占了 45%。而在对消费理念的调查中，有 35% 以上的新生代农民工赞同"有钱没钱都要节俭"的观点，有 55% 以上的人赞同"根据收入量力而行理性消费"的观点。这表明，与那种简单地认为新生代农民工"追求享乐主义"的观点不同，新生代农民工虽然已经不像他们的父辈们那样刻意地省吃俭用，但是他们也并非在城市毫无节制地消费。因此，在农村成长的经历还是对他们的消费方式和消费观念产生了较大的影响。之所以大部分新生代农民工的月收入没有结余，主要原因是与收入水平相比，物价上涨过快，满足基本生活需求的花费占了工资的大部分。

（3）收入水平影响新生代农民工消费的统计分析

我们利用 SPSS 软件对调查数据进行进一步的分析发现，河南省新生代农民工的消费与收入之间成较明显的正相关关系，具体的统计分析结果如表 6-12、表 6-13、表 6-14 所示。

表 6-12　目前月工资收入（含奖金）＊平均月消费交叉分析

		平均月消费					合计
		500元及以下	501~800元	801~1500元	1501~2000元	2000元以上	
目前月工资收入（含奖金）	1000元以下	15	17	11	2	4	49
	1001~1500元	39	53	43	11	5	151
	1501~2000元	29	62	56	14	6	167
	2001~2500元	11	35	44	18	7	115
	2501~3000元	12	20	35	23	14	104
	3001~4000元	8	11	19	14	12	64
	4001~6000元	0	3	6	8	18	35
	6000元以上	1	1	2	4	11	19
合计		115	202	216	94	77	704

表 6-13　目前月工资收入与平均每月花费相关性分析
方向度量

			值
按间隔标定	η	目前月工资收入（含奖金）因变量	.435
		平均每月花多少钱因变量	.440

表 6-14　目前月工资收入与平均每月花费相关性分析
对称度量

		值	渐进标准误差[a]	近似值 T[b]	近似值 Sig.
按顺序	Kendall's tau-b	.317	.030	10.575	.000
	γ	.393	.036	10.575	.000
	Spearman 相关性	.385	.035	11.050	.000[c]

续表

		值	渐进标准误差^a	近似值 T^b	近似值 Sig.
按区间	Pearson 的 R	.418	.035	12.208	.000^c
有效案例中的 N		704			

注：a. 不假定零假设。

　　b. 使用渐进标准误差假定零假设。

　　c. 基于正态近似值。

关于河南新生代农民工收入对消费的影响，调查数据的结果表明，Kendall's tau-b 相关系数、Spearman 相关系数、Pearson 的 R 都在 0.4 左右，即可以用收入水平来解释消费差异的 40%，收入对消费产生较大影响。

2. 收入结构对新生代农民工消费的影响

新生代农民工的收入结构与老一代农民工最大的差异在于收入结构的多元化趋势，收入结构的多元化对消费的影响表现为两个方面：一是收入中工资性收入部分降低，收入的稳定性降低，稳定性与不稳定性收入比例下降；二是收入来源增加，在一定程度上可以强化他们的消费倾向。调查显示，新生代农民工的收入结构由单一向多元化构成发展，5.5% 的人有利息收入，1.8% 的人有股票或债券收益，2.8% 的人有房租收入，13.5% 的人有父母资助或兼职收入。但是，非工资性收入在总收入中所占比例过低，这些都对新生代农民工的消费和发展不利。第二次调查的结果从总体上验证了第一次调查的结论，即新生代农民工非工资性收入在总收入中的比例过低。虽然是较小的非工资收入，但是从新生代农民工的消费状况可以看出，这部分收入对他们来说还是相当重要的。

在对于自己目前的消费状况的调查中，有两成的新生代农民工经常透支，八成以上的新生代农民工的收入都花在了城市，而每月有结余的只占 15.5%。"月光族"已成为新生代农民工的主体，特别是其中的低收入群体。经常透支的这部分农民工必须依靠非工资收入的补充来维持日常开支；对于基本够用的六成以上的人来说，非工资收入也是其中的一部分。所以，非工资收入对于新生代农民工来说，在某种意义上是扩大了他们的可支配收入，从而起到提高消费水平的作用。

表 6-15　目前的消费状况如何

单位：%

		频率	百分比	有效百分比	累计百分比
有效	经常透支	143	20.0	20.2	20.2
	基本够用	452	63.3	63.9	84.1
	每月有结余	111	15.5	15.7	100.0
	合计	706	98.9	100.0	
缺失		8	1.1	1.0	
合计		714	100.0		

因此，对于城镇职工来说，收入结构多元化增加了收入的不稳定性，从而在同等的收入水平上弱化了居民消费倾向。而对新生代农民工来说，他们收入的多元化与城镇职工不同的地方表现在，多元化的收入渠道提高了他们的收入水平，在一定程度上可以增加消费。

3. 河南省新生代农民工收入对消费影响的结论

（1）收入水平对消费的影响。

河南省新生代农民工收入对消费的影响相关系数、Spearman 相关系数在 0.4 左右，即可以用收入水平来解释消费差异的 40%，收入对消费产生较大影响。

（2）收入结构对消费的影响。

对于城镇职工来说，收入结构多元化增加了收入的不稳定性，从而在同等的收入水平上弱化了居民消费倾向。而对于新生代农民工来说，他们收入的多元化与城镇居民不同的地方表现在，多元化的收入渠道提高了他们的收入水平，在一定程度上可以增加消费。

因此，收入因素对新生代农民工消费的影响可以被归结为：新生代农民工的自身收入特别是除去给家里汇款以后的可支配收入是影响其消费的重要因素，由于受年龄和经验的影响，新生代农民工自身收入水平较低，加上有些人需要为家庭提供汇款，因此总体上可支配收入少，可用于消费的收入更少，从而体现出收入水平对消费的抑制作用。

（二）价格水平因素对新生代农民工消费的影响

1. 价格水平影响消费的机理阐释

在西方经济学的消费理论中，商品价格是影响消费的一个重要因素。

一种商品价格的变化会引起该商品需求量的变化，商品价格对消费的影响可以被分解为收入效应和替代效应（高鸿业，2014：80）。

当一种商品的价格发生变化时，会对消费者产生两种影响：一是使消费者的实际收入水平发生变化，在这里，实际收入水平的变化被定义为效用水平的变化；二是使商品的相对价格发生变化。这两种变化都会改变消费者对该种商品的需求量。

一种商品价格变动所引起的该商品需求量变动的总效应可以被分解为替代效应和收入效应两个部分，即总效应 = 替代效应 + 收入效应。其中，由商品的价格变动所引起的实际收入水平变动，进而由实际收入水平变动所引起的商品需求量的变动，被称为收入效应（income effect）。由商品的价格变动所引起的该种商品相对价格的变动，进而由商品的相对价格变动所引起的商品需求量的变动被称为替代效应（substitution effect）。收入效应表示消费者的效用水平发生变化，替代效应则表示消费者的效用水平不发生改变。

当商品的价格发生变化引起消费者的实际收入水平发生变化时，补偿预算线是被用来表示以假设的货币收入的增减来维持消费者的实际收入水平不变的一种分析工具。

具体地说，在商品价格下降引起消费者的实际收入水平提高时，假设可以取走消费者的一部分货币收入，以使消费者的实际收入维持原有的水平，则补偿预算线在此就可以被用来表示使消费者的货币收入下降到只能维持原有的无差异曲线的效用水平（原有的实际收入水平）这一情况。相反，在商品价格上升引起消费者的实际收入水平下降时，假设可以对消费者的损失给予一定的货币收入补偿，以使消费者的实际收入维持原有的水平，则补偿预算线在此就可以被用来表示使消费者的货币收入提高到得以维持原有的无差异曲线的效用水平（原有的实际收入水平）这一情况。

对于正常物品来说，替代效应与价格成反方向的变动，收入效应也与价格成反方向的变动，在它们的共同作用下，总效应必定与价格成反方向的变动。正因为如此，正常物品的需求曲线是向右下方倾斜的，即从理论上说，价格对消费者需求的影响是，随着某种商品价格的上升，消费者对该商品的消费量下降。

2. 价格水平对新生代农民工消费的影响

价格是影响新生代农民工消费的重要因素。对河南省新生代农民工来说，他们所消费的商品大部分属于正常商品，即商品的需求曲线向右下方倾斜，需求数量与价格反向变化。对于收入水平较低的新生代农民工来说，在决定消费行为时，有48％的受访者要考虑价格因素。这一因素和收入因素交叉对消费发挥抑制作用，收入水平低，使得新生代农民工的消费对商品价格因素变化的敏感性增强。

（三）行业因素影响新生代农民工消费的现状调查

就业行业对消费的影响显著。这其实反映了收入对消费的影响，收入高和休闲时间多的行业平均消费水平一般都较高。

行业对消费的影响，可以参照收入对消费的影响，行业影响收入主要是因为收入水平差异，另外还有行业性质所决定的工作时间与闲暇时间所占的比例。河南省新生代农民工行业与收入成显著相关性，具体统计结果见表6-16、表6-17、表6-18。

表6-16 样本农民工行业与工资收入的相关性

方向度量

			值	渐进标准误差[a]	近似值 T[b]	近似值 Sig.
按标量标定	Lambda	对称的	.048	.018	2.587	.010
		行业编号 因变量	.059	.021	2.740	.006
		目前月工资收入（含奖金）因变量	.036	.024	1.500	.134
	Goodman 和 Kruskal tau	行业编号 因变量	.023	.004		.000[c]
		目前月工资收入（含奖金）因变量	.026	.005		.000[c]

注：a. 不假定零假设。

b. 使用渐进标准误差假定零假设。

c. 基于卡方近似值。

表 6 - 17 样本农民工行业与工资收入的相关性

卡方检验

	值	df	渐进 Sig. （双侧）
Pearson 卡方	134.563[a]	56	.000
似然比	130.682	56	.000
线性和线性组合	2.492	1	.114
有效案例中的 N	688		

注：a. 22 单元格（30.6%）的期望计数少于 5。

　　b. 最小期望计数为 1.77。

表 6 - 18 样本农民工行业与工资收入的相关性

对称度量

		值	渐进标准误差[a]	近似值 T[b]	近似值 Sig.
按标量标定	φ	.442			.000
	Cramer 的 V	.167			.000
	相依系数	.404			.000
按区间	Pearson 的 R	-.060	.036	-1.580	.114[c]
按顺序	Spearman 相关性	-.062	.037	-1.619	.106[c]
有效案例中的 N		688			

注：a. 不假定零假设。

　　b. 使用渐进标准误差假定零假设。

　　c. 基于正态近似值。

（四）性别因素影响新生代农民工消费状态

由于消费商品给消费者带来的效用水平高低是影响消费量的依据，现代消费理论认为，不同性别的消费者对相同消费品的效用感受有差异，而效用感受的差异是决定农民工消费行为的重要因素，所以，这种效用感受差异是性别影响消费行为的理论依据。

我们的数据分析结果表明，性别对消费的影响不显著。不同性别的新生代农民工在消费水平上并没有显著差异，但是，我们的调查结果显示，男性平均收入比女性要高，而消费与女性差别不显著，从而说明女性的边际消费倾向比男性要强。河南省新生代农民工性别与收入的相关性分析见表 6 - 19、表 6 - 20、表 6 - 21。

表 6 - 19　样本农民工月工资收入与性别交叉表

计数

单位：%

		性别		合计
		男	女	
目前月工资收入（含奖金）	1000 元及以下	23	25	48
	1001 ~ 1500 元	52	99	151
	1501 ~ 2000 元	76	92	168
	2001 ~ 2500 元	66	46	112
	2501 ~ 3000 元	64	37	101
	3001 ~ 4000 元	52	12	64
	4001 ~ 6000 元	32	2	34
	6000 元以上	15	5	20
合计		380	318	698

表 6 - 20　样本农民工月工资收入与性别相关性分析

方向度量

			值	渐进标准误差[a]	近似值 T[b]	近似值 Sig.
按标量标定	Lambda	对称的	.085	.027	3.030	.002
		目前月工资收入（含奖金）因变量	.013	.026	.507	.612
		性别 因变量	.204	.054	3.421	.001
	Goodman 和 Kruskal tau	目前月工资收入（含奖金）因变量	.018	.004		.000[c]
		性别 因变量	.113	.020		.000[c]

注：a. 不假定零假设。

　　b. 使用渐进标准误差假定零假设。

　　c. 基于卡方近似值。

表 6 - 21　样本农民工月工资收入与性别相关性分析
对称度量

		值	渐进标准误差ᵃ	近似值 Tᵇ	近似值 Sig.
按标量标定	φ	.336			.000
	Cramer 的 V	.336			.000
	相依系数	.318			.000
按区间	Pearson 的 R	- .306	.034	- 8.469	.000ᶜ
按顺序	Spearman 相关性	- .304	.035	- 8.427	.000ᶜ
有效案例中的 N		698			

注：a. 不假定零假设。
　　b. 使用渐进标准误差假定零假设。
　　c. 基于正态近似值。

（五）农民工自身特性对农民工消费的影响

自身特性对新生代农民工消费的影响属于比较分析范畴，我们主要在新生代农民工和老一代农民工之间进行比较分析。

1. 文化程度的影响

老一代农民工的文化程度明显低于新生代农民工，他们的文化程度以小学和初中文化程度为主，而新生代农民工中高中（中专）和大专文化程度的比例占到60%以上，受教育水平明显提高。文化程度的不同体现出了消费观念的差异，进而造成了消费行为差异。较高的受教育水平活跃了新生代农民工的思维，开阔了他们的视野，使得他们更倾向于选择现代文明程度更高的城市生活方式，也更容易适应和融入城市生活，消费观念超前，会选择在务工地更多地消费，从而在城市的消费率高于老一代农民工。

2. 生存敏感度的影响

老一代农民工的生活方式和生活习惯趋于稳定，不会因生活环境而改变太多，而新生代农民工第一次外出年龄小，很少有务农经历，从学校直接到城市的他们还处于人生观和价值观的形成过程中，生活方式还处于不断改变中，很容易受到外界环境的影响，反过来说，也更容易适应城市生活。新生代农民工由于生活压力相对较小，外出的动力更多地来自自己的内在需求，希望体会城市现代生活或者改变自己的生活状况，追求更高的生活质量等。因此，现代城市生活方式以及消费方式对新生代农民工有着更大的吸引力，而老一代农民工因为有较多的农村生活经历，生活方式基本上已经定型，他们外出务工的目的也很简单，就是为了多挣钱改变家庭条件，这一目的决定了他们在城市除了维持基本生活需求以外不愿意花更多钱。而对于新生代农民工来说，外出务工收入的大部分被他们在务工地消费掉，有结余的不足 20%，在城市的消费行为是他们在城市生活的重要组成部分。

3. 未来归属的影响

由于生活经历不同，新生代农民工对农村特别是对土地的依赖程度明显低于其父辈，他们更倾向于认为"自己是城市中的一员""应该得到和城里人同等的社会地位"，因此，新生代农民工比老一代农民工多了自主和自觉意识，有着更强的留城意愿，更愿意有朝一日成为市民，享受城市现代生活。新生代农民工比老一代农民工留城意愿强反映了他们未来对城市的归属感，体现城市现代生活的消费方式会吸引更多的新生代农民工。新生代农民工希望逐步融入城市，在城市会刻意模仿城市人的消费行为和消费方式，这被认为是新生代农民工融入城市的现实手段。而老一代农民工中的绝大多数由于最终要回到农村老家，他们则尽量压低在城市的消费支出。

（六）预期支出和集体消费水平对农民工消费的影响

1. 制度环境通过影响预期支出而影响农民工消费

制度环境是影响新生代农民工消费的一个主要因素，这里的制度环境主要是指收入分配制度、消费信贷制度等。

收入分配制度。收入分配制度对新生代农民工收入和消费的影响主要体现在：对于归属于低收入阶层的农民工来说，更公平的国民收入分配状况可以带来相对较高的收入水平，相对较高的收入水平则是提高消费水平的基础。

消费信贷制度。在西方经济学的理论中，生命周期消费理论和永久收入消费理论都认为，消费者在理论上愿意实现一生中的平稳消费，消费信贷制度是实现这一目标的必要手段。中国的消费信贷制度发展较晚，也不完善，金融机构对消费信贷设有较为苛刻的限制条件，这在一定程度上限制了低收入阶层的农民工的消费信贷需求，从而影响了其现期消费能力。

在我们所做的 232 份新生代农民工调查问卷中，只有 3.7% 和 2.5% 的受访者有分期付款消费和贷款消费，这样低的比例充分说明了中国消费信贷制度对农民工阶层消费的抑制性。

2. 集体消费水平通过影响预期支出而影响农民工消费

这里所分析的集体消费主要指基本社会保障制度、社会福利以及其他公共服务。社会保障制度是减少居民未来生活中所面临不确定性的主要手段，集体消费品供给水平的提高可以增加人们生活中消费支出的不确定性，从而提高现期消费水平。

集体消费品供给水平会对私人消费产生直接影响。在政府对集体消费品供给不足的情况下，消费者需要通过私人消费方式部分满足对集体消费品的需求。对那些收入水平较高的消费者来说，政府提供的集体消费品不能满足他们的需求，他们可以通过市场途径满足需求；而对于收入水平较低的消费者来说，他们缺乏足够的通过市场途径进行集体消费品消费的能力，只能维持较低的集体消费水平，而对集体消费品的消费已经影响到了他们的私人消费领域。因此，政府对集体消费品的供给水平直接影响着私人消费的决策。

因此，对于消费者来说，私人消费是使消费者效用得到满足的手段之一，而集体消费既是私人消费的基础，也对私人消费产生直接影响。在我国城乡二元供给结构下，城市由于集体消费品供应相对充足，许多基础设施由政府免费提供，因此使得在城市生活的消费者减少了在这些方面的私人消费支出，节省下来的收入可以被用来提高自己的生活水平，如果收入水平相等，充足的集体消费品供给使得人们的实际生活水平更高；而在农村，集体消费品的供应与城市有很大差距，许多在城市由政府提供的公共设施在农村没有，这会增加在农村生活的消费者的私人消费支出，从而减少了消费者对其他私人消费的支出，使得在同等收入水平下，人们的生活水平要低一些（赵卫华，2014：98～104）。

二　集体消费的影响因素分析

一般意义上的集体消费品是指这样的一类产品或服务，比如公共交通、基础医疗、城镇住房、文化、体育休闲设施等，这些产品或服务的主要特点是不能被分割，个人无法通过市场途径得到满足。而这些集体消费品所起的作用与私人消费品是一样的，同样是劳动力再生产中不可缺少的组成部分。一般认为，集体消费品需要由政府来提供，政府提供公共产品属于再分配，公平是公共产品供给的总原则，而在集体消费品的分配过程中应该更加注重社会公平，因此政府对集体（公共产品）消费领域的干预应当在一定程度上缓和生产领域造成的不平等。但是，实际上由于城乡分割的二元户籍制度的存在，我国一直以来根据户籍制度进行集体消费品的分配，造成了集体消费品分配的双轨制，政府在这一过程中并没有起到缩小收入差距的作用，造成了一种新的社会分层和社会不平等出现，即围绕着对公共产品的集体消费供给形成的社会分层和社会不平等。其具体表现在以上的分析中已经有明确反映，集体消费中的这种非正常表现主要源于城镇化进程中集体消费品的供给不足。

（一）城镇化进程中集体消费品供给不足

我国居民集体消费品的供给机制经历了一个复杂的变迁过程，主要经历了以下几个发展阶段。第一阶段是新中国成立之初到1978年，在计划经济体制下的这一阶段，中国政府对城乡居民生活消费品实行严格的管理制度，实施城乡二元户籍管理制度，严格控制农村人口向城市的流动，这一阶段的集体消费品供给实施的是城市偏向的消费品分配制度。国家优先保障城市居民消费品的供应，而且在一定程度上用集体消费品替代了私人消费品，这样的消费品管理制度带来的结果是，改革开放之前中国城市消费品供给呈现私人消费品短缺而集体消费品相对充足的特点，集体消费品供给水平低但均衡程度较高，即是一种低水平的平均。第二阶段是改革开放以后至1991年，在这一阶段，私人消费品生产的逐步市场化使得私人消费品供给逐渐充足，而集体消费品供给仍然由国家承担，城市居民的生活满意度较高。第三阶段是1992年到2002年，这一阶段是我国市场化改革的试验阶段，对集体消费品供给也进行了市场化改革试验，使得以前由政府承担的医疗、教育、住房等集体消费品逐步向私人承担倾斜，但是相应的基本社会保障体系又处于缺失状态，私人消费受到集体消费的挤压，居民生活负担日益加重，人们的感受是生活压力一下子增加了很多，出现了不敢消费的现象，居民消费率在这一阶段持续下降。第四阶段是从2003年至今，政府试图改变前一阶段改革中出现的集体消费品供给过度市场化的趋势，国家在集体消费品的供给机制中逐渐归位，各级政府要承担起在集体消费品供给中应该承担的责任，在医疗、教育、住房以

及基本社会保障等领域加大政府投资，但是现在看来这方面做得还远远
不够。尤其是在快速城镇化的过程中，随着城镇人口的迅速增加，地方
政府提供集体消费品的能力有限，无法满足日益增长的城市居住人口的
消费需求，带来城市集体消费品消费的"拥挤"现象，对城市管理和城
市居民生活造成了一定影响。针对这种现象，政府采取了严格控制城镇
户籍制度的措施，城市居民对外来人口持一种排斥态度，认为外来人口
影响了他们的正常生活，这种排斥所产生的矛盾在一定程度上给城市管理
带来了更大压力。而矛盾产生的根源其实是城市集体消费品供给不足，城
市集体消费品供给不是按照实有人口，而是以户籍人口为标准，因此必定
导致集体消费品供给的缺口。

集体消费品供给不足主要表现在以下方面，在集体消费品中，除了针
对农民工个人的各种社会保险项目外，还有针对农民工家庭的住房和子女
教育等社会保险项目，这些方面对农民工集体消费起到很大的抑制作用，
城镇针对低收入家庭的保障房和廉租房项目，基本上把农民工排除在外，
农民工子女在城镇平等接受教育的问题一直没办法得到很好的解决。

表 6 - 22　流动人口住房性质

单位：%

		年龄		合计
		新生代	老一代	
现住房性质	租住单位/雇主房	3.9	1.8	3.1
	租住私房	83.8	83.4	83.7
	政府提供廉租房	0.0	0.0	0.0
	政府提供公租房	0.0	0.0	0.0
	单位/雇主提供免费住房	6.0	1.4	4.3
	已购政策性保障房	0.1	0.1	0.1
	已购商品房	2.8	8.8	5.0
	借住房	1.0	0.5	0.8
	就业场所	2.1	3.5	2.6
	自建房	0.2	0.5	0.4
	其他非正规居所	0.0	0.0	0.0
合计		100.0	100.0	100.0

资料来源：国家卫计委 2013 年河南省流动人口监测数据。

表 6–23　河南省新生代农民工现住房性质统计

单位：%

		频率	百分比	有效百分比	累计百分比
现住房	单位提供	56	23.0	23.1	23.1
	租住单位房	14	5.8	5.8	28.9
	独自租房	59	24.3	24.4	53.3
	与人合租	34	14.0	14.0	67.3
	自购商品房	48	19.8	19.8	87.1
	廉租公租房	4	1.6	1.7	88.8
	借住房	7	2.9	2.9	91.7
	就业场所	9	3.7	3.7	95.4
	其他	7	2.9	2.9	98.2
	未回答	4	1.6	1.7	100.0
	合计	242	99.6	100.0	
缺失		1	0.4		
合计		243	100.0		

资料来源：本课题组调查数据。

针对子女教育，对于有子女的新生代农民工，其子女在老家上学的比例为 64%，在城镇接受教育的子女，仅有 16% 在公办学校上学。

（二）集体消费品供给的双轨制

我国集体消费品（公共物品）的供给基本上是按照户籍人口提供的，这就使得离开户籍地务工的农民工享受不到城镇养老保险、医疗保险、生育保险、住房公积金等。我国的义务教育制度及教育资源分配也与户籍制度相连、按户籍人口数分配，并且城镇户籍居民和农村户籍居民享受标准不同，这样的制度安排使离开户籍所在地的农民工在子女教育方面遇到很大困难，其子女不能享受到与城镇户籍子女平等的受教育权、进入城市公立学校上学的比例很低，即使进入这些学校，也要额外支出高额的费用。其他公共服务配置也存在区域和户籍制度上的不平等。许多地方政府过多地考虑地方利益，在提供公共服务如社会救济、经济适用房、廉租房等方面以本地户籍作为申请的基本条件，使得为当地经济做出巨大贡献的外地农民工无法分享当地经济发展成果，更加剧了农民工群体的弱势地位，并在城镇内部产生了新的不平等的二元化结构（侯玲，2013）。这种在社会集体消费品分配过程中的不平等实际上带来的是一种起点上的不平等，它使农民工群体难以在城市中获得与其他社会群体一样的自我发展的公平机会和生存保障，其获得财富的能力和机会也就相应地降低和减少。

（三）集体消费品分享的双轨制

由身份差异导致的集体消费品分享的双轨制是制约新生代农民工集体消费的深层次原因。在生产领域中，农民工处于社会下层，在消费领域中，他们又被置于集体消费的边缘，因此，社会对农民工的身份歧视从生产领域拓展到了集体消费领域。新生代农民工的集体消费在区域之间有着显著的差异性。其根本原因在于区域内外，甚至是体制内外不同的集体消费品供给模式。长期以来，各级政府对集体消费品的供给往往是以区域内身份人员为依据的，忽视了区域外身份人员，导致了区域内外劳动者集体消费的巨大差异。

集体消费品分配双轨制使得初次分配不平等的影响持续存在，并可能不断扩大。比如，教育这种集体消费资源配置的不均衡，将在很大程度上使新生代农民工在社会财富分配和社会发展过程中处于极为不利的地位，并影响其下一代的成长，带来弱势地位的代际传递和阶层固化（侯玲，2013）。

第七章　新生代农民工收入改善与消费行为优化

第一节　研究新生代农民工收入与消费问题的现实意义

前面关于河南省新生代农民工收入与消费问题的分析，从本质上看，不仅仅是收入、消费问题，更折射出隐含在新生代农民工收入状况与消费行为背后的深层次问题，具体分析如下。

一　新生代农民工的消费行为折射出其市民化的意愿[①]

正如前面的分析所言，在新生代农民工收入状况以及他们对于消费的态度和安排背后，反映出他们对于选择留城市或者回农村的困惑，也可以看出，他们的市民化还存在一定的障碍。对于第一代农民工来说，农村是他们的归宿，他们省吃俭用，把在城里赚到的钱拿到农村去消费、创业。而对于新生代农民工而言，农村在他们心中的意义已经发生了变化，因此，他们以后的归宿是一个值得关注的问题。

我们在调查中考察了新生代农民工对城市生活的看法。其中的一个问题是"你喜欢目前的城市生活吗？"，调查结果发现，八成以上的受访对象表示很喜欢和比较喜欢，只有18%的受访对象表示不喜欢。有半数的受访对象表示有在城市买房的打算，有半数的受访对象表示家里没有或者有不足1亩的责任田，在这种情况下，他们回家务农的可能性就很小。有近40%的受访者感觉自己现在的生活与在老家时有很大差别；有36%的受访者认为自己的消费水平和城市人逐渐接近；有26%的受访者认为消费对他们融入城市很重要。他们现在的消费方式表明，新生代农民工已经有了强

[①]　参见王萌，2014。

烈的融入城市的愿望。因此对于大多数新生代农民工而言，城市比农村有更大的吸引力。

而在新生代农民工的消费中，手机、电脑等电子产品已经普及，他们在服装、娱乐、人情消费方面的支出比例也较高。新生代农民工迫切需要用这种新的消费形式来实现身份认同并融入城市，将对城市文化和生活方式的向往转变为享受城市生活，并尽可能从外显特征、日常消费行为和体闲娱乐上消除农村人痕迹。

二 新生代农民工的收入状况使其陷入市民化的心理纠结

与新生代农民工市民化意愿相冲突的是由自身经济状况所造成的对于市民化的顾虑。37.7%的新生代农民工已经有了下一代，孩子教育问题对他们来说至关重要，有子女的新生代农民工每月用于子女教育的支出平均超过500元，占他们平均收入的1/4，对新生代农民工家庭来说压力不小。这一方面说明新生代农民工对下一代教育的重视；另一方面也折射出农民工子女教育享受的政府补贴较少。另外，由于收入水平低和稳定性差，有近一半的受访者没有参加任何保险，对他们来说比较重要的工伤保险的参保率也只有15%，参保率较高的医疗和养老保险大部分还属于农村的新农合和新农保，参加城镇社会保险的人很少。

这样的收入支出状况与社会保障的缺乏使得想留在城市的新生代农民工感受到很大的生存压力，陷入走与留的纠结之中，进而影响他们对自己的职业和未来生活的长远规划。

三 新生代农民工市民化的外部制约

对于市民化的现实障碍，可以从政府和农民工两个视角来考察。

1. 政府层面的新生代农民工市民化的障碍

对政府来说，推进农民工市民化是改革方向，现实障碍是市民化成本的分担问题。农民工市民化的最大障碍是包括社会保障、基本公共卫生和教育、保障性住房在内的基本公共服务常住人口全覆盖所带来的成本问题。根据国务院发展中心2011年的测算，针对一个郑州市的农民工市民化，政府需要花费7.7万元左右的成本。由于农民工数量庞大，这个总成本是笔不小的支出。

2. 城市生活的现实压力

有半数以上的新生代农民工目前没有在城市购房的打算，住房公积金制度基本上把农民工群体排除在外，他们参加住房公积金的比例极低，甚至可以忽略。相对较低的收入水平，单一的收入结构，较少的收入增长渠道，与他们的收入相比过高的房价，几乎将他们排除于城镇住房制度，城乡社会保障体系的分割等限制条件使他们在短期内无法实现在城市定居，更谈不上市民化。因此，很多人对自己的未来都没有一个明确的预期。

第二节　新生代农民工的收入改善

在新生代农民工的收入与消费问题中，收入始终处于支配地位，因此，在新生代农民工问题的研究中，改善其收入状况是应该被首先考虑的。

一　从就业环境的营造上奠定新生代农民工收入改善的基础

随着工业化和城镇化的迅速发展，中国经济实现了快速增长。但是，经济社会发展中的不协调因素也随之显现出来，收入分配差距迅速扩大是重要表现之一。在造成我国收入分配差距扩大的众多因素中，城乡收入差距扩大占据重要份额。除此之外，各种社会问题日益突出，其中由人口流动所导致的社会问题不断增多。促进新生代农民工就业及增加其收入是统筹城乡发展、加快经济发展的需要，也是解决流动人口所带来的社会问题的有效途径之一，并且新生代农民工融入城市以及市民化的关键也在于此。从我们的调查结果来看，新生代农民工的收入状况不容乐观。随着新生代农民工数量的不断增长，制约其就业的机制性因素还普遍存在，新生代农民工在城市的就业环境仍不平等。因此，从改善就业环境的角度关注新生代农民工的就业问题显得十分重要。近些年，在党中央、国务院注重改善新生代农民工进城就业环境思想的指导下，各地区及有关部门采取了一系列有效措施，使得新生代农民工的就业环境得到一些改善，但当前仍存在诸如城市新生代农民工的就业管理服务制度建设滞后，城市劳动力市场发育不健全，特别是针对新生代农民工的职业培训服务未能满足需要等问题。

十八届三中全会强调要健全就业的体制机制，形成合理有序的收入分配格局，这将为提高新生代农民工收入与改善收入结构提供很好的契机。目前，我国经济发展正处在结构调整的关键时期，各种就业矛盾突出，要解决新生代农民工收入水平低和收入结构不合理的问题就必须强化就业支持。建立新生代农民工的就业支持体系主要应该从以下几个方面做出努力：提高就业质量、建立就业服务体系、完善就业援助制度、给予平等的就业权利、完善社会保障体制。

（一）提高新生代农民工的就业质量

在城镇化迅速发展的今天，新生代农民工在城镇务工仍然面临着户籍制度的限制，在就业方面无法获得与城镇户籍市民平等的待遇，主要表现在职业发展的空间受到限制。2010 年农民工动态监测调查数据显示，城镇新生代农民工职业流动较为频繁，按照一般的职业流动理论，职业的流动是为了获得更高的收入或者是拥有更好的职业提升空间，但对新生代农民工来说，频繁的职业流动是因为就业环境不好及待遇较差，在流动中他们职业上升的空间十分有限。具体表现为：新生代城镇户籍人口因待遇过低而更换工作的比例为 16.8%，为更大升职空间而更换工作的比例为 41%，而新生代非城镇户籍流动人口在这两方面的比例为 22.1% 和 29.1%。在人力资本相同的条件下，新生代农民工比新生代城镇户籍流动人口相对较低的就业待遇，将进一步强化新生代农民工的弱势地位（《中国流动人口发展报告》，2013），这也使他们只是为了生存而工作，无暇顾及对自身职业的规划。

因此，要提高新生代农民工的就业质量，就要在改革户籍制度的基础上，提高政府对新生代农民工就业的公共服务质量及对劳动力市场秩序的监管力度，使用工单位严格遵循劳动合同，保证新生代农民工的工作时间，维护其劳动权益；取消新生代农民工就业过程中遇到的不公平、不合理的规定。各地区及相关部门要对雇用新生代农民工的用工单位进行监督，消除不同职业类型的户籍限制，维护新生代农民工在城市平等就业和平等获取收入的权利。

（二）建立健全新生代农民工的就业服务体系

科技发展的最终目的是服务生产及发展社会。随着信息化社会的不断发展，利用现代化技术手段建立就业服务的信息网络尤为必要。为此，要在全国范围内建立有关新生代农民工的动态监测数据库，利用动态数据资源以及科学的调查制度，建立覆盖新生代农民工劳动力资源状况的信息网络平台，开展有组织的劳务输出，为劳动力流动及区域间经济合作提供便利，促进劳动力资源的合理有序流动。同时，引导政府相关部门及基层社会组织的参与，调动乡镇劳动保障及管理部门在劳动力转移就业方面的积极性，使其作用得到有效发挥，使劳务输出有组织地进行，在科学管理的基础上实现新生代农民工就业服务体系完善和就业服务管理创新。

（三）完善新生代农民工就业援助制度

以促进就业为先，将就业援助制度和农民转移就业援助基金落实到实处，转移剩余劳动力，促进贫困及失地新生代农民工再就业，并注重发挥政府部门和企事业单位等在引导和促进新生代农民工正规就业方面的作用，提升各级政府与相关行政管理部门在促进和引导新生代农民工就业方面的能力。在研究过程中发现，大多数新生代农民工是通过非正规渠道进行就业选择的，其中选择通过政府部门相关就业中介机构等途径寻找工作的比例很低，并且大量的新生代农民工通过这一渠道寻找的工作一般都是非正规工作，这类工作存在很大的不稳定性。此外还存在诸如因未与工作单位签订正规劳动合同，在雇佣关系中法律责任不明确而导致农民工生命财产遭受损失的现象。解决此类问题，不仅要依靠法律手段来规范非正规就业援助渠道，还亟须发展正规的农民工就业援助渠道。政府应根据国家社会经济形势的变化，主要是产业结构调整的需要，依据新生代农民工流动监测数据资料发挥引导职能，为农民工提供与经济发展状况相适应的行业、企业用工信息，为企业提供新生代农民工的各类信息，并逐步实现信息的透明化、公开化、系统化以及常规化，拓展促进就业公平的劳动力市场，从而抑制用人单位在招工方面的"暗箱操作"（刘俊彦，2007：45）。

（四）从法律层面保障新生代农民工的平等就业权利

完善新生代农民工就业相关制度并给予法律保护，保障城乡劳动者能享受到平等的就业权利。具体来说，要对劳动力市场秩序进行规范管理，加大劳动监察执法力度，对职业介绍领域的违法犯罪活动严惩不贷，查禁违法的中介机构，规范企业招工行为。要加强保护新生代农民工的合法权益，在经济水平允许的地区可建立新生代农民工薪资保证金制度。同时对农民工劳动合同进行规范管理，应严格执行最低工资制度，对拖欠克扣工资、随意延长工时、使用童工和劳动环境恶劣等问题严厉惩处。此外，从新生代农民工这一主体出发，对相关政策和法律知识进行普及教育，提高其自我保护的意识，并给予相应的法律援助（杨璠，2006：113）。

（五）完善新生代农民工就业保障机制及社会保障体制

为解决新生代农民工的就业问题，需要建立以完善社会保障体系为主的就业保障机制。针对农民工就业过程中可能出现的失业、伤残等问题，减少风险与损失，并为其提供更广阔的就业提升空间。新生代农民工的就业保障机制是一个系统性过程，这一机制的建立需要政府发挥指导作用，加强对用工企业的监督职能，督促并保障劳动合同的有效签订与实施。具体来说，新生代农民工要想融入城市，实现在当地城市的稳定就业、生活，需要解决几个方面的社会保障问题：养老保险、医疗保险、工伤保险、失业保险和最低生活保障、生育保险以及涉及住房问题的公租房、廉租房或者住房公积金制度等。这些都将为新生代农民工融入城市后能够安居乐业、解决年老和疾病的后顾之忧、解决失业后暂时的生活困难，提供最后一张生活保障网（黄闯，2011：90）。

建立更加公平、可持续的社会保障制度是十八届三中全会提出的新要求，同时也是解决新生代农民工就业与收入问题的基础。然而，现阶段新生代农民工的社会保障状况并不理想，并导致一系列的社会问题，影响了社会稳定。要解决这一问题，首先，应在尊重新生代农民工意愿的基础上，遵循公平、共享、统筹、渐进原则，以维护新生代农民工社会保障权益和推进社会公平与制度平等为出发点，在满足需要与考虑新生代农民工承受能力的前提下，明确社会保障体系的目标，阶段化、分步骤地进行。其次，中国的新生代农民工规模庞大，结构复杂并不断变化，政府需在考虑这一情况的条件下进行多元化的制度安排，通过区分不同层次及类型的农民工群体来进行社会保障方案设计（高中建、陈云，2014：38）。最后，应明确责任分担主体并强化政府与雇主责任，使得新生代农民工的社会保障得到具体落实。十八届三中全会指出："创新有效预防和化解社会矛盾体制，健全公共安全体系。"因此，要从新生代农民工切身利益出发，建立通畅有序的诉求表达、矛盾调节及权益保障机制，完善服务站等利民窗口建设，处理新生代农民工生活等各方面的问题，使得新生代农民工的权益得到有效维护。

另外，还应从建立统筹城乡就业的管理体制，建立平等的劳动力就业市场，加强就业体系制度建设，加大人力资本投入，加强进城就业新生代农民工的职业技能培训等方面入手，改善新生代农民工的城市就业环境。

二 从人力资本的提升方面保障收入水平的提高

收入作为人们生活的物质基础，既是新生代农民工选择向城市流动的首要目标，也是其在社会立足的主要来源。而收入水平则反映一定时期人们收入数量的状况。影响居民收入水平的因素有许多，收入水平和经济发展水平以及国民收入水平密切相关。当然，提高新生代农民工的收入水平，除了改善其就业环境外，还需认真落实并加强以下四个方面的工作。

第一，加大人力资本投资，提高新生代农民工收入。加大人力资本投资，使新生代农民工拥有更多的时间和资源来提高自身就业能力，提升就业的竞争力，其中保证资金的充足是解决整个问题的前提。因此，新生代农民工就业服务管理部门应设立财政专项资金，要增加财政投入并将其纳入各级政府的财政预算。在对新生代农民工进行职业技能培训时，应在权威机构的统一领导下，以乡镇为主体、县（市）为重点，各部门进行分工合作，对现有的各类职业教育和培训机构以及农业技术推广中心等资源进行整合，建立新生代农民工进城就业培训基地。同时，坚持一切从实际出发，根据就业市场需求和农民就业意愿，进行"订单式"培训，不断引进新的师资、教材资源，提高培训的针对性和实效性。

第二，通过高等职业教育的普及，提高新生代农民工收入。通过高等职业教育的普及，促进低收入群体劳动力素质提升，落实新生代农民工公平就业，提高新生代农民工收入水平。研究发现，家庭的收入水平与成员的人力资本有很大关系。成员学历及技术能力越高，其工资收入越高。西方学者 Galor 和 Zeira 的研究表明，在资本市场发展不完全的情况下，居民对于教育的投资存在一个门槛，初始财富高于这一门槛的群体会进行教育投资，获得更多的收入，而初级财富低于这一门槛的群体就会放弃教育投资，失去了获得更多收入的机会（万家明，2011：16）。还有资料显示，如果第一产业从业人员受教育水平达到城市的水平，城乡居民的收入差距可缩小 20 个百分点。因此，可大力发展教育，使新生代农民工群体通过享受平等的受教育权利来改变其收入的状况。

第三，通过技能培训增加新生代农民工收入。政府要采取相关措施，鼓励用人单位开展农民工职业技能培训，提高其自主参加职业教育和培训的积极性。企业需要有一定技能等级的工人，新生代农民工也处于学习的黄金时期，而要把二者的供需结合起来，政府的作用很重要，政府可以采用出资、扶持或者直接向社会组织购买技能培训服务等形式，开展多样的、实用的技能培训。为了提升技能培训的效果，可以采取新生代农民工、公司与政府三方共同出资、相互合作的形式，使得更多的新生代农民工拿到技能等级证书，具备一技之长，使技能培训与企业需求直接相连，这样既可以增加个人收入，也满足了企业对技工的实际需求，还能够切实减轻政府实现充分就业的压力。另外，还要不断开展针对新生代农民工的分层次、分等级的职业教育和职业技能培训，使新生代农民工可以参加经常性的技能培训，随着其技能等级的不断提高，收入水平自然而然也就跟着提高了。

第四，政府加强对劳动市场的管理，保障新生代农民工收益。劳动力市场上劳资双方的力量悬殊要求政府必须加强对劳动力市场的管理。地方政府应该看到新生代农民工在经济发展中的重要作用，根据社会经济发展状况，从宏观政策上发挥改善农民工进城就业环境的作用。制定适合本地区的有关改善就业环境的措施，并开展有关权益保护的宣传活动，提高农民工的维权意识。具体来说，首先要转变政府发展理念，从单向的促进经济增长向提高劳动力收入、实现和谐社会转变。目前，我国的劳动力供给还存在过剩，而资本则相对短缺，技能较低的新生代农民工更不具备优势，因此，需要政府加大干预力度，不能任由用人单位单方面决定劳动力工资，否则必然导致新生代农民工工资长期处于极其低下的水平，政府应该随着经济发展不断调整收入分配政策，实施最低工资制度，制定工资上涨标准，保障新生代农民工工资水平随着物价水平和经济增长水平的提高不断上涨。

三　从增加收入渠道方面实现收入结构多元化

收入结构又称收入构成。研究者对收入结构主要从工资性收入、家庭经营收入、转移性收入及财产性收入方面进行研究。从我们前面的分析中已经发现，新生代农民工收入结构与老一代农民工相比发生了较大变化，收入结构多元化初步显现，但距离收入结构合理化还较远，主要表现如下。第一，新生代农民工从第一产业中得到的收入已经不是纯收入来源的主体。新生代农民工家庭所拥有的耕地面积很少，土地种植收入在其收入或家庭总收入中所占的比重下降。第二，工资性收入成为其纯收入的主要来源，新生代农民工的货币性收入占人均纯收入的比重呈上升趋势。对河南省新生代农民工来说，由于其在农村的耕地数量有限，在城镇务工的工资基本上是他们收入的主要部分。究其原因主要有以下几点。第一，改革开放以前，受经济发展水平等各方面的制约，加之社会封闭和交通不畅，外出流动的机会和条件欠缺，流动人口相对较少。随着改革开放政策的推行和农村生产力水平的提高，部分农民摆脱了土地的束缚，成为剩余劳动力。而商品经济的迅速发展，使得城市劳动力短缺，越来越多的农民工进城，流动人口规模不断扩大。同时城市更高的生活质量、更高的收入水平、更容易获得的就业机会、更便利的交通和通信条件、更舒适的居住环境等因素也加速了人们向城市流动和融入的步伐。城乡一体化进程的加快，进一步拉近了地域间的距离，也改变了人们的价值观和思维方式，大量流动人口逐步进入城市，外出打工成为农民工经济生活的主要收入来源。第二，追求幸福的生活是人类的永恒主题，因此流动人口更愿意融入城市去获取更好、更稳定的物质和精神生活，新生代农民工群体更为明显。2013年河南省人口动态监测数据显示：流动人口在城市的居住时间逐渐延长，平均生活时间接近5年，其中84.7%的流动人口在流入地居住超过1年，47.4%居住超过3年，27.7%居住超过5年，9.3%居住超过10年（国家人口和计划生育委员会，2013）。此外，自我国劳动力资源供求状况的变化，特别是新生代农民工成为流动人口主体、"民工荒"在我国许多地区相继出现以来，为实现经济发展及社会稳定，保障我国工业化发展对劳动力资源的需求，政府逐步建立和完善了与新生代农民工相关的各种保障制度，以促进新生代农民工的有序转移和城市融入。这一过程包括不断变革户籍政策、完善居住证制度、健全劳动保障体系、对新生代农民工的组织和社会参与进行合理引导等方面。这不仅使得新生代农民工流动人数逐渐增多，而且使新生代农民工在城镇的生存与工作状况都得到很大改善。第三，新生代农民工的非工资性收入开始呈上升趋势。随着经济的快速发展，人们的生活水平逐步提高，经济的多元化带动着人们收入结构的多元化。在新生代农民工的收入中，除了家庭经营性收入、工资性收入以外，还有财产性收入、转移性收入等。

经济的发展与收入结构相辅相成。经济的发展带来收入结构的调整，而收入结构的变化也在一定程度上折射出我国经济发展水平以及国民整体收入水平的提高。在对新生代农民工收入结构的调整中，提高收入，改善生活条件，缩小城乡差距，这对社会秩序稳定、和谐发展具有重大意义。为此需要从以下几方面做出努力。

一是优化产业结构。事实上，收入结构的改变根源于产业结构，而合理的城乡结构及技术结构是产业结构优化的关键。所以我们首先要改变城乡结构，也就是要加快推进城镇化。从经济发展的历史过程得知，工业化水平不断提高，农村剩余劳动力转移规模扩大，必须加快推进城镇化。研究发现，第三产业对劳动力具有更强的吸收能力，更有利于剩余劳动力的转移，其收入效应要高于第二产业。因此在经济发展及收入结构调整过程中，应采取宽松、灵活的管理机制来发展第三产业，使得农村城镇化进程朝着全局性、根本性、长远性方向发展，提高各地区吸纳农村剩余劳动力的能力，最终提高新生代农民工收入。

二是以农业现代化手段促进家庭经营收入持续稳定增长，保证消费基础不动摇。家庭经营性收入作为新生代农民工收入主要来源的趋势相对减弱，但其仍具有较大作用，是农民生活消费支出的重要支撑，农业现代化的进程与其息息相关。在这一过程中，应落实科技兴农战略，加大科技的投入；同时，提高农业专业科技人员比例，提高农民科学文化素质。农业现代化是提高农民家庭经营性收入的必由之路。

三是进一步加快收入分配制度改革，完善社会保障体系，提高对低收入者的支持度，从而提高新生代农民工的转移性收入。首先，经济发展的最终目的是提高人们生活水平，因此，在经济快速增长的过程中，收入结构合理化的一个特征就是居民收入水平的不断提高，一个国家的经济总量和国民生产总值中居民收入所占的比例影响着居民收入水平的提高，因此，在国民收入分配格局中，只有不断提升居民收入所占比例，才能使人们能够分享到经济增长的成果，居民收入也是不断提高居民消费、维持经济持续稳定增长的物质基础。其次，调节收入分配差距，维持公平合理的收入结构。调节收入分配差距的经济手段是采取国民收入再分配的形式，一方面，政府可以通过税收和转移支付手段实现收入在不同人群之间的转移；另一方面，社会保障制度也是缩小居民收入差距的一种手段。政府利用这些手段，通过调节收入再分配，起到缩小居民收入差距的作用。因此，合理利用税收手段、不断完善社会保障体系、加大国家对低收入者的转移支付力度、有效缩小居民收入差距，是新生代农民工收入增长的宏观环境。

四是加快我国工业化、现代化和城乡一体化进程，完善劳动力市场，以经济增长和市场竞争促进新生代农民工收入提高。我国目前正处于工业化的关键时期，如果能够顺利实现产业结构升级，不仅可以实现工业化，使我国进入现代高收入国家行列，而且还能促进城乡一体化发展，而这些变化是我国经济增长的支撑力量，是实现充分就业的保障。只有实现城乡一体化发展，才能解决我国城乡居民收入差距过大的问题，也才能使农民工不再陷入"低收入陷阱"。政府要把重心放在保障民生上，改革人口管理制度，实现劳动力资源的合理配置、自由转移，从而逐步向城乡一体化方向发展。

五是通过完善金融市场，为居民投资提供更多渠道，为新生代农民工实现收入与资产间的转化提供便利渠道，从而提升财产性收入的比例。金融市场中投资渠道的多元化决定着居民对该市场的参与度，更多的选择能使居民更容易进行金融投资，从而获得更多财产性收入，即通过资本市场将货币收入转化为金融资产，从而获得财产性收入。要想提高居民进入金融市场投资、增加财产性收入的兴趣，健康运营的金融市场及公开、高效的投资市场环境尤为必要，要为投资者设计更加丰富的投资渠道，推出风险高低不同、投资收入有差异的理财产品，使丰富的理财产品不断满足各类投资人群的市场化需求，包括满足新生代农民工中一部分人的需求，他们可以依据自身收入水平和风险偏好选择合理的理财项目，进而逐步完成工资收入与金融资产之间的转化，在提高收入水平的基础上，改善收入结构。

第三节　新生代农民工的消费优化

在提高新生代农民工收入的基础上，也需要优化消费结构、倡导理性消费，从而不断发挥消费在提升农民工素质方面的作用，新生代农民工消费优化的途径可以被归结为以下几个方面。

一　新生代农民工消费环境的优化

（一）消费内部约束的排除

消费的内部约束主要是指家庭传统、文化素质、收入水平、婚姻状况、市民化意愿等方面。

1. 家庭传统

新生代农民工来自农村，家庭收入的水平不高，从小家长就教育他们要有节俭意识，希望他们在消费时精打细算，把每一笔钱都用到最需要的地方。而家庭是个人社会化的开端，对个人观念、性格、行为都产生了重要的影响。受父母的熏陶，他们从小就形成了节俭的意识，当他们脱离家庭独立生活时，家庭潜移默化的消费观念和消费行为仍然约束着他们的消费生活。

2. 文化素质

新生代农民工与老一代农民工相比，文化水平有了一定程度的提高，但与城市的同龄人比较还是有一定差距的，所以新生代农民工整体的文化素质还是偏低的。这对他们的消费行为会产生一些负面影响。新生代农民工从农村进入城市生活，面对着城市与农村消费环境和消费文化的巨大差异，由于其自身的文化素质不高，从众心理在这里起到了很大的影响作用。新生代农民工在进入城市生活以后，消费行为和消费观念很容易受到周围人群和周围环境的影响，从而形成模仿行为和从众消费心理。新生代农民工大都处于青年期，他们的人生观、价值观正处于形成时期，容易受到周围社会环境的影响，城市无处不在的产品广告促销宣传、周围城市居民的生活方式、身边朋友的消费习惯等都会对他们产生很大影响。在这种影响下，一些新生代农民工会进行盲目攀比和跟风的消费行为，对于有些商品看到别人买自己就跟着买，不考虑买的商品是否对自己实用，不过多考虑自己是否能够承受商品价格（李厚梅，2011）。可以说，新生代农民工对自己的消费行为还没有形成合理的规划和理性的思考。

3. 收入水平

收入水平是影响新生代农民工消费行为的一个很重要的因素。与西方经济学的绝对收入消费理论相一致，从整体上说，新生代农民工的消费水平一般取决于他们的收入水平，当然也有一部分新生代农民工由于受到城市人消费观念的影响而超前、过度消费。文化水平与城市同龄人相比偏低以及外来人口的弱势地位决定了他们在城市的收入水平低于一般的城镇户籍就业者，这在很大程度上抑制了他们的消费行为，他们看到商场中自己喜欢的商品却因财力不足而不能拥有，只能等打折时买或买相似却相对便宜的商品。

4. 婚姻状况

目前在农村，孩子只要不上学就早早结婚了，在新生代农民工中，已婚的占有一定的比例。已婚的新生代农民工进城工作时，不仅仅要养活自己，还要照顾家人和孩子，这给他们带来了一种无形的压力。本身在城市打工工资就不高、城市生活开销又大，再加上家人的开销，他们除了基本的生活开支以外基本没有别的消费项目，这对新生代农民工的消费行为也是一种约束。笔者曾认识一个在理发店打工的农民工，妻子是他在打工中认识的，也是来城市打工的，刚开始两人在城市的工资基本上够他们生活，孩子出生之后，为了减少开销，妻子只能回老家照顾孩子，此时丈夫一人在外工作，虽说工资比以往提升很多，但是扣除家庭开支后还是远远不够。

5. 市民化意愿

新生代农民工与上一代农民工相比，熟悉农活的很少，兄弟姐妹也不多，对家乡的感情并不深。老一代的农民工知道农活的艰辛和知识的重要性，大都鼓励子女学习，希望他们通过自身的努力走出农村，进入城市中的大学生活、学习。大学生活使他们开阔了眼界、适应了城市的生活，毕业后他们大多不愿再回到农村而选择留在城市。他们渴望摆脱农民工的身份成为城市人；他们渴望在城市中有自己的一席之地。为了能够成为"城市人"，他们努力工作、拼命攒钱，希望早日在城市中有属于自己的家，攒钱的欲望抑制了他们的消费行为。对这部分城市流动人口来说，市民化意愿是最强烈的。而对新生代农民工来说，他们中的大部分是高中甚至初中毕业就进入城镇务工，也是很少接触农业生产，比较适应在城市的生活。但是收入水平低、生活压力大的现实让他们未来的去向具有更大的不确定性。因此，面对市民化还是回归农村这一问题，他们进行了不同的选择，一部分人会选择留在城市，市民化意愿较为强烈，另一部分人则选择打工几年以后回到农村生活。

（二）消费外部约束的排除

消费的外部约束因素主要是指社会价值观、大众传媒、社会保障等方面。

1. 社会价值观

价值观是人们对各种事物和现象进行认识和评价时所持有的基本观点。价值观不是永恒不变的，它随着社会的发展不断变化着。改革开放以来，中国社会发生了巨大的变化，经济的迅猛发展也给中国的消费环境带来了巨大的改变。世界范围内人口流动和贸易往来的增加使西方的消费观念传入中国并被国人接受。传统的勤俭节约的消费观念受到边挣钱边享受或先消费后赚钱的超前消费观念的冲击，逐步向西方的消费观念过渡。社会上这种价值观的形成，极大地影响了新生代农民工的消费观念和消费行为。在新生代农民工中，出现了超前消费和炫耀性消费等有别于其父辈的消费行为和消费方式，并且这种炫耀性消费一般表现在外显消费方面，比如对衣服、手机等的消费就较为明显地呈现一定程度的炫耀性。这种现象的出现，既是新生代农民工渴望融入城市生活的体现，也是消费观念不成熟的反映，因为在收入水平较低的情况下，这些炫耀性消费必须以牺牲其他方面的消费为代价。价值观的易变性导致新生代农民工消费行为更多地表现出非理性的一面。

2. 大众传媒

大众传媒的宣传对新生代农民工的消费行为会产生很大影响。在目前的消费中，广告对于商家来说是最好的营销手段。商家利用大众传媒将自己商品的用途、特点和优势以广告的形式展现，消费者看到后在脑中会留下记忆。在消费者购买商品时，广告的效应就出现了，比起没有"名气"的商品，消费者宁愿多花钱买自己认为可以信赖的明星产品，这也是商家重金聘请明星为自己的产品代言的一个原因。对新生代农民工来说，他们有一定的文化水平，平时的休闲娱乐多是上网、玩手机，铺天盖地的广告同时也影响着他们的消费行为。大众传媒对新生代农民工的消费行为产生的最大影响是激起了他们的消费欲望，助长了他们的炫耀性消费行为，从而在一定程度上削弱了他们消费行为的理性化，制约了新生代农民工的合理消费。

3. 社会保障

近年来，我国的社会保障制度虽然有一定的发展，但这些制度还在很大程度上存在城乡差异。新生代农民工进入城市工作，作为外来人口被城市社会所排斥，由于没有城镇户口，许多保障制度是与他们无缘的，他们更缺乏劳动安全、司法保护、心理健康援助等方面的支持和帮助。其基本的生活权益没有保障，他们在城市生活得没有尊严；新生代农民工中的大部分在农村参加医疗、养老保险，其待遇标准也是农村标准，在城市生活时很多保险无法落实；同时城市的住房压力和子女教育方面的问题，大大加重了新生代农民工在城市生活的负担，这在很大程度上制约着他们的消费行为。

二 新生代农民工消费行为制导

(一) 新生代农民工消费行为的规制

日常节俭，节日浪费。随着物质生活水平的不断提高，新生代农民工的生活方式发生了许多改变，生活水平也有了很大的提高。但是，受自身收入水平的制约，新生代农民工在日常生活中还是注重节俭的。然而一到节假日或婚丧嫁娶，他们的消费就有所提高。例如，一到中秋节、过年等这些家人团圆的日子，经常不回家的在外打工者就会给家人买礼物、准备过年的压岁钱等，这些都是不小的开支。

符号消费，盲目攀比。新生代农民工适应城市的能力很强，受城市现代社会消费主义观念的影响也很大。新生代农民工处于价值观的形成时期，受城市物质生活的影响开始追求名牌，奢侈消费。同样的东西难免有好坏之分，消费也是如此。通过对事物比较才能分出好坏，但盲目攀比是一种不良的社会风气，新生代农民工进城打工并不容易，盲目攀比不仅给他们的生活带来巨大的压力，而且也使他们不堪重负，造成心灵扭曲，给社会带来不安定的因素。为此需要在以下几方面做出努力。

1. 调整收入分配政策，防止不良消费误导

我国收入分配领域存在的主要问题是收入分配差距过大，消费领域的许多不良现象与这种收入的两极分化直接相关，贫富差距过大助长了消费中的攀比行为、炫耀性消费、非理性消费等，不利于良好消费环境的形成，使消费者的预期更具不确定性，弱化了长期平均消费倾向，从而影响

社会总体消费水平。这种社会消费环境对抵抗能力弱的新生代农民工影响更大，更容易促使他们进行盲目消费、冲动型消费，不利于其制定长期、合理的消费规划，为未来做更好的打算。

以调节收入分配的方式实现消费的合理化是一个有效手段，而要缩短收入分配差距过大问题，可以从以下几个方面做出努力。首先，改革财税管理体制，遏制财税管理中存在的税制设置方面、监管方面的不合理趋势，使得财税体制更趋规范化、制度化，使合理的税收制度能起到自动调节收入分配差距的作用，从制度上遏制收入分配差距过大现象的进一步严重化，逐步削减贫富差距。其次，要缩小不同社会阶层之间的收入差距，比较有效的手段是规范居民收入，具体措施有官员财产申报制度，对国有企业高管的收入进行控制，完善监督机制，加强公众参与和社会监督。逐步实施和不断完善个人财产登记制度，使居民收入来源逐渐明晰化，避免隐性收入的产生，以公开透明的方式促进收入分配的合理化发展，让合理的收入分配制度成为合理消费的基础，防止不良消费的误导。

2. 完善社会保障制度，为新生代农民工消费提供制度保障

调查显示，大量新生代农民工在城市没有或者较少参加社会保险，究其原因可以归结为以下几点。一是目前的社会保险体系设置在城乡、地区之间差异较大，社会保险统筹层次低，基本社会保险省级统筹的大部分都没有实现，制度的分割使其不能解决农民工流动性强的问题，因此，在很大程度上削弱了新生代农民工对社会保险参保的意愿，农民工退保现象也与区域社保制度无法顺利转接直接相关。二是现有的社会保险制度设计不适合农民工的工作性质。新生代农民工大多数就业于非正规部门，包括民营企业和个体私营企业，这些企业大多数利润较低，没有很好的发展前景和高收益预期，企业经营追求短期利益的现象普遍，企业主为了降低当前的生产成本，会尽量减少甚至拒绝为新生代农民工购买保险，企业雇用新生代农民工就是利用其对工资要求低的特点，把他们作为廉价劳动力，签订劳动合同率低，购买社会保险的比例更低。三是自身特点和意识问题。新生代农民工年龄在 20～30 岁的占大多数，年纪轻，同时身体状况处在最好的时期，因此，许多新生代农民工感觉疾病、未来养老等方面的问题离自己还比较遥远，没有多少风险意识，这也是他们不愿意或者不积极参加保险的一个原因，再加上现有的保险制度体系在许多方面不适合职业流动性很强的新生代农民工，购买保险后转移上的困难使他们更看重现期收入水平的高低，所以他们宁愿放弃买保险而增加现期收入。

社会保障制度是现代经济社会的安全阀，减轻经济波动是现代社会中政府干预经济的主要依据，因此，政府在社会保障体系建设中应该发挥主导作用，同时，以维护社会公平、保障社会中弱势群体基本利益为目的的社会保障制度对处于城市下层的新生代农民工更不能忽视，政府也对完善新生代农民工的社会保障体系负有不可推卸的责任。在解决新生代农民工社会保障问题上，政府可以有所作为，政府的作用主要体现在从宏观上进行管理，从指导思想、平等观念、公平原则方面规范和完善社会保障制度，一是应该利用法律手段建立适用于新形势的和谐劳资关系，起到协调和监管作用，通过发挥法律、制度、规则的力量维护新生代农民工的切身利益；二是应具备平等观念、掌握公平原则，把新生代农民工作为一个平等享受各项权利的公民对待，在利用新生代农民工为城市服务的同时，也要维护和保障他们的基本权益；三是在社会保障体系的完善过程中，把新生代农民工纳入其中，不管是社会保险、社会救助还是社会福利，都是现代社会保障体系的重要组成部分，对新生代农民工来说，社会保险体系还有一定的法杖，在社会救助和社会福利方面与城镇居民相差更远，许多农民工没有享受到这些方面的待遇。因此，政府在完善社会救助体系的过程中，应该将农民工群体包括在内，在社会福利制度的改革、完善中，也应该体现出新生代农民工群体的需求，逐步实现对新生代农民工在教育、医疗和法律方面的社会救助，以及他们在社会福利方面的公平享有权。

（二）消费行为引导

发挥大众传媒的引导作用，树立正确的消费观。消费观是建立在世界观和价值观基础上的，是消费者对消费的基本观点和基本态度。新生代农民工要树立正确的消费观，正确认识金钱的作用和价值，形成正确的价值观，使之成为实现自己人生价值的向导。树立正确的消费观需要注意以下几点。一是保持消费行为的适度理性。这里所说的理性，可以被理解为消费行为给消费者带来的效用最大化的选择，要做到消费的适度理性，首先是指消费应该建立在自己收入的基础上，其次是指消费可以给自己带来更大的收益，即发展型消费，也就是说，新生代农民工应该合理安排自己的收入，使收入达到效用最大化。这就要求新生代农民工应该尽量减少从众消费行为，真正从自己的实际需要出发安排消费，并能够做到为未来做打算，进行发展型消费投资，使现在的消费能够给未来带来更大收益。另外，在消费过程中要兼顾精神需求和物质需求，既要考虑当前的消费，又要考虑读书、学习方面的消费，为提高个人技能和素质进行投资性消费，提高自己的适应能力和生活能力，给自己带来更大的发展空间，创造更好的生存环境。二是保持消费心理的适度理性。消费心理的适度理性是指充分理解消费的作用和意义，树立正确的价值观，不能把消费更多的物质产品作为自己的人生追求，而应该把物质消费看成是为了满足生存的需要，把精神消费看成是在生存层次之上的更高追求。树立正确的价值观，才能做到适度消费，即在自己收入的基础上满足自己的物质和精神需求的消费，不进行挥霍性消费和浪费性消费。"适度消费"的标准是是否和生产力水平相适应，是否和自己或者家庭的平均收入水平相适应，这里我们是在强调消费的"度"，也可以说是在强调消费的"质量"，目标是让消费者进行与收入相适应的合理的消费，进行能给自己带来身体、精神健康的有益消费，而控制与收入不相适应的不合理的消费。

第四节　有序流动与新生代农民工的收入、消费

一　以有序流动促进新生代农民工收入提高

就业是农民工收入的最主要来源，获得收入是进城务工的直接目的，然而农民工整体收入水平偏低已经成为现实，农民工的自身素质、就业途径和职业类型是影响其收入的主要因素。由于受教育水平偏低，职业技能培训少和获取就业信息渠道少，农民工只能从事技术水平和工资水平低下的体力劳动。新生代农民工缺乏专业技术和工作经验，就业率较低，并且倾向于体面和待遇较好的工作，这造成了频繁跳槽的"旅游式打工"现象的产生。因此，新生代农民工工作的稳定性差，收入水平难以提高。

以有序流动促进新生代农民工收入提高分为两个层面：在个人层面上，要重视教育与培训、提升自身就业能力、拓宽就业渠道、转变就业观念等；在政府层面上，构建新生代农民工的公共就业服务体系，引导农民工流动与经济结构调整和经济发展阶段相协调。

（一）重视教育和职业技能培训

1. 新生代农民工方面

研究表明，新生代农民工的受教育水平与收入水平成正相关，进城前接受培训的农民工较未接受培训的农民工就业率高，收入也相对较多。因此，新生代农民工要抓住学习机会，积极参与培训，增强自己的工作能力，提升人力资本。除此之外，新生代农民工还应转变就业观念，放弃以频繁换工作来寻求更好待遇的观念，利用知识、技能来提高自身素养和竞争力，同时增强自身的心理素养，勇于面对困难和挑战，通过自身综合素质的提高向高技术型人才转变。

2. 政府方面

政府应加大对新生代农民工职业教育和技能培训的投入，在职业教育方面，要让更多的新生代农民工获得接受职业教育的机会，改善职业教育学校和机构的基础设施配备，充实教师队伍，提高职业教育质量；在技能培训方面，大力开展针对新生代农民工的技能培训，提升技能培训的专业水平，实现培训内容的实用性、培训对象和用人单位需求的一致性，从而拓宽新生代农民工的就业渠道，增强培训效果的显著性。政府在重视技能培训的同时，还要将法律常识、城市文明规范、心理健康教育列入培训范围，全面提升新生代农民工的综合素质。

（二）提升能力，拓宽就业渠道

1. 从新生代农民工个人角度

从新生代农民工个人角度来说，他们需要积累社会资本，拓宽就业渠道，提高自身流动就业的能力，增加与企业讨价还价的资本，从而保障收入的增长和稳定。

研究发现，新生代农民工获得就业信息和选择就业岗位，主要依赖血缘、亲缘和地缘的社交关系网络，存在一定的局限性。李培林认为，农民工在社会流动过程中，由于他们可利用的社会资源有限，依靠乡土社会网络可以节约交往成本，这是一种理性的行为选择。赵延东认为，在农民工获得经济地位的过程中，社会资本具有比人力资本更加重要的作用，甚至在一定程度上，人力资本要通过社会资本发挥作用。这种获得就业信息的方式在一定程度上产生了积极效果，但也存在负面影响，如信息缺乏准确性、客观性、全面性。前面我们已经分析到，新生代农民工的社会认同开始出现"内卷化"的趋势，因此，新生代农民工要加强与城市市民的互动和交往，如建立邻里关系、社区关系；增进与同事之间的合作，处理好与上级的关系，形成业缘关系网等；扩大交往范围，积累社会资本，这有助于其获得更多质量较高的工作，提高经济地位、收入水平。

2. 从政府角度

政府应该尽可能提供公共就业信息服务，提高就业信息的透明度，增强新生代农民工流动的有序性，从而保障其收入的合理性。

当今社会是一个信息化的社会，取得及时而准确的信息对于求职者在竞争激烈的劳动力市场成功就业来说至关重要。新生代农民工群体是一个对信息不敏感的群体，文化水平和交往水平使新生代农民工在获得准确而及时的信息时受到局限，他们甚至不知道公共就业信息服务，这在一定程度上导致新生代农民工流动的盲目性。政府和有关部门在占有、支配和使用公共资源中具有独一无二的优越性，因此，公共就业信息资源的开发和利用需要政府的支持和引导。

首先，创建公共就业信息服务平台。一方面，政府应提供准确的用工岗位需求信息，使新生代农民工掌握权威的、及时的就业信息，方便他们选择就业岗位；另一方面，提供与劳动就业相关的法律法规咨询，及时发布国家制定的相关政策，提高新生代农民工的法律和维权意识。

其次，拓展公共就业服务，提供职业介绍服务。网上求职的普及使传统的职业介绍功能弱化，但是新生代农民工网上求职的能力较低。因此，采用城乡一体化的登记制度，掌握新生代农民工的就业和失业信息，可以为他们提供更多的公共就业服务，减少流动成本，推动就业转移的有序化。

最后，加强对公共就业服务的宣传力度。由于政府对公共就业服务的宣传力度不够，新生代农民工对劳动就业的政策法规不够了解，不知如何获得就业信息和帮助，无法保障自身的合法权益，出现了新生代农民工找不到解决问题的有效途径和公共就业服务系统"闲置"的尴尬局面。因此，政府应加大对公共就业服务平台的宣传力度，使公共服务机制有效运转，拓宽新生代农民工就业渠道，提高就业质量。

3. 从市场角度

促进劳动力市场发育，为新生代农民工流动就业提供更为宽松的环境，提高新生代农民工就业质量。充分发挥市场在劳动力资源配置中的基础性地位，同时配合政府政策的积极引导，加上新生代农民工自身的努力，可以实现提高新生代农民工就业率的目标。在市场经济条件下，市场在资源配置中处于基础性地位，对劳动力资源的调节亦如此。劳动力在流动时要充分考虑市场的需要和承载力，然而市场调节具有自发性、盲目性，容易造成新生代农民工流动失序，需要政府的适时引导与宏观调控。当前中国正处于产业结构转型期，产业发展不平衡的状况不容乐观，在三大产业中，第二产业比重过大，第三产业发展仍然不充分，还存在区域经济发展不协调问题，东部沿海地区劳动力市场源源不断地吸引来自中西部地区的劳动力，而中西部地区对劳动力的吸引力不足。因此，需要与国家的产业升级策略相配合，引导和扶持第三产业发展，从而吸引更多的新生代农民工进入第三产业就业，中西部地区要采取更有力度的措施，吸引劳动力流入，使新生代农民工流动与经济结构和发展水平相协调，实现有序流动，提高新生代农民工的就业与收入水平。

二 以有序流动实现新生代农民工集体消费的公平性

(一) 新生代农民工集体消费不平等的原因

集体消费是当代西方城市社会学中的一个概念，指消费品本身的性质和消费的规模导致的只能由集体来组织和管理的消费过程。城市社会学家卡斯特尔首次提出这个概念，他认为集体消费是满足集体性需要、只能由政府供给的消费过程，包括公用住房、社会公共设施和闲暇满足、交通、教育、医疗等。研究结果表明，户籍身份始终是影响集体消费水平的突出因素，对于任何一种集体消费品，新生代农民工的消费水平都低于市民；集体消费水平阶层分化现象显著，地位结构对所有集体消费影响深入，新生代农民工受到的制度性歧视和阶层的不平等现象从生产领域拓展到了集体消费领域。

在这里，有必要对两组概念——社会分层、社会不平等和消费分层、消费不平等的关系做简单阐述。"社会分层"是社会学研究的核心议题，过去普遍把职业地位和收入水平作为社会分层的主要标准，李培林通过实证研究认为，收入分配中广泛存在的"双轨制"和隐性收入，导致这一标准具有相当大的局限性，他指出以消费指标为依据则更加准确方便。社会不平等主要指社会资源没有得到平等分配，消费不平等则指消费资源的不平等分配，消费的不平等导致了消费分层现象的产生和加剧。社会分层和消费分层相互影响，消费分层不仅是对社会分层的延续，而且会再生产出社会不平等。新生代农民工是一个特殊的社会阶层，如果说私人消费领域的不平等与新生代农民工的个人人力资本高度相关，那么集体消费领域的不平等则与制度身份密切相连。

在前面的分析中，我们已经对西方消费分层理论做了详细的分析，以消费作为社会分层的主要维度，"有闲阶层""品位阶层""符号阶层"形成的三种资本形式，在市场经济的消费分层体系中缺一不可，形成三重互构。"集体消费"已经成为研究社会分层与不平等的重要概念，通过研究中国社会集体消费的发展历程，研究者发现，我国的消费分层不仅与以上三种资本形式有关，而且还与第四个因素，即制度身份有关。这种制度使一部分人群更多地享有集体消费的机会而将其他的一些群体排除在外，农民工就是一个典型的群体。因为没有城镇户籍，大多数进城务工的农民工被排斥在城市居民享受的国家政策福利与社会保障之外。新生代农民工是当前农民工的主体，与老一代农民工成长背景的不同使他们对城市生活更加认同，融入城市的愿望更加强烈，是我国城镇化的主力军。然而，制度身份的缺失导致新生代农民工在集体消费领域受到不公平的待遇，对他们市民化的意愿造成了负面影响。如低收入的城镇居民在购房时享有经济适用房和保障性住房的机会，而新生代农民工没有享受这一政策福利的机会，他们在城市购买住房时需要比城市居民付出更高的成本，加上他们的收入水平偏低，在城市安家的概率很低，到了适婚年龄，迫于经济条件的局限，他们不得不为婚姻和赡养父母而返回农村，这极大阻碍了城镇化进程。

（二）实现有序流动，确保新生代农民工集体消费的公平性

劳动力有序流动的实现需要政府引导加上劳动者个人的"用脚投票"，政府引导主要是指流出地政府做好对农民工的前期培训，提升其技能水平，增强其外出寻找工作的适应能力；而流入地政府则应该为流入本地的新生代农民工提供相应的基本公共服务和基础社会保障，保障其在务工地拥有享受基本公共服务的权利。而在理论上，新生代农民工则可以根据各地不同的基本公共服务水平选择自己的务工地。当然，要用新生代农民工的有序流动推动其集体消费的公平性，需要基础条件做支撑，主要措施包

括改革户籍制度、完善社会保障制度和建立公共服务均等化体系三个方面。

1. 改革户籍制度

城乡二元户籍管理制度是将人口按农业户口和非农业户口作为身份标志并进行城乡分化的户籍管理制度，这一制度起初就是为了限制人口流动，结果则导致农村人口和城镇人口在公共服务管理和社会保障等政策方面受到了不同等的对待，从而成为实现新生代农民工在集体消费领域公平化的最大障碍。因此，应打破户籍限制，改革城乡二元体制，营造平等的社会环境。受户籍制度制约，新生代农民工在很多方面无法与城镇居民一样享受同等权利，如居住权、社会保障权和子女受教育权利等。改革户籍制度，取消"农村户口"与"城镇户口"的划分，采用按居住地登记户口的原则，实行城乡户口一体化管理，调节城市准入门槛，放宽城市落户条件，保证新生代农民工合理有序流动。

2. 完善社会保障制度

目前，新生代农民工的社会保障体系不健全，主要表现为相关法律制度不合理，国家财政对新生代农民工社会保障的资金投入力度不够，政府监管缺失和新生代农民工社会保障意识缺乏等，这损害了新生代农民工在集体消费中享有社会保障和福利政策的权利，同时也阻碍了农民工的有序流动。因此，应从制度上完善立法，财政上增加投入，政府和社会加强监管，个人树立社会保障意识等层面创新社会保障制度，使之更加符合新生代农民工的实际需要，让新生代农民工在城市中享有住房、医疗、教育、保险等方面的保障，加快城镇化进程，提高市民化质量。

3. 建立公共服务均等化体系

影响中国劳动力资源有序流动的障碍从表面上看是城乡二元化的户籍管理制度，但是，从本质上说，其实是户籍制度上所附带的公共服务、社会福利的差异。中国公共服务与社会福利的供给是与户籍制度直接相连的，二元化的户籍管理制度肯定导致公共服务与社会福利的二元化和区域碎片化（侯云春等，2011：5），具体表现是不同户籍制度的群体所享受的公共服务差异巨大，这种差异不仅表现在城乡居民之间，而且也表现在中国不同的地区之间，甚至是不同的行业之间。另外，城乡居民之间、不同地区之间、不同行业之间的公共服务供给制度不同，而且这些不同的制度之间也没有可以衔接的设计，这种人为的制度分割对新生代农民工的合理有序流动造成了很大障碍，对新型城镇化的发展也是不利的，更是实现公共服务均等化的最大阻力。因此，要建立城乡统筹的、覆盖包括新生代农民工在内的流动人口群体的基本公共服务制度，需要设定的主要目标是：逐步完善政府所提供的基本公共服务体系，实现政府提供的"基本公共服务全面涵盖国民教育、医疗卫生、公共住房、社会救济等各个方面"（侯云春等，2011：5）；制度对接，即现有的基本公共服务供给制度有城乡之间的差异、地区之间的差异，要实现不同制度类型的基本公共服务相互衔接和转移，就需要建立一个整体能够对接的制度；水平适度，是指公共服务的提供离不开经济支撑，因此政府所提供的基本公共服务水平与国家的整体发展水平相关，要与经济发展水平相适应；覆盖广泛，即要求对所有公民平等提供；重点突出，即一定要把城乡居民要求最迫切的公共服务放在突出位置。

（三）赋予新生代农民工城市集体消费品享有权，这是集体消费均等化的有力保障

新生代农民工在城市所遭遇的各种问题的实质是城市的公共消费品供给通过制度固化造成了对农民工群体的社会排斥，这种典型的负向激励既增加了农民工融入城市的社会成本，也给城市管理者增加了城市治理的难度（朱松梅、雷晓康，2015：54）。

新生代农民工在城市的集体消费水平低下，关键原因是其被排除在许多集体消费品的消费之外，而通过赋予新生代农民工城市公共消费品享有权，可以从法律上有力保障他们公平地进行集体消费。

1. 赋予新生代农民工集体消费品的公平享有权利，实现真正意义上的市民化

伴随着中国经济的快速发展，劳动力流动更为频繁，而新型城镇化战略的实施，使得中国的城镇化率不断提高，这个城镇化率是指常住人口意义上的城镇化率，而地方政府所提供的集体消费品则是按照户籍人口提供的，在大城市，常住人口数量远远高于户籍人口数量，这就导致集体消费品的供给相对不足，使这些集体消费品的消费发生"拥堵"，城市居民把这种状况看作外来人口的影响，因此产生对农民工的排斥心理；同时，农民工也感觉到了在城市生活的压力，其融入城市的难度增加；而随着我国人口结构的变化，劳动力供给过剩的状况在缓解，劳动力成本在上升，城

市发展离不开成本较低的农民工，城市管理者不得不反思以前的农民工管理政策，要吸引更多的农民工进入城镇工作，就需要进行集体消费品供给制度改革，降低集体消费品的排他性，促进农民工与城市社会的融合，促使中国经济进入新的发展阶段。

农民工的社会融入是一个复杂的过程，需要较长的时间才能完成。农民工群体进入城市的初期，受到城市社会的排斥，随着时间的推移和农民工对城市贡献的加大，在一些方面，城市社会对农民工的管理逐渐放松，城市进入部分排斥状态，而目前是进入不排斥阶段，城市的发展已经离不开农民工的支撑，但是，农民工群体想完全融入城市社会，还需要做出很多努力，其标志就是农民工群体能否被纳入城市集体消费品消费的主体范畴。从中国的现状来看，城市处在"部分排斥"的阶段。树立农民工是城市财富创造主体的观念，平等对待农民工群体，才能实现农民工与城市人口共享集体消费品，保障农民工对城市公共产品的平等享有权。

确立农民工在城市集体消费品方面具有公平享有的权利有着重要意义。具体表现为以下方面。第一，为农民工在城市公平享有集体消费品提供制度保障。集体消费品的供给应该以公民身份为依据，只要有公民权利的人都应该公平享受，这样，公平享有集体消费品对农民工来说就是以公民身份行使公民权利的表现，公民权不能被随意剥夺。第二，是农民工真正融入城市社会的前提和保障。小城镇户籍制度的放开不能吸引更多的流动人口进入已经说明，户籍制度上面附带的基本公共服务享有权才是吸引流动人口的根本原因，而不平等的集体消费品供给使得农民工无法很好地解决在城市的生存和发展问题，更是农民工无法融入城市社会的主要原因，是农民工受到社会排斥的主要体现，而赋予农民工公平享有集体消费品的权利，将从制度层面缓解这一矛盾。第三，为新生代农民工融入城市提供产权保障。中国的工业化、现代化离不开农民工群体的贡献，要想吸引更多的农民工进入城市、留在城市，除了为农民工提供工作岗位、收入保障以外，产权激励也很重要。农民工平等享有集体消费品权利，使他们在城市就业、居住、消费等有了制度保障，对他们会产生很大吸引力。第四，为新型城镇化的有效推进提供核心的支撑。农民工平等享有城市的集体消费品，是其市民化的有效途径，是实现"人的城镇化"的应有之义。

2. 新生代农民工城市集体消费品享有权缺失的表现①

第一，新生代农民工就业保障的缺失。农民工群体在城市就业最早属于市场选择的结果，城市工业发展需要大量的低成本的劳动力资源，城市社会对农民工的使用完全遵照市场规律，经济高涨时，可以招收大量农民工，经济不景气时又可以很容易地裁减这些工人，因此，形成了中国特有的"民工潮"和农民工"返乡潮"。裁减工人当然有企业根据需要自主决定劳动力需求量的因素，但是，农民工缺乏就业保障权，劳动合同的签订率低、政府对企业的制约作用小、不能对农民工群体的就业起到较好的保护作用才是根本原因，没有就业保障的农民工群体一旦失去工作，只能选择回到农村。但是，进入 21 世纪以来，中国许多城市出现了"用工荒"的特殊现象，许多返乡的农民工不愿再回到城市务工，以至于企业需要想出各种各样的办法来吸引农民工、留住农民工。对于这种现象的产生，可以从不同角度进行解释，首先是新农村建设的加快、农村经济的发展使得农民在家乡就可以有好的就业机会，其次是新生代农民工对城市社会保障和社会福利缺失的反应更敏感，受剥夺感更强烈，城市对他们的吸引力在逐步降低，致使青年农民的迁移意愿下降。

第二，新生代农民工政治参与的缺失。大多数农民工在城市一直属于外来人口，人们对他们的关注仅限于他们在城市的收入、生存问题，较少关注他们对城市公共事务管理的参与问题，而这种参与机会才是农民工群体维护自己权益的有效途径。新生代农民工的权益意识较强，因此他们有参加城市公共事务管理活动的意愿，但是参与的机会不多。农民工在务工所在地参与社区管理活动的机会很少，在工作单位参与职工代表大会的机会也不多，缺乏畅通的利益诉求途径和渠道，这使得一些农民工在出现矛盾时，选择采用不正当手段解决，对社会稳定造成不利影响。

第三，新生代农民工住房保障的缺失。随着经济快速发展，城市人口数量也急剧增加，这种人口向城市特别是大城市的单向流动导致住房问题成为一个大问题，给社会管理带来很大困难。由于现有的住房保障体系没有将农民工群体包括在内，农民工住房问题成为他们进入城市以后要面对的首要问题，城市商品住房价格对他们来说过高，又由于农民工的就业具有不稳定性、流动性特点，城市保障房基本与他们无缘，因此，大多数农

---

① 朱松梅、雷晓康，2015：54。

民工选择降低住房条件，牺牲住房环境，以减少在住房方面的支出。这种状况不仅不利于新生代农民工的身心健康，而且不利于社会管理和社会稳定。

第四，新生代农民工受教育权的缺失。农民工个人的职业培训和农民工子女公平接受义务教育权的缺失，是影响农民工城市融入的重要因素，不能公平享有接受教育的权利，对农民工自身素质的提高产生了很大阻碍作用，农民工子女受教育权的缺失，对下一代的成长极为不利。而农民工对受教育权的争取则造成与城市居民的矛盾和冲突，既影响了农民工城市融入的步伐，又会对社会安定产生不利影响。

第五，新生代农民工社会保障的缺失。前面的分析已经清楚地说明，社会保险制度的设置对农民工基本上是排斥的，致使农民工无法享受到基本的社会保障，造成了新生代农民工在城市和农村之间的两难选择。

第八章 收入、消费对解决新生代
农民工问题的作用研究

关于新生代农民工，有许多需要关注和解决的问题，本书只是把其收入状况与消费行为作为主要分析对象。然而，解决新生代农民工问题，仅仅考虑收入与消费是远远不够的，我们希望收入与消费可以对新生代农民工问题的解决起到更大的促进作用，因此，我们首先探究消费对农民工身份认同的科学建构作用，进而分析消费对农民工市民化的影响与作用。

第一节 新生代农民工身份认同的科学建构

对新生代农民工来说，基本的生活需求已不再是他们进城务工的主要目的，怎样融入城市、得到城市认同，并且能够实现与原有农民身份的分离，才是他们当下最关注的核心问题。研究发现，在寻求尊重、实现自我、表达情感的道路上，消费是一个必不可少的方式。对新生代农民工来说，缓解认同焦虑最直接、最有效的方法，便是购买城市化的消费商品。在他们的意识中，完成对商品的消费就相当于向城市身份认同跨进了一大步。

新生代农民工大多是选择符号消费这种手段来建构自我身份认同的。通过前文对符号消费的分析可以看到，符号消费的多变性引起了自我物质化、碎片化；因混淆了真实世界与符号世界而造成脱离现实的消费行为；同辈群体及阶层影响可能引发的炫耀、攀比的消费观念；符号消费载体的商业性、开放性带来的深层次焦虑和迷茫……诸如此类由符号消费引起的问题，直接制约着新生代农民工身份认同的进程。因此，如何利用消费的作用促进新生代农民工群体积极、科学地建构身份认同，是研究的落脚点。

一 提升公民教育消费与新生代农民工身份认同

所谓公民教育就是指通过适当的教育手段促使公民形成对自身主体身份的正确认识，从而塑造公民的政治态度，使之能准确地把握自己同国家之间的关系，调整自己的心态和行为的社会活动过程（李微，2005）。

对公民教育的内容可以从不同角度、不同层面去界定，但从目前阶段来看，不论从哪个角度分析，社会主义核心价值观都是公民教育的重要内容。社会主义核心价值观作为一个完整的价值评判体系，影响着人们的各种行为活动。中国特色社会主义共同理想为人们提供了最基本的价值评判标准，人们应当自觉贯彻执行党和国家的方针政策，构建社会主义和谐社会，只有以此为基点，建立正确的人生观、世界观、价值观，才能够树立起科学的消费观，防止不健康的消费行为，实现个人价值和社会价值的有机统一，达到身份认同的最终目的。社会主义荣辱观则为个体发展奠定了道德基础。坚持什么、反对什么，倡导什么、抵制什么，从不同的侧面指导人们追求高尚的道德取向，科学的价值甄别，可持续的消费理念。党的十八大报告则再次强调了要坚持节约资源和保护环境的基本国策，国务院印发的《党政机关例行节约反对浪费条例》，要求弘扬艰苦奋斗、勤俭节约的优良作风，建立健全反对浪费的工作机制，将光荣传统上升到党内法规的高度，这成为各项工作的重中之重。

提升公民教育消费，可以通过加强审美鉴赏培训、媒介素养教育等方式来进行。要培养新生代农民工的批判意识和能力，使他们认识到符号消费所包含的商业性、消费性以及意识形态特征，从而帮助他们走出对各种符号化商品的痴迷，引导其以一种平和和理性的心态去面对。与此同时，新生代农民工自身也要增强学习意识，加强知识培训，提高自身科学文化水平和劳动技能，以便更好地融入城市，实现从根本上提升身份认同感，促进市民化进程。在当今社会，随着互联网和信息科技的不断进步，要充分利用现代科技力量，利用大众媒体的强大影响力，传播社会主义核心价值观和理性、健康的消费观念，从而塑造新生代农民工正确的思想观念和良好的行为习惯。当然，新生代农民工个体也要重视自身的培训、学习。自身能力、素质直接影响着个体的收入、生活水平，从而进一步影响着个体的身份认同。因此，不断提高新生代农民工的科学文化水平、职业技能及思想素质等，将城市所体现的科学的生活方式、健康的价值观念深入其内心，也可以加快该群体的身份认同进程。

对新生代农民工来说，相应的认知是不可或缺的。从宏观上来说，科学的认知引导，能够提高这个群体的消费能力，为社会主义的发展提供物质和精神支持。从微观上来说，个体积极、有效的认知能力，能够调动自身生产积极性，为自我新的发展打下基础，从而提高身份认同感，提升个体幸福感。因此，加强对国家相关政策的了解，提升自身素质，是科学建构新生代农民工身份认同的一个必要条件。

二　以消费促进新生代农民工身份认同的主要内容

（一）提高公民教育消费支出，提升个体素质，强化知性认同

由于城乡二元结构的限制，农村生活与城市生活无论在生存环境、生存方式还是行为习惯上，都存在显著差别，这使得新生代农民工在城市中不可避免地要经历再社会化。而公民教育可为新生代农民工的健康成长提供方向指导和前进动力，是每个人社会化过程中的必要条件。首先，在社会化进程中，新生代农民工要以正确的人生观和价值观为基准，因而我们要向青年灌输马克思主义的世界观、人生观，促进他们的社会化进程。其次，在社会化的进程中，新生代农民工要掌握城市社会规范。公民教育包含生活规范、法律规范、道德规范的教育，这可以帮助农民工尽快地适应社会环境和健康成长。最后，在社会化的进程中，新生代农民工要培养合格的社会角色。公民教育能够传授他们社会角色的职能规范和行为模式，帮助其正确处理角色内部冲突和角色间的冲突，加快社会化的进程。正像前文所指出的那样，新生代农民工的过度消费或非理性消费在很大程度上是因为他们渴望在城市生活而无能力在城市扎稳脚跟，致使他们无法设定切实可行的工作或生活计划，而只能以短期行为满足自我认同的需要。应该说，面对高风险的就业机会、微薄的工资以及并非衣食无忧的家庭背景，新生代农民工保持传统农民工节俭的风格将会更有利于自身发展。否则，外界环境一旦出现变化，新生代农民工的生存状况便会受到威胁，并有可能成为"问题民工"。因此，提高对新生代农民工的教育支出是促进其健康成长的必要条件，当前个别农民工所在企事业单位、工会和各类社团正在进行这方面的有益尝试。

事实上，公民教育经常被人们误认为是一种单纯的政治手段，这是非

常片面的。针对经济发展来说，公民教育能够奠定某个群体一定的经济思想、文化思想和道德基础，在此基础上形成的行为，影响着人们的价值取向，影响着个体或群体的身份认同。因此，将新生代农民工消费观的教育纳入公民教育体系中，对其进行科学的身份认同引导，有着不可忽视的作用，具体需要坚持以下原则。

坚持教育引导与解决实际问题相结合的原则（李伟，2010）。公民教育归根到底是做人的工作，因而必须坚持以人为本。"以人为本是从现实的人出发的，而不是抽象意义上的人。'现实的人'是追求自身利益满足的人，追求自身主体性发挥的人，追求自身全面发展的人"（黄正泉、王健，2007：57）。新生代农民工消费领域所存在的问题，归根结底是社会问题的反映，只有解决了农民工所面临的生存困境和发展瓶颈，他们才有可能形成正确的消费观。因此，在对新生代农民工的消费观教育中，在帮助他们建构科学的身份认同的过程中，更多地应该关注他们生活中的困难、工资待遇问题和在城市公平享受基本公共服务的情况，帮助他们解决就业保障问题以及子女入学问题。只有解决了他们生活和工作中出现的种种矛盾和问题，才能使教育深入人心。同时，加强思想政治工作，教育引导农民工提高科学消费的觉悟，只有这样才能实现并提高公民教育的针对性、实效性。

坚持价值引导与制度规范相结合的原则（李伟，2010）。现代市场经济条件下的消费行为具有两重属性，一是私人行为，二是社会行为。消费行为从一般意义上说是一种私人行为，消费行为的方式、消费物品的数量、品质等完全由个人的收入水平、个性习惯、价值观念等因素决定，消费者的价值观是一个逐渐形成的过程，价值观对消费者的消费行为会产生很大影响。新生代农民工正处于价值观形成的关键时期，正确的价值取向对农民工的行为方式意义重大，也是形成合理的消费观的基础。因此，需要加强对新生代农民工价值观的教育，引导其形成科学合理的价值取向。另外，消费行为又是一种社会化行为，所以，对新生代农民工的消费观教育又必须遵循制度性规范。消费的社会性是说，任何个人的消费行为都不是完全孤立的，它离不开收入、分配等社会再生产环节，不能脱离消费者所生存的社会环境。因此，消费者的消费行为必须遵循一定的社会规范，受到一定的社会规范约束，还要遵循社会经济规律，要符合一定的社会消费模式要求。理性的、科学的消费观既需要非正规的社会规范、道德力量的约束，又离不开正规的、强制性的法律、政策制度等的规范作用，只有两者同时发挥作用，才能提高对新生代农民工消费观教育的实效性。

（二）创造宽松生活环境，消除社会偏见，深化情感认同

新生代农民工虽长期生活于城市中，却依然感到迷失、困惑，无法真正融入其中而成为市民。可以说，情感问题是其中的症结所在，因为身份认同不仅是个体心理活动的内容，也是一个情感化的过程。

首先，政府要将"以人为本"作为基本理念，完善与新生代农民工相适应的体制。新生代农民工是一个特殊的群体，他们有着农村的生活经历，也有着城市的生活经历。如果城乡二元结构的差距继续扩大，他们的身份认同很有可能更加狭窄，不认同农村，也不认同城市。这样一来，该群体模糊的身份认同将制约着他们自身的发展，影响着我国经济发展及社会和谐稳定。因此，政府应当更加明确自身的态度，在城乡一体化的进程中，逐步建立健全该群体的社会保障机制，促进公平公正的就业市场的形成，制定合理的户籍制度政策，让新生代农民工感受到与城市居民同等条件的公共服务和社会服务，降低新生代农民工生活、工作中的各种风险。

其次，城市居民应当消除对该群体的偏见和歧视，加强日常交流、互动，用一颗平常心真诚地接受他们，悦纳他们，使新生代农民工从情感上得到慰藉，心理上得到融合。为此，一是需要新闻媒体客观公正地对待新生代农民工，对他们的生活、工作进行客观报道，实事求是地评价他们对城市发展的贡献，正确引导社会舆论，做好新生代农民工与城市居民之间沟通的桥梁和纽带，消除偏见，使城市居民能够对农民工形成正确的、客观的认识。新闻媒体要不受利益诱惑，始终站在公正的立场上进行宣传报道，具体表现在：在宣传中，新闻媒体要认识到所肩负的社会责任，遵守职业道德，把握舆论的政策性、方向性，坚决杜绝误导人民的媒体报道和虚假的消费文化。二是在日常社会生活中的新闻报道，新闻媒体需要注意针对新生代农民工的引导和培训，促使他们树立正确的人生观，帮助其实现自身行为与社会发展的和谐统一。三是大众媒体应当将高雅艺术生活化，使身处其中的人们耳濡目染，不断接受丰富、健康的精神食粮，感受到现代文明的力量；不断提升新生代农民工的思想境界和审美眼光，从而使他们发自内心地接受科学、文明的消费方式，在改变自己消费观的同时，不断提升自身的修养水平。

（三）完善社会保障体系，增强社会组织互动，促进行为认同

新生代农民工群体的出现和形成从本质上来说，就是政策的产物。因此，该群体的身份认同建构也必须追溯到政府责任、义务教育、社会保障等问题层面。首先，要实现教育公平，解决新生代农民工子女的教育问题。由于进城务工的特殊性，该群体工作不具有稳定性，农民工经常变换场所和地点。基于此，教育部门应当针对新生代农民工子女制定专门的义务教育政策，突出以公办学校为主，尽可能减少烦琐的转学手续；同时鼓励民办学校对该群体予以关照，填补公办教育的不足。其次，新生代农民工大部分是企业、厂矿的非正式员工，工作的不稳定性使其在养老保险、医疗保险等社会保险的缴纳中，面临着更多的风险和不确定性。于是，他们对未来缺乏安全感，缺乏抵御风险的能力。而户籍制度这个瓶颈也使他们无法与城市居民享受同等的待遇，严重影响新生代农民工的身份认同。因此，针对流动性较强的农民工，政府应当建立起完善的社会保障转移机制，方便该群体的人口流动，提高他们缴纳社会保险的积极性，有计划、有步骤地提供均衡化基础公共服务，让新生代农民工也享受到社会进步、科技发展的文明成果。

促进新生代农民工身份认同，是一项有组织、有计划的活动，必须有明确的组织依托。因此，需要构建以社区、用人单位、工会为主体的组织体系，创造新生代农民工与市民交往的机会，促进交流融合。

其一，目前，新生代农民工的流动性虽然很强，但居住社区是相对稳定集中的，需重视社区组织功能的发挥。居住社区作为一种熟人组织，是一种自愿、非官方的组织，它更容易吸引新生代农民工群体的参与，更容易创造出良好、和谐的环境，无形中推动新生代农民工的身份认同。因此，在社区活动中心等公共场所对新生代农民工开展市民素质教育、社会主义核心价值观学习等活动，有助于引导他们积极参与到城市建设中去，尽快融入城市生活。

其二，用人单位是新生代农民工最直接的活动场所，是一个能够影响该群体思想行为的组织。将身份认同教育嵌入到用人单位的企业管理中，一方面可以促进新生代农民工适应城市生活和城市工作，促进他们的市民化进程，提高身份认同感；另一方面可以促进个体自身的完善发展，提高劳动力再生产效率，也为用人单位提供了可靠的劳动力保障。用人单位的

科学管理，可以为新生代农民工创造有利的工作、发展环境，有利于他们身份认同的转变。

其三，工会作为一种服务劳动者的组织，为各阶层的劳动者服务，新生代农民工更不能例外。一是受城乡二元体制的制约，新生代农民工的合法权益容易受到侵犯。工会可以组织起来，以集体的力量争取相关部门的支持，为该群体追诉合理的权利，协调双方的矛盾，真正帮助农民工解决实际问题。二是可利用工会活动，强化宣传教育，让新生代农民工意识到积极建构自我认同的正面力量。比如，引导新生代农民工认识符号消费的本质，看到其商业推销的目的，抵制由此所带来的享乐主义倾向。符号消费就其实质而言，是大众消费文化的一种表现形式，短暂性和变化性是其重要特征。为了实现对市场的占有，企业利用各种方式激发消费者的消费欲望，这容易诱使消费者心甘情愿地投身于消费中。因此，应当在社区的日常教育中倡导合理的消费观念和行为模式，批判铺张浪费、毫无意义的消费行为，使健康的消费价值观念深入人心。

（四）发挥思想政治工作的引领功能，增强价值认同

从以往的研究来看，思想政治工作常被误认为是一个纯粹的政治手段，这是很片面的。针对经济发展来说，思想政治教育活动能够奠定群体的经济思想、文化思想和道德基础。在此基础上形成的行为，影响着人们的价值取向，影响着个体或群体的身份认同。

一是要健全新生代农民工生活、工作等领域的党组织建设体系。要积极发挥党组织的作用，提高个人政治素养。前文中提到的社区、用人单位、学校的党组织，目前看来都还未真正渗入新生代农民工这个特殊的群体中去。相对来说，党员的消费认知、情感、行为都是比较先进的，有着积极的引领作用。因此，需要党组织吸纳优秀的新生代农民工加入，重点对他们进行党的政治教育和思想教育，通过部分先进人员的素质提升来逐步带动整个群体素养的提升。

二是要积极进行社会主义核心价值观教育。要结合新生代农民工所处的生活、工作环境，准确把握该群体的价值观现状，有针对性地进行社会主义核心价值观教育，鼓励正确的、健康的消费价值观，纠正消极的、不合适的行为观念，促进该群体健康地发展。

第二节　收入、消费与新生代农民工市民化

新生代农民工现在已经成为农民工群体的主要组成部分，他们受教育程度高，职业期望值高，工作耐受力强，城市社会认同高，融入意愿强烈，但由于收入和消费不足，市民化程度普遍较低。基于这种情况，笔者认为可以通过对新生代农民工收入与消费的分析来认知他们的市民化状况。

一　收入与新生代农民工市民化

新生代农民工的收入状况对市民化程度具有重要影响，因此，可以通过提高收入水平、改善收入结构促使新生代农民工收入状况好转，从而促进新生代农民工市民化的实现。

（一）提高收入水平与促进农民工市民化

收入水平对新生代农民工在城市的生活状况以及留城意愿具有决定性作用，低收入水平决定新生代农民工在城市的社会地位低下，从而处于社会分层的底端，这一状况在导致城市二元结构出现的同时，也动摇了新生代农民工市民化的意愿。

新生代农民工在子女教育、自身学习培训等方面的缺失导致他们及其子女在未来生活中更缺乏竞争力，使得阶层固化现象进一步加剧，增加了新生代农民工城市融入的难度。

（二）改善收入结构与促进新生代农民工市民化

收入结构多元化是现代经济的重要标志，也是人们财富积累手段多样化的象征和财产稳定性提高的表现，但是，新生代农民工的收入结构仍然相对单一，除了工资收入以外的其他收入不足以起到财富积累和分散风险的作用。皮凯蒂认为，现代社会中经济的制高点不仅由财富决定，还由继承的财富决定，因而出身要比后天的努力和才能更重要（托马斯·皮凯蒂，2014：388）。由于收入水平低，新生代农民工不具有财富积累的初始条件，这种收入状况阻断了他们向上流动的通道。在城市找不到向上流动渠道的新生代农民工更多地在"回乡"和"留城"之间徘徊，这不利于其

做出长远的职业规划和消费选择，从而影响其市民化进程。

因此，提高收入水平、改善收入结构，既可以减轻新生代农民工城市生活的压力，又有利于他们更好地考虑未来在城市的发展问题，对实现农民工的城市融入作用显著。

中国应该实施包容性增长战略，确保机遇平等的社会包容性以及能减少风险并能给最弱势群体带来缓冲的社会安全网。这一安全网包括积极的劳动政策与良好的劳动保障环境，《劳动合同法》的全面实施、《社会保险法》的真正落实，肯定会减少收入不平等，而收入差距缩小是改善阶层固化的关键。

二　消费与新生代农民工市民化

研究消费对新生代农民工市民化的影响可以通过私人消费和集体消费两方面来分析。

（一）私人消费与新生代农民工市民化

私人消费也叫个人消费，是指人们为满足自身需要而对各种物质生活资料、劳务和精神产品的消耗，它是人们维持自身生存和发展的必要条件，也是人类社会最大量、最普遍的经济现象和行为活动。它是通过人们对各种各样的个人消费品的享用来实现的。这些个人消费品有满足人们生理需求的日常用品、耐用消费品，有满足人们物质生活需要的用品，也有能满足人们文化生活需要的用品。对于这些私人消费的物品，新生代农民工表现为外显性消费，如在衣服、外在的饰品（如手表、手机）、娱乐、人情消费等方面进行炫耀性消费。另外，新生代农民工的私人消费受多方面因素的影响，要引导私人消费向着合理化方向发展，只有了解这些影响因素，才能运用正确的方式进行规范。

1. 私人消费从观念上影响市民化意愿

实现新生代农民工市民化，可以使他们在文化、生活方式等方面逐渐融入城市，成为城市经济发展的推动力，成为城市文明的建设者，成为城市生活的重要组成部分。然而生活方式等方面的转变与每个人的消费状况是息息相关的。传统农民工的消费特点是以生活必需品消费（食品消费和住房消费）为主，而新生代农民工交通和通信消费支出逐渐增加，娱乐休闲支出明显高于老一代农民工，并显示出炫耀性消费倾向，用于子女教育的费用也有较大程度的增加，但是用于自身教育、培训的经费明显过少，这种消费特点制约了新生代农民工的发展和市民化程度的提升。

随着经济和社会的发展，新生代农民工的社会地位和收入状况得以提高和改善，新生代农民工逐渐改变传统的消费观念，越来越向市民消费观念靠拢。在与城市关系越来越密切的情况下，新生代农民工受到城市生活方式的强烈冲击，开始逐渐接受现代的城市文明，接受城市的消费观和风俗时尚，主动转变消费观念和消费行为，逐渐摆脱了在城市中的自卑心理，扭转了在城市中的尴尬地位。在农民工城市融入的过程中，城市也逐渐改变了对农民工的偏见和歧视。

目前新生代农民工的消费组成已经由以生活必需品消费为主向各种消费共同发展的方向转变，消费合理化程度有了一定程度的提升，这对于市民化有较大推进作用。但是，还需要从以下几方面进一步引导。

（1）通过私人消费改变新生代农民工的消费观念

私人消费通过逐步改变新生代农民工的日常消费观念而对新生代农民工的市民化意愿产生影响。新生代农民工在自己平时的饮食方面，基本上以填饱肚子、节俭为主导，大部分人持有能省则省、以吃饱为主的节俭消费理念，不十分注重食品的品质质量。在这方面，应该引导新生代农民工逐渐形成在生活上讲究一定的质量、注重营养的摄取、以吃好为主的市民化消费理念，促使新生代农民工的饮食消费逐渐向营养型和保健型转变，这有利于新生代农民工生活水平的提升，增强其城市融入的程度。

（2）通过私人消费促进新生代农民工树立理性的消费观念

理性的休闲和娱乐消费观念可以通过改善私人消费来树立。随着收入的增加和城市生活的熏陶，新生代农民工的休闲和娱乐消费也逐渐由看电视、读书、逛街等具有农村色彩的消费形式转变为上网、唱歌跳舞、请客吃饭等具有城市化特征的消费方式。在这种消费方式的影响下，一方面，新生代农民工的休闲娱乐生活显得更加丰富多彩，他们增加了与外界沟通和交流的机会，提升了新生代农民工自身的城市接触度，增长了自身的见识，市民化程度提高。但是，另一方面，新生代农民工在休闲娱乐和人情消费方面，存在明显的炫耀性消费倾向，他们将收入中的较大部分用于这方面的消费，从而减少了在日常饮食和自身素质提高方面的花费。应该引导新生代农民工合理规划自己的私人消费，为未来发展做更多的人力资本投资。

2. 私人消费影响新生代农民工城市融入

随着消费观念的改变，新生代农民工产生了与以往不同的"脱胎意识"，增强了主体地位意见，提升了自身在城市中的竞争力、交往能力和社会生活能力，从而能更好地融入城市社会。渴望高档商品和时尚商品的消费心理与传统的消费心理截然不同，他们认为这种消费可以改变自身的存在状态，能够提高自己在城市中的地位。在这种观念的引导下，新生代农民工渴求对高档商品和时尚商品的消费，不断强化着自身对城市市民、城市中产阶级的社会地位的认同。但是，仅有消费观念的改变还不能实现城市融入与阶层认同，新生代农民工要想走出城市的边缘，跻身于城市市民的行列当中，必须有经济基础做支撑。

由于现代社会经济发展的要求，与先进技术相适应的技术和管理能力已经成为城市发展所必需的能力。因此，新生代农民工要想提高消费水平，必须不断读书学习以提高自身的知识水平和技术技能，逐渐注重提高自身的教育文化水平，这一方面可以促进个体的发展，另一方面也有助于其接受和认同城市生活，更好地融入城市生活，促进市民化。

3. 私人消费与城乡融合

城乡融合是我国现代化和城镇化发展的一个新阶段，其目标是实现工业与农业、城市与农村的协调发展，在不同产业领域就业的人能和谐相处，平等享有各项公民权利，消除城乡二元结构体制，在政策上实现城乡平等，在产业上实现互补互利、共同发展，在此基础上实现中国城乡经济社会全面、协调、可持续发展。

通过引导新生代农民工的个人消费合理化，逐步使其消费方式与城市市民的消费方式趋于一致，使新生代农民工在消费观念上逐渐接近城市居民，从而更好地适应城市生活，这能够对劳动力资源的有序流动起到很好的推进作用，从而更有效地配置城乡劳动资源。

随着新生代农民工消费方式和消费观念的改变，他们与城市市民的生活方式产生了一定程度上的融合。消费观念和消费方式的改变，进一步体现出了城乡融合在一定程度上的发展。新生代农民工和城市居民生活方式逐步趋于一致的过程，可以从一个方面反映出城乡在消费领域的融合。

（二）集体消费与新生代农民工市民化

由前面的分析可以看出，中国农民工的集体消费水平极低，严重影响了农民工生活的各个方面。因此，集体消费的改善对新生代农民工市民化的作用要大于私人消费的作用。

1. 集体消费不均等的影响

集体消费均等化是指社会成员有权利均等地享受政府所提供的基本公共服务、基础社会保障以及基础设施如图书馆、博物馆、运动场所器械等。集体消费均等化程度对于新生代农民工的市民化具有决定性的作用。

集体消费均等化水平反映了一个国家的城乡之间、地区之间民众平等享有政府公共服务的程度，这一均等化水平与政府对公共服务管理的预设目标和实施措施相关。在我国，集体消费领域的不均等没有伴随着政府的再分配体制而弱化，相反，近些年来，随着政府在集体消费品领域投入的增加，这种不平等状况表现得更加复杂。新生代农民工在城市务工，由于没有城镇户籍，他们找工作只能进入二级劳动力市场，工资报酬低于一级劳动力市场，另外，公共服务性质的"集体消费"项目大多数将农民工排除在外。例如，对于以户籍为依据分配的住房、子女教育等资源，他们无法平等享用，为此农民工需要支付更多金钱。集体消费的这种不平等对新生代农民工产生了很大影响。

（1）集体消费的抑制性降低私人消费水平

集体消费的抑制性使得新生代农民工的预防性和谨慎性消费动机增强，而为了养老、医疗、住房的不确定性支出，他们尽量压缩在其他方面的消费而选择增加储蓄。因此，集体消费的抑制性，在很大程度上降低了农民工的私人消费水平。

（2）集体消费抑制性导致阶层固化

集体消费领域实际上起到一种社会分层作用，不同阶层的消费者能够消费的集体项目以及水平是不同的，而新生代农民工又被部分或全部排除在集体消费之外，从而形成阶层固化。中国阶层间流动不畅，一个重要的原因就是集体消费的层级分割，这种状况是新生代农民工无力改变的。

（3）集体消费抑制性导致私人消费炫耀性

新生代农民工基本脱离了土地，但他们又游离于城市生活的边缘，在城市受到的集体消费排斥与新生代农民工追求平等、希望融入城市的心理诉求有很大差距。他们渴望融入城市社会，这种诉求导致了他们自身的炫耀性消费行为的出现。这种炫耀性消费的作用表现在两方面，一是"示差"心理，通过炫耀性消费体现和农民群体的差异；二是"示同"心理，通过炫耀性消费，通过消费和城市人相同的商品甚至是更好的产品来显示与城市人的趋同。新生代农民工的炫耀性消费，是利用了商品的外显符号意义，其目的是实现城市社会对他们的认同，同时寻求自身社会地位提升的更多途径，更深层次的原因则是他们对于在城市被赋予的边缘身份的不满和对在集体消费领域所受到的不公平待遇的抗争（金晓彤、崔宏静，2013：104）。

2. 集体消费均等化的作用

（1）集体消费均等化与实际收入水平提高

从以上分析可以看出，集体消费均等化将在住房保障、子女教育等方面提高新生代农民工的集体消费水平。在城市生活的农民工最大的压力就是住房、子女教育等社会保障问题，政府通过转移支付形式减轻新生代农民工在这些方面的预期支出，那么，逐步实现集体消费的均等化必定可以提高新生代农民工的实际收入水平。

（2）集体消费均等化刺激新生代农民工私人消费

集体消费均等化提高了新生代农民工的实际收入水平，而实际收入水平是影响农民工私人消费的重要因素，因此，可以通过提高收入水平来提高新生代农民工私人消费水平，并且能够在消费水平提高的基础上带动新生代农民工消费模式的转变，促使新生代农民工的私人消费趋于多样化和合理化，也同样刺激着新生代农民工私人消费的增加。

（3）集体消费均等化程度决定市民化的质量

从公共物品的角度来分析集体消费品，由于集体消费品具有公共物品的非排他性特征，即每个公民都有资格享受集体消费品所带来的好处，所以从这个意义上说，新生代农民工应该具有与城市居民平等的集体消费品消费水平。

但是，实际上，集体消费品在供给不足的时候，更接近公共资源，它不具有排他性，但是具有一定程度的竞用性，外来人口的增加会使集体消费品的供给变得稀缺，从而影响原有消费者的消费体验，因此，城市社会的应对措施就是提高集体消费品的供给门槛。几乎所有的城市集体消费品的享用都有一定的门槛，福利高的住房、医疗、社会保险和子女教育等集体消费品门槛较高，就连一般意义上的集体消费品如体育休闲消费项目，也有一定的门槛限制，正因为这些不同高度的门槛，新生代农民工的集体消费水平远远低于城市市民。这种集体消费品不均等分配是由偏向城市的制度和城乡二元户籍管理体制下的居民身份差异造成的，这是制约新生代农民工集体消费水平的深层因素（周林刚，2007：88）。在生产领域，农民工与城市职工不能"同工同酬"，在消费领域，他们又被各种"门槛"拦在集体消费之外，政府管理制度的城乡差异既有生产领域的又有集体消费领域的，因此，从生产到集体消费都存在对新生代农民工的歧视。自优先发展城市的战略实施以来，集体消费品的供给就是优先考虑城市，保障城市居民利益，而忽视农村，牺牲农民利益，这种状况的存在导致了现阶段城市内部针对城市职工和新生代农民工集体消费品供给的二元化结构。

随着社会的进一步发展，城镇化的进一步加深，新生代农民工的收入水平和消费水平正在逐渐提高，其体育休闲消费能力随之加强，并且逐渐与城市居民的消费能力相一致。另外，政府的一些有利于新生代农民工的政策相继出台，在一定程度上保证了农民工在住房、医疗、社会保险和子女教育等方面享受与城市居民同样的待遇。

综上，城市中集体消费均等化程度，正在随着社会的不断进步、社会生产力的进一步提高、新生代农民工和城市居民在消费能力上的不断接近而不断提升，它是衡量新生代农民工市民化质量高低的一个决定因素。

（三）改善消费状况，促进新生代农民工城市融入[①]

1. 引导私人消费理性化，促进新生代农民工未来发展

从收入与消费的关系来说，收入水平是决定消费的主要因素，但是，新生代农民工私人消费的炫耀性与其收入水平不相适应，私人消费的炫耀性减少了新生代农民工的发展性支出。因此，应该引导新生代农民工在现有的收入水平下理性消费，合理安排消费支出，更多地考虑未来发展需要。

2. 实现集体消费均等化，促进新生代农民工的城市融入

从集体消费方面来说，在教育上，要推进教育资源的有效、合理配置，充分发挥教育作为打破"阶层固化"最重要机制的作用；从社会保障方面来说，破除城乡差异，加快社会保障制度等方面的改革，以保证社会流动渠道的畅通，并与城乡一体化的就业制度、住房制度相配套。

---

① 王萌，2015。

第三节 市民化是解决新生代农民工问题的最终方案

一 农民工市民化是实现同工同酬的根本措施

（一）农民工市民化的含义

市民化既是一个动态的过程，又是一种结果的展现，它有广义和狭义之分，广义的"市民化"是指在现代化建设过程中，由于工业化和城镇化的推动，从事非农业的农民向城市市民转化的过程，不仅包括身份、地位向城市文明转化，还包括价值观念、生活方式和社会权利向城市社会变迁；狭义的"市民化"指农民、农民工获得市民身份和权利的过程。

对于"农民工市民化"概念的界定，学术界有众多观点。刘义认为，农民工市民化是指从事非农产业的农民的身份地位、工作方式和价值观念等向市民转化的社会过程。赵立新认为，农民工市民化是指离开原居住地半年以上并在城市务工经商的农民逐步向市民转化的过程，是农民身份向市民身份的彻底转化。刘传江认为，农民工市民化是指离农务工经商的农民工克服各种障碍逐渐转变为市民的过程和现象，包含生存职业、社会身份、自身素质和意识行为四个方面的市民化。夏丽霞、高君认为，农民工市民化的概念有两层含义：狭义的含义是指进城农民工获得作为城市居民的身份和权利的过程，如居留权、选举权、受教育权、社会福利保障等，还可以理解为与国家、政府相关联的技术层面上的市民化过程；广义的还包含市民意识的普及以及居民成为城市权利主体的过程，它所涉及的是与国家、政府相对应的社会文化层面上（如人口素质、思想观念、行为方式、社会权利、生活质量、社会参与等）的市民化过程（夏丽霞、高君，2009：119）。

新生代农民工市民化，是指新生代农民工这一特殊社会群体市民化的过程。王艳华认为，新生代农民工市民化是指20世纪80年代后出生的农民工在城市实现向城市市民转化的过程。本书认为新生代农民工市民化，在过程上应该包含四个方面，即生存职业由农业生产转变为非农业生产，身份由农民转变为市民，居住地由农村转变为城市，意识形态包括自身素质、价值观念、生活习惯等向市民转变；就结果而言，是指市民权利与福利保障的获得。

（二）"同工不同酬"的原因探析

"同工不同酬"是相对于"同工同酬"而言的，《劳动合同法》规定，同工同酬是指用人单位对从事相同工作、付出等量劳动且取得相同劳动业绩的劳动者，支付同等的劳动报酬。"同工不同酬"是新生代农民工的收入现状，也是收入水平较低的重要原因。本书认为"同工同酬"可以被定义为在同样的工作岗位、劳动内容、劳动时间和劳动量的情况下，劳动者取得同样的工作效益时获得同样的劳动报酬，反之就是"同工不同酬"。"同工不同酬"是以同一种工作为基础，在其他条件相同的情况下，结果获得不同等的劳动报酬，它包含四种含义：一是地域差异造成工资水平不同；二是单位不同造成收入差异；三是性别歧视造成男女工资水平不同；四是在同一个单位获得劳动报酬不同。本书的同工不同酬主要指不同单位之间和单位内部的现象，比较主体是城镇居民与新生代农民工之间的劳动报酬，这里的报酬不仅指工资奖金，还包括福利待遇和工作关系等非货币性薪酬。

新生代农民工的"同工不同酬"是一种由身份歧视造成的就业歧视现象，农民工是社会弱势群体，在城市就业中处于边缘化地位，同工不同酬的现象在新生代农民工群体中普遍存在，不利于其合理利益的实现和长远的发展。农民工"同工不同酬"现象产生的原因有以下五点。

1. 社会经济体制转型的遗留问题

为打破计划经济体制的束缚而采用的用工双轨制在实施过程中出现的偏差以及我国国有企业市场化用工制度转轨的不到位，导致企业市场化就业方式的改革不彻底，部分企业对内部正式员工与以农民工为主体的临时工采用两种薪资的管理办法，即干同样的工作拿不一样的工资。

2. 企业的差别待遇

在市场经济条件下，企业经营者为扩大自己的利益，不得不降低生产成本。不少企业跟身份不同的劳动者签订各异的合同，尤其利用农民工法律意识淡薄的弱点，签订不平等劳动合同甚至不签合同，于是有了正式工与临时工的待遇差别。同时，成为正式工的人为了维护自己的既得利益，极力排斥外来人员，同工不同酬的问题更加突出。

3. 劳动力市场供大于求

农民工大规模的流动、城市劳动力市场供大于求使得求职者之间的竞争激烈，农民工处于被选择的弱势地位，尽管知道待遇会因身份歧视存在差别，但是迫于生活压力，更是由于自身条件的限制，他们还是选择继续工作，接受不公平待遇。尤其对新生代农民工来说，他们更渴望在城市立足，为了达到目标，不得不在城市劳动力市场中参与不平等竞争。农民工劳动力市场的这种过饱和状态是造成同工不同酬的主要原因。

4. 法律法规的不完善，政府监管不力

有关农民工和劳动的法律法规体系不健全，使用人单位钻法律的空子，滥用自主用人权。《劳动法》中虽然明文规定了要同工同酬，但很大程度上停留在法律文字层面，缺乏可操作性，同工同酬缺乏保障。同时，国家对同工不同酬缺少相应的法律法规惩处办法，维护农民工利益的机制机构不健全，劳动者利益得不到维护，需求难以表达。另外，政府对企业用工制度缺乏深层次监管，更加滋长了单位的违法用工现象。在这种环境下，同工不同酬成为企业降低生产成本来增加利润的重要手段。

5. 农民工的弱势地位和法律观念淡薄

农民工缺乏人力和社会资本，就业能力偏低，就业渠道狭窄，为保证就业，对用人单位的苛刻条件只能选择接受。同时，农民工的维权意识薄弱，当合法权益受到侵害时，大多人选择忍气吞声，这更加助长企业的不合理用工现象。虽然新生代农民工的法律观念有所增强，但只停留在追求身份上的尊重和社会地位的提升，当面对同工不同酬的现象时，他们的态度和行为选择虽然与老一代农民工出现了一定程度上的分化，但是弱势地位难以改变，使得他们更多采用辞职跳槽的方式，这并不能从根本上解决问题。

（三）农民工市民化是实现同工同酬的根本措施

1. 打破城乡二元体制，实现农民工身份向市民转变

户籍制度将农民工的身份锁定在农村，使其难以真正从身份上成为城市产业工人，享受与城镇居民同等的劳动报酬。因此，应逐步打破传统的户籍管理体制，降低农民工在城镇落户的成本，真正实现农民工身份上的市民化，从而消除因身份歧视而产生的劳动和收入差距。

2. 提升农民工人力资本，实现生存职业的市民化

加大农村基础教育力度，提高农民工的受教育水平，开展职业技能培训，提升农民工的就业能力，使农民工在选择就业岗位时，更加具有竞争力，不仅局限于简单的体力劳动，而是能够在城市中从事具有技术含量和发展性的职业，进而获得较高收入。

3. 完善社会保障体系，实现农村到城市的地域转变

一要完善住房保障制度，让农民工在城镇能够稳定居住。二要使医疗、保险、教育等保障惠及农民工及其子女，降低农民工在城市生活的成本，实现农民工在非资金劳动报酬上的平等。

4. 转变价值观念，实现意识形态和生活方式的市民化

农民工应抓住学习机会，利用有利条件，提高自身文化水平和文明程度，积极参与城市社区活动，接受良好的城市价值观熏陶，改变生活方式，培养市民素质，用意识形态的改变来影响行为方式的选择，真正在精神和心理上成为市民。

二 农民工市民化能改善收入状况，释放消费潜力

居民消费是拉动国内需求的主要动力之一，增加内需可以有效促进市场经济发展。我国已有将近3亿农民工，推进农民工市民化不仅可以加快城镇化进程，还可以开发农民工消费市场，激发农民工的消费潜力，以此实现刺激经济增长的目标。农民工市民化对消费的推动作用主要体现在以下方面。

（一）增加就业机会，提高收入水平

城市相对于农村来说，有更加集中的工业和商业分布，资本积聚程度更高，特别是人口的高度密集使得第三产业的发达程度远远超过农村地区，因此，城市所能提供的就业岗位较多，能吸纳更多劳动力。农民工市民化，促进了农村剩余劳动力向城市非农产业转移，增加了农民工的就业机会，提升了其劳动力价值，这不仅满足了扩大再生产的需要，而且提高了农民工的收入水平。在农业资源不足、农业收入低下的情况下，农民工通过在城市就业获得工资性收入，以此增加总收入，直接促进了消费水平的提高。

（二）以技术分层为手段，提高收入的同时也提升农民工的社会地位

中国的农民在最好的年龄段选择外出务工，并且有较大比例的农民工从事的都是有一定技术含量的工作，但是，他们无法获得与其对城市社会贡献相适应的社会地位。李强认为，目前在中国的制度安排中，没有针对农民工的技术优势而设计的上升渠道，造成了"有技术无地位"的社会后果，从而使得能够获得专业技术证书的农民工人数有限，即使是具有专业技术证书的农民工也难以获得与此相匹配的收入，更没有获得相应的社会地位（李强，2012：235~239）。

特别是对于新生代农民工来说，解决了基本生存需求以后，追求自身价值实现是他们中多数人的目标，社会地位对他们来说有着更重要的意义。通过设置更为合理、可操作性强的专业技术职称评定办法，让新生代农民工有更多的渠道获取专业技术证书，并通过提升农民工的专业技术职称地位，不断提高其收入水平，以实现他们社会地位的上升。

具体可以实施更为具体的技术分层措施，使新生代农民工获取专业技术证书的渠道更畅通；在全社会开展技术竞赛，对于高技能人员发放国家认可的专业技术证书；让针对新生代农民工的技术培训与获得技术等级证书相结合，并重点减少新生代农民工参加职业技能考试鉴定的费用。这些措施可以有效提高获取专业技术证书的农民工的比例，在此基础上，采取专业技术等级与工资收入挂钩的分配政策，那么农民工收入的提高与社会地位的上升就有了制度性保障。

（三）转变消费观念，改变消费方式[①]

农村的消费观念比较保守，农民工的消费方式不科学。生命周期消费理论指出，人们的消费通常以终身的收入作为预算约束，农民工的市民化使其拥有城镇户籍，即使失业也会有失业保险，这就增加了他们的消费预算和消费信心，从而必然会影响其生活方式和行为方式，导致消费观念、行为发生改变，他们不再仅仅关注消费的量，也越来越关注消费的质。另外，城市的商品市场相对于农村发育较好，消费场所等基础设施更加完

---

① 高中建，2015：57。

善，消费环境更加优越，为农民工消费水平的提高提供了有利的客观条件。同时农民工市民化使社会保障在一定程度上得到实现，农民工消费能力提升，消费意愿发生改变，这为消费水平的提高提供了主观条件。再者，城市建设和发展不仅需要大量的劳动力资源，还需要消费群体拉动市场内需，农民工市民化可以为市场增加一定数量的消费主体。随着农民工市民化，其收入随之增加，消费能力提高，城镇消费需求扩大，这在一定程度上缓解了产品结构性过剩，促进了产品结构的协调和优化升级，农民工的消费结构也向市民化转变。

（四）逐步实现集体消费均等化，提高私人消费能力

市民化可以从制度层面为新生代农民工享受均等化的集体消费提供保障，使其享有与市民同等的公共服务权利，减少在集体消费领域内的消费支出，同时提高私人消费的能力。在一定程度上消解储蓄倾向，加强消费意愿，有助于实现新生代农民工的消费结构从基本生存型向发展型和享受型转化。农民工群体市民化过程中对集体消费均等化的诉求主要表现在以下方面。

1. 就业保障和失业保险是生存根本与基础

新生代农民工的工作稳定性差，收入水平低。监测数据显示，河南省新生代农民工相较于老一代，受教育程度更高，接受新鲜事物的能力更强，融入城镇社区的意愿更强烈。但是河南省大型制造业产业发展相对滞后，新生代农民工又缺乏工作经验和人脉关系，致使他们的人力资本并没有带来收入水平的明显提高，本质上与老一代农民工没有差异。新生代农民工的就业行业仍然主要停留在批发经营、住宿餐饮和社会服务行业，收入水平较低。而农民工群体失业保险参保率很低，新生代农民工在失业后回老家务农的可能性很小，这无疑提高了新生代农民工在城市生存的成本。因此，提高失业保险参保率是对农民工群体的基本生活保障。

2. 工伤和医疗保险是人身保障

农民工工作环境相对较差，存在较大的安全隐患，因此，对这一群体来说，工伤保险很重要。而监测数据表明，农民工工伤保险参保率过低，人身安全负担过重。

同时，农民工的医疗保险大部分属于新农合，缴费低，但是报销比例也低，不能起到应有的医疗保障作用。而且根据相关规定，门诊医疗费用

一般不能报销，所以，农民工在工作地的医疗状况不容乐观。因此，不仅要完善工伤保险的保障，还要使医疗保险的实施措施更具灵活性，为农民工的人身安全提供有力保障。

3. 住房保障是生活诉求

对于大多数农民工来说，城市住房费用是他们生活的重要开支，高房价带来的经济负担是他们在城市立足、市民化的障碍，也是他们不愿意放弃农村住房和承包地的原因。监测数据和我们的调查数据都表明，八成以上农民工在城镇都是租住私房，不仅房租高，而且稳定性差。他们收入中的 1/4 都被用于房租费用，这既影响了农民工的可支配收入，也大大削弱了农民工的消费能力；居住条件不稳定，也给农民工的管理带来很多问题。收入处于较低水平的农民工中能够租住政府廉租房和购买经济适用房的人数极少，因此，在住房保障建设中应尽快把农民工这一低收入群体考虑进去。

4. 公平义务教育是发展保障

农民工子女能否在流入地公平地接受教育，是农民工市民化意愿的重要决定因素。受户籍身份的限制，随父母在外打工的农民工子女要在城市上学，通常要缴纳高价的借读费，且难以进入公立学校接受与当地市民子女一样的教育，这不仅增加了农民工的经济负担，也不利于农民工后代的长远发展。因此，让农民工子女在城市享有公平的受教育权利，对农民工及农民工后代的市民化及其发展，具有重要的现实意义。

三　促进农民工市民化的责任分担

（一）政府角度

政府是促进农民工市民化的组织协调者，从政府角度来说，针对农民工市民化问题，政府主要应该从两个方面做出努力，一是政策支持，二是责任承担。十八届三中全会通过的《中共中央关于全面深化改革若干重大问题的决定》提出，要保障农民工同工同酬，把进城落户农民完全纳入城镇住房和社会保障体系，将其在农村参加的养老保险和医疗保险规范接入城镇社保体系，建立财政转移支付同农业转移人口市民化挂钩的机制。

1. 政府在农民工市民化政策制定方面的考量

（1）流动人口长期大量存在是相关法规、政策和制度制定的基础

之所以强调流动人口长期大量存在这一事实，主要是因为在涉及农民

工的问题上，地方政府的一些管理部门在进行地区发展规划、制定与农民工相关的政策或者是在为农民工提供服务时，没有进行长远规划，而是将与农民工相关的问题作为暂时性的、阶段性的问题处理。比如城市社会可以为了追求高收益、低成本而降低农民工的福利水平，可以为了追求眼前利益而采取短期行为。比如，很多城市在强调人口规模调控时将流动人口作为调控目标（段成荣等，2013：17~24），根据城市经济发展的要求来调控流动人口数量，而不考虑流动人群的需求，这不仅不符合流动人口长期存在的事实，还与城市的长远发展相违背，收效甚微且无法从根本上解决问题。

河南省流动人口数量庞大，农民工问题更加突出，因此，河南省的流动人口管理工作也更复杂，需要政府高度重视，认识到流动人口长期存在这一事实，解决农民工问题要有全局意识，从城乡均衡发展的高度来看待农民工问题，要从国家发展战略的高度来认识农民工问题。各级政府要把这一认识转换为行动指南，在做出具体规划时贯穿这一思想，在制定农民工问题的管理制度、规则时要体现这一思想，真正为农民工着想，树立为农民工服务的意识，这样才能从根本上解决河南省的农民工问题。

（2）"农民工市民化"是政策和制度制定的出发点

河南省农民工在流动行为模式上体现出非常明显的稳定趋势，2010年以来的监测数据表明，九成以上的农民工是夫妻同时流动，农民工及其家庭成员在现居住地平均生活3.5年，至少2010年的监测数据已经表明，河南省农民工并不是通常认为的频繁地更换城市，或者在城乡之间"候鸟式"迁徙。事实上，农民工定居在城市，尤其是定居在省会城市或者其他大城市的意愿和倾向非常明显。这就对河南省流动人口管理的相关政策制定提出了挑战，我们需要以"农民工市民化"为出发点，重新审视与农民工相关的各种政策和制度。现有的政策体系是把农民工看作流动人口，看作城市过客，并认为其最终会回到农村，因此在管理中处处表现出"重就业、轻服务""重经济、轻保障"（段成荣等，2013：17~24）等特征，当大部分新生代农民工选择留在城市、不再回到农村时，很多与农民工相关的政策，尤其是社会保障、社会福利和其他公共服务相关政策需要被重新设计。因此，政府政策的制定应该建立在新生代农民工要实现市民化的基础上，为农民工扎根于城市提供制度指引和保障。中国政府人口管理的目标是要实现人们自由迁移、安居乐业，因此，只有以农民工市民化为基础来制定相关政策，才能保障人们的自由迁徙权。只有创造条件让农民工成为真正的城市市民，并逐渐获得城市居民的认同，而且农民工内心要产生对城市的认同感，才能真正激发他们的潜力，不断为城市发展做贡献，同时也使农民工自身的思想素质和劳动能力得到提升。

（3）农民工的需求是政府制度供给的依据

政府制定的一些制度对农民工缺乏吸引力，制度执行效果不理想，这其中的一个根本原因是没有以人为本，没有从农民工的角度和意愿出发，没有按照农民工的内在需求进行制度供给和服务提供。因此，在未来的制度设计中，政府应更加深入地调查了解农民工的生活现状和迫切需求，在尊重其诉求心理的基础上，尽力满足其中的合理诉求，这是制度建设的前提。具体来说，城乡二元户籍管理制度是导致农民工问题的重要因素，也是农民工市民化的主要阻碍，对该制度的改革势在必行。河南省在户籍制度改革方面走在了前列，规定从 2013 年 11 月 1 日起，外地人可在郑州办理 IC 卡居住证；在郑州市居住 3 日以上 30 日以内的农民工，应当在到达居住地 3 日内到居住地派出所或居（村）民委员会申报暂住登记；持有这种 IC 卡居住证的外来务工人员的子女上小学时可以被就近分配。改革的不足之处是，外来务工人员期盼的子女参加中考、高考以及户口迁移、医保等政策，在居住证制度里均未被提及。居住证制度在户籍制度改革中发挥了一定的积极作用，也应该成为城乡一体化的人口管理制度改革的方向。

（4）公共服务政策是制度设计的重要内容

包括农民工在内的流动人口数量不断增长，对经济发展所起的作用越来越大，这种状况对政府的公共服务能力提出了更高的要求，其中最迫切的是加快农民工社会保障体系的建设。城市的发展离不开农民工，大多数的新生代农民工也将城市作为他们未来的归宿，因此，对城市生活有更高的期望和要求，顺应新生代农民工的要求，最基本的是要将农民工纳入城镇社会保障体系，逐步提高社会保险统筹层次，尽快实现真正意义上的省级统筹，不同省份之间则需要做好社会保险制度的衔接和接续，让社会险障制度能够真正保障农民工利益。对农民工来说，比较重要的是工伤保险制度，可以优先考虑，另外就是医疗保险制度，要做好其与农村新型合作医疗制度之间的衔接，让农民工实现随时随地病有所医。城镇低保制度应该覆盖长期在城市务工的农民工群体，对生活困难的农民工给予基本生活保障。

　　具体来说，农村"新农保"对应城镇居民基本养老保险，"新农合"对应城镇居民基本医疗保险。在养老保险上，河南省率先实行了城乡居民社会养老保险试点，并于2012年6月基本实现全省城乡居民社会养老保险制度的覆盖，政府对城乡居民社会养老保险中的补贴采用城乡统一标准，这是最终实现城乡社保一体化的关键一步。在医疗保险上，农村居民的"新农合"与城镇居民的医保之间仍存在一定差距，并且在河南省医疗保险领域，还存在多元化状况。另外，新增农业转移人口需要财政增加支出的还有低保领域，这需要统筹安排农业转移人口的医疗保险与低保费用支出。

　　社会保障问题解决以后将对城乡统一的户籍制度改革起到一个极大的推动作用。进城农民落户难，难在增加一个农民落户，就会增加城市地方政府的一份财政负担，如提供基本公共服务，包括就业、住房、随迁子女教育、老人赡养等。事实上，对于进城农民工的子女教育，城镇里的现有教育资源也完全可以接纳，党的十八大报告将"平等接受义务教育"调整为"平等接受教育"；农民工的就业问题大部分可通过平等的市场化方式去解决；住房则可以依靠政府的廉租房和住房公积金制度来解决。另外，政府也应该转换角度，去考虑农业转移人口带给当地的正向作用，比如城市农业转移人口增加可以拉动内需，可以增加本地的劳动力供给，可以提高本地区的城镇化率，而从更宏观的视角看，则顺应了中国经济结构调整的趋势，可以起到缩小城乡差距的作用，等等。

　　另外，在户籍制度改革的初期，对农民工来说，农村户口转到城镇后，农民工在一定时期内可享受"双重待遇"，即在计划生育、承包地、义务教育补贴等方面仍享受农村户口相关的政策待遇（卢松、高炜，2013：6）。这样的制度设计既可以解除农民工的后顾之忧，也可以为流入地政府增加公共服务供给提供一个缓冲期。比如，城镇居民基本养老保险只能保证老年人的基本生活需求，而虽然新生代农民工处于青年时期，但养老有保障会使他们产生一种对未来好的预期，从而能够起到扩大现期消费的作用。因此，在市民化初期阶段的过渡期内让新生代农民工拥有农村和城镇两方面保障，不论是从政府角度还是从新生代农民工角度考虑，都是一个双赢的选择。

　　（5）流出—流入的因应机制是制度实行的有力保证

　　建立流出—流入的因应机制，适应流入人口增加的趋势。长期以来，河南省主要是人口流出地,与农民工相关的工作也主要围绕人口流出而展开。在农民工流向分散化的过程中,河南省已经表现出农民工快速增长的趋势,这给农民工的管理工作提出了新的要求,政府部门不仅要做好农民工有序流出的促进工作,也要考虑农民工流入后的生存状况及城市容纳力。这就需要我们转变思维,建立新机制,适应新情况。

2. 政府在农民工市民化中的责任承担

(1)分担农民工市民化成本

针对农民工市民化的成本问题,可以采取成本分担机制,用"谁受益,谁承担"的原则来明确责任主体。具体来说,在基本社会保障方面,应该由中央政府做统一设计,设定一致标准,中央政府承担财政支出责任,各地区转移便利;在教育、保障房等方面,流入地地方政府应该承担更多责任,在这些关系区域内居民民生的领域加大财政投入;对于流出地政府来说,结合农村土地制度的改革,让农民的土地权益转化为财产性收入,财产性收入在农民工收入中比重的提高,不仅是提升农民工收入稳定性的有效途径,还能起到改善农民工收入结构的作用。

(2)降低农民工市民化成本

降低农民工市民化的成本,提高农民工市民化的受益预期。一是完善居住管理制度。对新生代农民工来说,住房成本在他们的消费支出中占有很大比例,住房压力很大,流入地政府应该加强对房屋出租市场的监管力度,同时,逐步提高公租房、廉租房对农民工的覆盖率,两种手段并用,有效解决新生代农民工住房问题,使得农民工住得安心,这样他们才能留得下来;二是健全包括农民工群体在内的基本社会保障体系,完善多元互补的社会公共福利供给制度。作为对原有的企业、个人和政府三方共同担责的社会保险体系的补充,可以试行以政府和个人为责任主体的社会保险制度,为无法被纳入三方共同担责的社会保险体系中的劳动者提供可供替代的选择,从制度上为农民工社会保险参保率提供动力,提高市民化受益预期(沈千帆,2012)。

(二)用工单位角度

从用工单位角度,与农民工签订公平合法的劳务合同,保障其合法就业劳动权及相关其他权利:一是用工单位必须承担农民工基本社会保险中单位需要支付的部分,二是保障农民工工资的合理性,并给予一定的增长空间，以提高其收入水平。以农民工为主体的低收入群体工资的合理增长，是改善我国收入结构、拉动内需、实现经济发展方式转变的重要支撑。

（三）新生代农民工角度

新生代农民工呈现更多的"消费主体"特征，相比基本消费，新的消费形式的建构意义更为明显，这促使新生代农民工成为有别于城市市民与农民的第三方消费群体。新生代农民工要培养理性的消费观念，积极的消费方式，使消费由"生存型"向"发展型"转变，优化消费结构。在新生代农民工的消费中，投资性消费支出过低，特别是用于自身提高的学习培训消费支出较低，这种状况不利于农民工长久收入的稳定以及自身素质的提升，限制了个人的进一步发展。因此，提高新生代农民工的投资性支出尤其是用于学习培训的支出，是消费结构改善的方向。

实现农民工市民化，就是要真正实现城乡居民在生存和发展机会面前机会均等，从政府、企业和新生代农民工自身的角度出发，从收入基础、消费环境和制度体系上保障农民工逐步融入城市生活。在十八届三中全会关于户籍制度改革目标的框架下，以城乡户籍制度改革为基础，逐步实现劳动力市场体系的城乡一体化，社会保障制度的城乡统筹，义务教育的城乡公平化，以居住地人口为依据的住房制度的配套改革。此外，由于土地对农民具有重要作用，在农民工市民化的初期阶段，即城乡转移的"过渡阶段"，应该允许他们获得农村土地与城镇社会保障的双重保障，作为其市民化的助推机制。

四 促进农民工市民化的途径

（一）观念更新是先导

这里所说的观念更新是指从地方政府到城镇居民都要从观念上改变对农民工的看法。

1. 重新认识农民工的作用，变成本为资本

对农民工的认识要从以往的农民工会给城市增加负担的观念，改变为把农民工看作经济和社会建设的资本要素。

以往的城市社会和企业只是把农民工作为廉价劳动力来使用，而改善农民工生活状况，则被管理者当作会增加财政压力，被企业认为会增加企业负担，被城市居民认为会带来社会失范等社会问题。中国经济发展到这一阶段，人们客观地认识到农民工为城市社会所做出的巨大贡献，他们付出劳动所生产出的产品是财政收入的重要来源，他们所提供的劳动力是城市经济发展的重要动力和企业生产的重要因素之一，而他们的消费也是再生产环节的关键组成部分，即城市经济的发展离不开农民工的付出和奉献，他们为城市社会带来了劳动力要素资本而非成本（朱松梅、雷晓康，2015：55）。

目前农民工问题产生的根源，归结为一点就是农民工缺乏对城市公共产品的平等享有权，这是农民工城市集体消费水平低下的根源。这种集体消费权的缺失源于把农民工看作经济发展成本的思维逻辑，降低农民工收入是企业降低生产成本以实现利益最大化的"理性选择"，而这种对企业来说的"个体理性"选择的结果却导致严重的社会"非理性"。城市管理者将农民工视为"流动人口"群体，即在地方政府的政策制定中，将农民工群体到一定年纪终会返乡作为假设条件，并没有为农民工提供公共服务供给的打算，农民工在城市所享受到的公共服务不足就成为必然现实，加之城市公共服务体系供给效率较低、供给动力不足，导致集体消费品稀缺程度增加，城市居民把集体消费拥挤的原因归咎于农民工，认为农民工挤占了本来属于他们的公共资源。如果确立了把农民工作为经济发展资本的观念，将有助于地方政府在政策制定中充分考虑到农民工的权益，城市管理者能公平对待农民工群体，企业能够通过采取措施保护农民工应得的收益，从而提高生产效率，这样能真正实现这一博弈中各方收益的最大化；同时，必将有助于各方为使农民工群体长期留在城市而改变行为方式，而把农民工群体看作劳动力要素资本，根据资本需要获取报酬的原则，确立农民工在城市拥有公共产品产权，以此为依据为其提供相应数量与质量的公共服务，就成为必然的选择。

2. 平等对待农民工群体，转功利为福利

地方政府与城市管理者应该转变过去只针对流动人口中的高学历、高技能或者纳税高的"优秀人才"制定服务政策的观念，采取公平原则，以居住证为依据提高针对常住居民的公共服务水平。目前大多数城市管理者倾向于对留在城市的外来人口设置门槛，只吸引其中对城市发展有利的紧缺人才，同时设置各种障碍阻止一般意义上的农民工劳动力群体"留城"。

这种忽视农民工群体中大多数人的需求、只重视其中少部分精英人群的观念，是一种明显的功利思维，其实质是地方政府不愿意承担责任，这种管理模式限制了城镇化的推进。换言之，这种城市管理中的功利主义思想造成的后果是大多数农民工在城市务工期间不能享受基本公共服务，年老后被无情地推给流出地，这种做法在转嫁成本的同时加剧了中国城乡发展的不平衡状况，也不符合中央所提出来的加快城镇化进程的战略思想，因此，现阶段应该采取的政策是以促进人口流动为目的，保障农民工基本公共服务享有权，实施福利性政策，不断满足流动人口的要求。

（二）相关制度变革是农民工市民化的保障

这里所谓的农民工城市公共产权主要是指多种权利，具体包括公平的就业择业权、平等接受教育的权利、公平享有基本社会保障的权利、公平享有廉租房和公租房的住房权（朱松梅、雷晓康，2015：56）。

1. 保障农民工的城市就业权，促进城市劳动就业制度完善

就业权包括劳动者公平就业、安全就业等方面的权利，为保障农民工在城市拥有公平就业的权利，地方政府和企业必须各负其责，主要应从以下方面进行。第一，完善职业培训制度。新生代农民工群体平均受教育程度较低，专业技术水平也不高，因此在城市就业缺乏竞争优势。职业培训的作用就是要把新生代农民工训练成满足劳动市场需要的合格劳动力资源，提升他们参与劳动力市场竞争的能力，由于职业培训具有一定程度的公益性，它可以让企业直接受益从而也使政府间接受益，而新生代农民工缺乏自我培训的条件，所以政府和企业应成为职业培训的责任主体。第二，完善劳动合同制度。劳动合同制度是农民工享有平等劳动就业权利的保障，它明确规定了用人单位与劳动者的权利义务关系，因此，劳动合同是维护劳动者就业权的基本途径，也是处理劳务纠纷、当劳动者在工作中发生意外伤害时的关键保护。第三，完善劳动者权益保护制度。当前劳动者权益保护的缺失严重影响了劳动者工作的积极性和生产效率的提高，农民工劳动权益保护的核心在于对获取劳动报酬、合理的休息、休假权等权利的维护，因此，政府和企业必须对农民工权益保护问题足够重视。

2. 保障农民工城市公共事务参与权，促进社会治理制度的改善

农民工事实上已经成为城市社会的重要组成部分，城市的发展离不开农民工的贡献，因此，他们也应该成为城市社会治理的参与者，政府要为保障其利益诉求做出努力，这也是保障农民工群体享有城市公共产品的有效途径。在中国社会进入新阶段以后，社会治理模式日趋多元化，为了协调社会不同阶层和群体的利益，必须确立社会事务管理的多方参与机制，政府应积极鼓励和推动包括农民工在内的各类群体公民积极参与社会治理，为保障群体利益发声，使相关的政策、制度体现出对农民工群体利益的保障。这就要求政府保障农民工群体公平参与各项政治事务的权利，只有实施多方参与的社会治理方式，才能使不同社会阶层的利益诉求得以顺畅表达，政府才有可能找到兼顾各方利益的实现路径，不同利益群体之间才能够和谐相处，促进社会稳定。

3. 保障农民工城市受教育权，促进城市基本公共教育制度完善

基本公共教育属于集体消费品，全体公民都可以平等地享有。保障农民工城市受教育权的关键在于，以调整基本公共教育的财政分配为基础，增加城市基本公共教育的供给。现有教育经费在城乡分配的公平性正在提升，农村适龄人群在本地可以享受到免费的基本公共教育，但是农民工在城市享受基础公共教育的权利则无法得到保证，这主要是由于基本公共教育的财政支付是按照户籍人口进行的，流动人口无法享有。所以，最有效的途径是改革现有的财政支付制度，以各地的常住人口为基础对基本公共教育资金进行拨付，充实各地所需要的公共教育资金，这样才能保证公共教育资源的充足供给。对于人口净迁出省份，可以将多余的基本公共教育资源转化为流动人口职业技能培训费用，对于人口净迁入地省份，则要逐渐增加针对流动人口的基本公共教育财政支出，这样才能保证不减少对原有居民人均基本公共教育的财政支出，缓和原有城市居民与流动人口之间的矛盾。在资金有保障的前提下，再制定相应的政策法规保障农民工子女接受义务教育的权利，这样就更具可行性和有效性。

4. 保障农民工公平享受城市保障性住房的权利，促进城市住房保障制度完善

城市住房问题是决定农民工返乡或留城的关键性因素。要解决这一问题，可以从两个方面考虑。第一，对于收入水平较高、收入状况较为稳定的农民工群体来说，他们是商品房的潜在需求者，要让他们变成商品房的有效需求者，还需要对他们进行补贴，可以考虑把他们纳入住房公积金的保障范围，用人单位对他们的购房进行一部分补贴，还可以通过公共财政途径对他们的购房进行补贴，用人单位、公共财政和农民工个人三方共同努力，可以解决一部分农民工的城市住房问题。第二，对于收入较低或者收入稳定性较差的农民工，可以通过公共住房或者廉租房途径解决其住房困难，在公租房和廉租房领域，主要是破除户籍对申请者的限制，开放农民工的住房申请，并同时按照实际需求增加供给。

5. 给予农民工城市社会保障参保权，促进城市社会保障制度的完善

变革城镇社会保障相关制度，使社会保障参保资格以劳动合同为基础、以常住地为依据，使农民工与城市居民可以平等地参加城镇职工社会保险，让农民工也能享受到个人、用人单位和政府三方共同分担的社会保险模式，降低农民工个人缴纳的参保费用，提高农民工参保后的预期收益，这样才能提高农民工社会保险参保率。基本社会福利保障、基本医疗保障以及最低生活保障等制度体系的设置都应该考虑到农民工群体的特殊性。

（三）实现农民工城市集体消费品的享有权是关键①

1. 为了实现农民工城市集体消费品的享有权，前提是城市集体消费品供给机制的完善

城市集体消费品属于公共资源，具有一定的排他性，随着城市集体消费品消费者的增加，集体消费品供给不足会使其稀缺性凸显，这种稀缺性导致的消费品质降低则可能引起城市居民与农民工之间的矛盾和冲突，要实现集体消费品在城市人口与农民工之间的合理分配，则必须保证充足的集体消费品供给。

第一，增强中央政府层面所提供集体消费品的流动性。现有的中央政府层面所提供的集体消费品，是以户籍所在地人口为依据的，而不是以常住人口为依据，并且这些集体消费品供给机制缺乏流动性，这一方面导致农业转移人口面临"进城"与"返乡"的两难选择，另一方面导致了集体消费品供给的不均衡结果，即人口净流出地的供给超额，人口净流入地的供给相对不足，致使流动人口由于户籍限制无法在流入地享受中央政府提供的集体消费品。因此，建立一个与居民身份证相关联的集体消费品享有权证，就可以使得中央政府层面所提供的集体消费品的流动性增强，

---

① 以下内容参考朱松梅、雷晓康，2015：54~58。

只要农民工在国内流动，这个享有权证就可以随农民工一起流动，那么农民工在流入地消费这类集体消费品时就不会与城市市民形成竞争性。第二，对于由地方政府所提供的集体消费品，应建立以常住人口为基础的供给机制。以常住人口为依据供给集体消费品，能够使集体消费品的作用发挥到最大，最大限度地为人服务，并且城市集体消费品供给的增加也以常住人口的增加为依据，同时形成随着经济发展水平的提高而不断调整的机制，以完善的集体消费品供给机制保障人民生活质量的不断提升。

2. 提升城市集体消费品供给意愿与供给能力是关键

西方经济学所说的供给是指有效供给，它由两个因素构成：既有供给意愿又有供给能力。按户籍分配集体消费品的不合理制度制约着城市集体消费品对农民工的供给意愿，而城市集体消费品的供给能力又受到成本约束，因此，解决成本问题、形成合理的成本分担机制是提高集体消费品供给能力的关键。

（1）城市集体消费品的供给意愿

第一，改变城市管理理念，维护农民工集体消费权益，提高集体消费品供给意愿。消除集体消费品消费以户籍制度为依据的制度壁垒，使农民工与城市居民平等分享城市经济发展的收益，城市管理者从减少农民工集体消费品享有障碍的理念出发，通过相关的改革，将农民工纳入城市集体消费品供给对象，打破原有的利益区隔，可以使供给意愿得到很大程度的提高。第二，保障人口的自由迁徙权。城镇化进程的加快促使越来越多的农村居民转变为城市人，从法律层面上保障人口的自由迁徙权，保障人们可以公平地在新地区谋求新的职业，这种变化有助于城市社会的管理者受到法律约束，提高对农民工集体消费品的供给意愿。

（2）城市集体消费品的供给能力

城市集体消费品的供给能力由成本决定，要想使农民工城市集体消费品供给增加，则必须搞清楚农民工向城市流动、城镇化战略的实施所带来的受益者范围，然后根据成本与收益相匹配的原则制定合理的成本分担机制，这样就可以从根源上解决城市集体消费品供给能力不足的问题。

第一，最高层面上的成本分担，即中央政府与地方政府之间。由于中央政府与地方政府之间的财政分权机制，财权与事权必须相一致，因此，谁受益谁就应该分担相应的成本，中央与地方政府在各自财政所辖范围内分担相应的成本，既符合西方经济学的成本－收益原则，也可以有效解决集体消费品供给成本问题。在中央层面上，要做好全国性集体消费品的供给，这部分成本由中央财政支付，中央财政支付这部分成本有以下好处：农民工在不同地区可以享受到与城市居民同等水平的全国性集体消费品，随着农民工的流动，中央财政支付部分可以随之流动转移至城镇地区，这样可以减少人口流动的阻力，并能保障建立科学的、可持续的集体消费品供给增长机制。在地方政府层面上，地方政府工作人员更多地实际接触流动人口，因此，可以更好地了解本地流动人口对集体消费品的需求，中央政府可以将与需求差异大的、具有一定区域性特征的集体消费品的供给责任划归地方政府，同时给予财政支持，保证这部分集体消费品的供给。

第二，地方政府之间的成本分担。这里所涉及的地方政府主要是流动人口流出地政府与流入地政府，地方政府之间应该做到密切合作，按照收益多少主动分担各自应该承担的成本，在解决流动人口问题过程中实现互利共赢。从现在来看，流入地政府从人口流动中得到的收益更多，流入的城市得到了农民工群体的主要经济贡献，因此，应该承担相应的成本。对于流出地政府来说，自农村迁入城市的人口，基本上都属于农业剩余人口，他们的流出不但没有影响农业产出，反而还促进了人均收入水平的提高，有利于农业产业化发展和农业产业结构的优化，因此，流出地政府也是人口流动的受益者。这就需要各级地方政府通力合作，合理分担相关成本，为各自辖区内的常住人口提供充足的集体消费品供给。

第三，城乡居民之间的成本分担。应该说，城镇化战略的实施既有利于农民工，也有利于城市人口。从农民工的角度说，农民工向城市流动，本来就是在进行了成本收益比较以后的理性选择，进入城市生活，使得他们的就业方式和生产方式都发生了很大的改变，同时也带来了收入的提高、生活品质的改善，从自身来衡量，总要是收益大于成本才会使流动实现。从城市居民的角度考虑，城镇化是我国新时期的重要发展战略，它将引起中国经济新一轮快速发展，城市居民是经济发展成果的重要分享者，也是人口流动的受益者。农民工与城市居民需要在各自受益的基础上分担相应的成本，主要包括：以缴纳税收方式体现出来的经济成本，和以各自做出让步、做出改变而接纳对方所体现的社会成本，对于城市居民来说，是接纳农民工、与其和谐共处的行为方式改变的心理成本，对于农民工则是对城市生活的适应、生活方式的转变、市民意识的养成等带来的心理成本。

第四，企业的参与和相应的成本分担。城市流动人口的增加，对企业来说，增加了企业的劳动力供给，在需求不变的条件下，可以降低企业的成本；另外，人口增加也增加了对企业产品的需求，为企业提供了更大的市场和更高的利润空间。因此，企业成本的下降与利润的上升，会增加企业的收益，提升发展空间，企业作为人口流动的既得利益者，理应与其他利益主体一起分担农民工城市集体消费品供给的成本。

第四节　结论与展望

一　研究结论

农业转移人口市民化是当前政府工作的一个重点，这一背景使得关于农民工在流入地工作、生活状况的研究更具有现实意义。

（一）关于河南省新生代农民工收入与消费的研究结论

1. 关于新生代农民工收入的研究结论

我们对河南省新生代农民工的调查研究发现，新生代农民工收入水平低，但消费欲望强烈；在城市享受到的公共服务水平低，但城市融入意愿强烈；与城市居民生活差距较大，但适应城市生活的能力较强。

（1）新生代农民工的收入水平相对较低，但收入保障性有所提高

与城镇单位职工相比，甚至和老一代农民工相比，新生代农民工的收入水平是较低的。工资收入是影响农民工市民化的重要因素，直接决定他们在城市生活水平的高低。农民工去城市务工，所关注的核心问题还是工资收入。虽然收入水平不高，但新生代农民工的收入有了更好的保障，拖欠农民工工资的情况已经极少出现。

（2）新生代农民工消费水平高，但制约消费的客观因素较多

新生代农民工虽然生活在城市，但从恩格尔系数可以看出，他们的生活标准还处在和农村居民相当的状态，这和收入水平的限制关系密切。从

新生代农民工的消费结构看，娱乐、人情等精神需求方面的支出比例较高，按照马斯洛的需求层次理论，这说明我国农民工总体需求层次已经有了提高。但是，在花费更大的消费项目比如旅游方面，他们的支出就很少，主要是受时间和收入的限制；用于学习培训的支出也很少，这主要受到企业环境以及个人观念制约。

2. 关于新生代农民工消费的研究结论

（1）私人消费的趋同性导致新生代农民工发展乏力

在新生代农民工的消费结构中，手机、电脑等电子产品的消费，与服装、娱乐等方面的消费具有品牌效应，他们迫切需要用这种新的消费形式来实现身份认同并融入城市，同时尽可能从日常消费行为、休闲娱乐和人情消费等外显特征上消除农村人痕迹。这种消费方式表明，新生代农民工已经有了强烈的融入城市的愿望，而其私人消费与城市同龄人的趋同性是他们实现城市融入的现实手段。

但是，由于收入水平的限制，新生代农民工在私人外显性消费中表现出与收入不相适应的炫耀性的同时，必须在其他方面承受低收入所带来的限制，主要是在发展性支出方面，比如用于自身学习和培训的费用被压缩，许多人甚至没有这方面的支出，在学习和成长能力强的年龄选择了享受而放弃了未来发展，这对其长期发展产生不利影响。

（2）集体消费的抑制性导致农民工阶层固化

集体消费品资源分配的不均衡是集体消费抑制性的来源，也是导致农民工阶层固化、阻碍农民工城市融入的根本原因。

中国经济社会体制变革带来的是一个利益主体多元的社会格局的形成，而利益主体多元的社会的持续良性发展，需要教育、医疗、就业与保障等方面的集体消费品实现对不同区域、不同人群的公平覆盖。但是集体消费品供给机制的缺失导致农民工群体在事关自身利益的资源配置中面临"权利缺位"。比如，农民工在教育资源配置、社会保障、公共住房问题等方面基本上没有话语权，集体消费品的均等化难以真正得到落实。于是，农民工遭受"社会排斥"的现象就不断出现，对其实现向上流动至关重要的教育公平、就业公平、保障公平等问题越发明显，从而导致阶层固化（马西恒，2011）。

我们的调查显示，近一半的新生代农民工有在城市定居的打算，市民化的主观愿望强烈，但他们实现市民化的客观阻力较大，在城市的集体消费领域，如住房、医疗、社会保险和子女教育等方面存在着制度性限制，而在休闲消费方面，由于收入水平限制以及法定休假时间的缺乏，农民工的消费水平远远不如城市居民。

新生代农民工在城市务工，在城市生活，他们中的大多数人渴望融入城市社会，但集体性消费品公平享有权的缺失给他们的正常生活带来了很多不便，增加了许多生活成本，集体性消费领域的歧视成为他们融入城市的阻力，使得他们被迫在乡村和城市之间徘徊。

另外，在城市，农民工实现向上流动的途径极其狭窄，处于优势地位的城市管理者对农民工采取明显的排挤政策，而遭受排斥的农民工群体倾向于发展一种共同的生活方式和群居社区，从而在形式上出现阶层固化，不利于社会融入。

（3）新生代农民工消费的矛盾性阻碍其未来发展

新生代农民工在私人外显性消费领域表现为炫耀性，在集体消费领域表现为抑制性，或者说，在日常生活中表现为炫耀性消费，在宏观生活领域表现为抑制性消费。因此，宏观制度环境约束了新生代农民工集体消费的扩张，这种被抑制的消费通过私人炫耀性消费显性化。集体消费把农民工与城市居民分割开来，私人消费则是农民工实现社会认同与社会融入的手段，这是在城乡分割状态下农民工的一种理性选择。换言之，集体消费的城乡差异、阶层差异导致社会阶层的固化，阶层间流动渠道的不顺畅导致农民工个人的炫耀性消费。

新生代农民工在消费方面表现出的矛盾性特征有深刻的原因，私人外显性消费的炫耀性在主观上体现了新生代农民工主体意识的觉醒以及把自己作为城市的一部分而不再是过客的心理；在客观上是国家宏观环境和刺激内需的政策导向作用以及城市消费文化的影响。新生代农民工集体性消费的抑制性发生的深层次原因是集体消费项目的供给偏离了公共服务所要求的公平、均等化原则，制度设计与身份相依附，使得农民工由于身份差异无法和城市居民平等享受集体消费品。

更为严重的是，集体消费领域的抑制性导致新生代农民工在这些方面必须支付比城市居民更多的成本，在新生代农民工"新"观念的引导下，这将进一步加剧其消费欲望膨胀和收入水平低下之间的矛盾，从而刺激其私人消费向更为扭曲的方向发展。

农民工的私人消费受到经济环境、收入水平、社会观念和消费文化的影响，而集体消费品的消费则受到国家政策、城乡身份与集体消费品供给制度的影响。并且，集体消费对私人消费会产生很大影响，集体消费品供给不足势必影响私人消费能力；反之，集体消费水平提高可以为市场提供更多的私人消费需求。农民工是一个庞大的群体，如果能改善其集体消费的抑制性，那么其私人消费的炫耀性就会随之弱化，并更具合理性和长久性，从而形成对中国扩大内需政策的强劲支撑。

（二）关于新生代农民工市民化的研究结论

收入、消费是影响新生代农民工城市融入的重要因素，但是，从本质上讲，社会资源分配的不均衡才是导致阶层固化、妨碍农民工城市融入的根本原因。

而最根本的解决办法一是不断完善社会流动的管理体制，减少导致"阶层固化"的各种阻碍，尽快在制度上"消灭"农民工阶层；二是为新生代农民工创造更多的向上流动渠道，其中专业技术职称认定渠道是最有效的办法，这是提高新生代农民工收入水平、提升其社会地位的有效途径。只有有了这些具体措施的保障，农民工的城市融入才可能真正实现，这才是真正意义上的农民工市民化。

二 未来展望

（一）农民工问题的最终解决方案

农民工问题的最终解决方案是不再有"农民工"这一称谓，留在农村进行农业生产的人的职业和身份都是农民，进入城市从事第二、三产业生产的人的职业是工人，身份是市民。城乡之间形成人口双向流动模式，不论在城市还是在农村，不论是农民还是市民，作为一个公民都能得到平等对待，基本权利都能得到保障，那么将不再有农民工问题的出现。

（二）城乡一体化是中国社会未来发展的方向

未来社会人口流动将会趋于常态化、动态性，一个地区的发展离不开城市原居民的努力，同样也离不开流动人口的贡献，他们共同为城市的发展贡献自己的聪明才智，因此，新生代农民工也应当共同分享经济社会发展的成果，其中包括对城市集体消费品的公平享有、对城市公共资源的平等使用。为此，城市管理者要不断增强政策的包容性和公平性，使区域内所有公民可以平等地享有集体消费品，这样才可能使不同群体、不同阶层的人们和谐相处，才能真正实现社会的融合，只有这样，城乡一体化的规划才不再是梦想。

参考文献

白暴力：《农民工工资收入偏低分析——现实、宏观效应与原因》，《经济经纬》2007年第4期。

班建武：《符号消费与青少年身份认同》，《教育学术月刊》2009年第7期。

《符号消费与青少年身份认同》，教育科学出版社，2010。

班建武、李凡卓：《消费社会中青少年认同危机及出路》，《思想理论教育》2007年第1期。

《新生代农民工收入状况与消费行为研究》编写组：学习中共十六届五中全会精神导读，《中国共产党第十六届中央委员会第五次全体会议：中共中央关于制定国民经济和社会发展第十一个五年规划的建议》，中共中央党校出版社，2005。

蔡昉：《农民工市民化与新消费者的成长》，《中国社会科学院研究生院学报》2011年第3期。

陈占江、李长健：《新生代民工的发展困境及其解决机制》，《求实》2006年第1期。

程建林：《第二代农民工市民化研究》，《武汉大学博士论文》2009年第5期。

戴建春：《影响农民工收入增长的主观因素探究》，《吉林农业科技学院学报》2009年第3期。

《党的十六大报告学习辅导百问》编写组：《全面建设小康社会 开创中国特色社会主义事业新局面》，党建读物出版社、人民出版社，2002。

段成荣、吕利丹、邹湘江：《当前我国流动人口面临的主要问题和对策——基于2010年第六次全国人口普查数据的分析》，《人口研究》2013年第3期。

段成荣、孙磊：《流动劳动力的收入状况及影响因素研究——基于

2005 年全国 1% 人口抽样调查数据》，《中国青年研究》2011 年第 1 期。

凡勃伦：《有闲阶级论——关于制度的经济研究》，蔡受百译，商务印书馆，1964。

冯虹、叶迎：《从农民工收入现状看我国城市社会和谐》，《理论前沿》2008 年第 9 期。

高鸿业：《西方经济学》（宏观部分），中国人民大学出版社，2011。

高鸿业：《西方经济学》（微观部分），中国人民大学出版社，2014。

高中建：《市民化：解决农民工收入、消费问题的路径选择》，《青年学报》2015 年第 2 期。

高中建、陈云：《流动人口的社会服务管理模式及其优化——基于国家卫生计生委流动人口调查数据的分析》，《人口与社会》2014 年第 9 期。

格罗瑙：《趣味社会学》，南京大学出版社，2002。

国家卫生和计划生育委员会流动人口司编《中国流动人口发展报告》，中国人口出版社，2013。

侯玲：《消费视野下新生代农民工阶层固化的表现及危机》，《中国青年研究》2013 年第 6 期。

侯云春、韩俊、蒋省三、何宇鹏、金三林：《农民工市民化进程的总体态势与战略取向》，《改革》2011 年第 5 期。

胡枫、王其文：《中国农民工汇款的影响因素分析——一个区间回归模型的应用》，《统计研究》2007 年第 10 期。

胡棋智：《中国城乡居民收入流动性实证研究》，经济科学出版社，2011。

胡锦涛：《高举中国特色社会主义伟大旗帜 为夺取全面建设小康社会新胜利而奋斗》，人民出版社，2007。

黄闯：《民工荒视域下新生代农民工就业环境研究》，《理论研究》2011 年第 4 期。

黄乾：《两种就业类型农民工工资收入差距的比较研究》，《财经问题研究》2009 年第 6 期。

黄正泉、王健：《人文关怀：思想政治教育之魂》，《现代大学教育》2007 年第 3 期。

黄祖辉：《转型期中国居民收入差距问题研究》，浙江大学出版社，2011。

贾小玫：《消费属性：新划分及其意义》，《科学·经济·社会》2006年第3期。

金晓彤、崔宏静：《新生代农民工社会认同建构与炫耀性消费的悖反性思考》，《社会科学研究》2013年第7期。

金晓彤、李政：《西方非主流经济学的消费行为理论述评》，《长春市委党校学报》2003年第6期。

康康：《西方收入分配理论简述》，《理论参考》2010年第7期。

孔明安：《从物的消费到符号消费——鲍德里亚的消费文化理论研究》，《哲学研究》2002年第11期。

孔祥鸿：《做好"新生代"农民工权益维护》，《工人日报》2007年5月8日。

李炳炎：《共同富裕经济学》，2006，经济科学出版社。

李春玲、吕鹏：《社会分层理论》，2008，中国社会科学出版社。

李厚梅：《新生代农民工消费行为研究》，《安徽大学硕士论文》2011年第4期。

李建华：《农民工低工资收入问题探析》，《商场现代化》2008年第23期。

李连友：《我国不同时期收入分配理论与政策之演进》，《中共中央党校学报》2007年第4期。

李培林、田丰：《中国新生代农民工：社会态度和行为选择》，《社会》2011年第3期。

李强：《中国农民工与社会分层》（第二版），社会科学文献出版社，2012。

《中国外出农民工及其汇款之研究》，《社会学研究》2011年第4期。

李蓉：《我国农民工收入分配问题研究》，硕士学位论文，兰州大学政治与行政学院，2011。

李实：《中国居民收入分配实证分析》，2000，社会科学文献出版社。

李微：《构建社会主义和谐社会中的公民教育》，博士学位论文，复旦大学社会科学基础部，2005。

李伟：《农民工消费观的现状与引导》，硕士学位论文，中南大学，2010。

辽宁省人民政府发展研究中心课题组、卢松、高炜：《推进辽宁省农业转移人口市民化的政策设想》，《辽宁经济》2013 年第 4 期。

刘传江、程建林、董延芳：《中国第二代农民工研究》，山东人民出版社，2007。

刘俊彦：《新生代——当代中国新生代农民工研究报告》，中国青年出版社，2011。

罗兆慈：《有关中国工业化与农民工关系研究的文献述评》，《南方经济》2008 年第 7 期。

马克思、恩格斯：《马克思恩格斯全集》（第 25 卷），人民出版社，1972。

《马克思恩格斯选集》（第 1 卷），人民出版社，2012。

马强：《西方收入分配的主要思想理论述评》，《现代管理科学》2011 年第 1 期。

马西恒：《"阶层固化" 折射改革尚不彻底》，《文汇报》2011 年 9 月 5 日第 10 版。

潘洁：《西方收入分配理论的评述》，《知识经济》2010 年第 11 期。

彭华民：《消费社会学》，南开大学出版社，1996。

钱雪飞：《新生代农民工收入情况及影响因素》，《当代青年研究》2010 年第 3 期。

钱正武：《农民工市民化问题研究》，博士学位论文，中共中央党校科社部，2006。

沈千帆：《促进流动人口社会融入的政策建议 北京市第 3 期区县局级领导干部研修班》，《北京日报》2012 年 1 月 30 日。

史柏年：《城市边缘人——进城农民工家庭及其子女问题研究》，社会科学文献出版社，2005。

史清华、程名望、赵永柯：《我国农民工进城务工区域差异的实证分析》，《经济地理》2007 年第 1 期。

史耀波、任勇：《收入差距、流动成本与地区环境治理》，《生态经济》2007 年第 9 期。

孙浩进：《中国收入分配公平的制度变迁》，博士学位论文，吉林大学经济学院，2009。

孙立平：《断裂：20 世纪 90 年代以来的中国社会》，社会科学文献出版社，2003。

唐有财:《新生代农民工消费研究》,《学习与实践》2009 年第 12 期。

田青、马健、高铁梅:《我国城镇居民消费影响因素的区域差异分析》,《管理世界》2008 年第 7 期。

托马斯·皮凯蒂:《21 世纪资本论》,中信出版社,2014。

万家明:《我国居民收入结构优化及对策研究》,《苏州科技学院学报(社会科学版)》2011 年第 9 期。

王春光:《流动人口的社会认同与城乡融合的关系》,《社会学研究》2001 年第 3 期。

《中国职业流动中的社会不平等问题研究》,《中国人口科学》2003 年第 2 期。

《农村流动人口的"半城市化"问题研究》,《社会学研究》2006 年第 5 期。

《新生代农村流动人口的社会认同与城乡融合的关系》,《社会学研究》2011 年第 3 期。

王东、秦伟:《农民工代际差异研究——成都市在城农民工分层比较》,《人口研究》2002 年第 5 期。

王海港:《中国居民的收入分配和收入流动性研究》,中山大学出版社,2007。

王璐:《农民工收入问题研究》,硕士学位论文,西北农林科技大学,2012。

王萌:《收入状况、消费行为与新生代农民工市民化——基于河南省十八地市的实证分析》,《中国青年研究》2014 年第 9 期。

王宁:《消费社会学——一个分析的视角》,社会科学文献出版社,2011。

尼古拉·埃尔潘:《消费社会学》,社会科学文献出版社,2006。

《消费与认同——对消费社会学的一个分析框架的探索》,《社会学研究》2011 年第 1 期。

王宁、严霞:《两栖消费与两栖认同——对广州市 J 工业区服务业打工妹身体消费的质性研究》,《江苏社会科学》2011 年第 4 期。

夏丽霞、高君:《新生代农民工市民化进程中的社会保障》,《城市发展研究》2009 年第 7 期。

邢春冰:《农民工与城镇职工的收入差距》,《管理世界》2008 年第

5 期。

徐辉、甘晓燕：《新生代农民工人力资本与收入的相关性研究》，《调研世界》2013 年第 2 期。

严翘君：《长三角城市农民工消费方式的转型——对长三角江苏八城市农民工消费的调查研究》，《江苏社会科学》2007 年第 5 期。

杨璠：《农民增收减负政策解读》，天地出版社，2006。

杨嫚：《消费与身份构建：一项关于武汉新生代农民工手机使用的研究》，《新闻与传播研究》2011 年第 6 期。

杨思远：《中国农民工的政治经济学考察》，博士学位论文，中央民族大学经济学院，2005。

杨天宇：《西方社会学消费理论的经济学评析》，《消费经济》2006 年第 2 期。

姚先国、赖普清：《中国劳资关系的城乡户籍差异》，《经济研究》2004 年第 7 期。

叶洋阳：《时尚的社会心理学》，《社会心理科学》2005 年第 3 期。

伊伯成：《西方经济学说史》，科学出版社，2007。

伊志宏：《消费经济学》，中国人民大学出版社，2004。

于丽敏、王国顺：《农民工收入与消费问题的实证分析——以东莞为例》，《税务与经济》2009 年第 5 期。

于扬：《徐州市外来务工青年社会满意度调查报告》，《中国青年研究》2005 年第 1 期。

曾湘泉：《劳动经济学》，复旦大学出版社，2011。

张晶：《趋同与差异：合法性机制下的消费转变——基于北京地区青年女性农民工消费的实证研究》，《中国青年研究》2010 年第 6 期。

张叶云：《转型期社会资本在青年农民工就业中的地位》，《中国青年研究》2005 年第 6 期。

张兆伟：《新生代农民工的符号消费与社会认同研究——基于某高校外来务工群体的个案研究》，山东大学，2008。

赵萍：《消费经济理论溯源》，社会科学文献出版社，2011。

赵卫华：《从私人消费—集体消费的关系看我国民生发展的阶段性》，《北京联合大学学报（人文社会科学版）》2014 年第 4 期。

赵振华：《当前促进农民工就业的若干思考》，《学习论坛》2009 年第

10 期。

郑红娥:《社会转型与消费革命——中国城市消费观念的变迁》,北京大学出版社,2006。

中共中央文献研究室:《中国共产党第十一届中央委员会第三次全体会议公报》,《三中全会以来重要文献选编(上)》,人民出版社,1982。

中共中央文献研究室:《中国共产党第十四届中央委员会第三次全体会议:中共中央关于建立社会主义市场经济体制若干问题的决定》,《十四大以来重要文献选编(上)》,人民出版社,1996。

钟春华、李东风:《影响进城农民工就业、收入的因素及对策研究》,《价格月刊》2008 年第 9 期。

钟甫宁、何军:《增加农民收入的关键:扩大非农就业机会》,《农业经济问题》2007 年第 1 期。

周林刚:《地位结构、制度身份与农民工集体消费——基于深圳市的实证分析》,《中国人口科学》2007 年第 8 期。

周其仁:《农村建设用地转让制度试验正当其时》,《农村工作通讯》2007 年第 11 期。

周宪:《从视觉文化观点看时尚》,《学术研究》2005 年第 4 期。

朱国宏:《经济社会学》,复旦大学出版社,2008。

朱松梅、雷晓康:《流动人口城市公共产权缺失的治理路径》,《中国行政管理》2015 年第 2 期。

朱永安:《新生代农民工研究》,硕士学位论文,南京师范大学社会发展学院,2005。

《中共中央关于建立社会主义市场经济体制若干问题的决定》,人民出版社,1993。

图书在版编目（CIP）数据

新生代农民工收入状况与消费行为研究：基于河南
省18个省辖市的问卷调查/高中建，王萌著.—北京：
社会科学文献出版社，2016.3
　ISBN 978 - 7 - 5097 - 8903 - 2

　Ⅰ.①新…　Ⅱ.①高…②王…　Ⅲ.①民工 - 经济收
入 - 问卷调查 - 河南省②民工 - 消费水平 - 问卷调查 - 河
南省　Ⅳ.①F127.61

　中国版本图书馆 CIP 数据核字（2016）第 054275 号

新生代农民工收入状况与消费行为研究
——基于河南省 18 个省辖市的问卷调查

著　　者／高中建　王　萌

出 版 人／谢寿光
项目统筹／谢蕊芬
责任编辑／胡　亮

出　　版／社会科学文献出版社·社会学编辑部(010)59367156
　　　　　地址：北京市北三环中路甲 29 号院华龙大厦　邮编：100029
　　　　　网址：www. ssap. com. cn
发　　行／市场营销中心（010）59367081　59367018
印　　装／三河市尚艺印装有限公司

规　　格／开　本：787mm × 1092mm　1/16
　　　　　印　张：17.75　字　数：320 千字
版　　次／2016 年 3 月第 1 版　2016 年 3 月第 1 次印刷
书　　号／ISBN 978 - 7 - 5097 - 8903 - 2
定　　价／79.00 元

本书如有印装质量问题，请与读者服务中心（010 - 59367028）联系